Basiswissen Sozialwirtschaft und Sozialmanagement

Reihe herausgegeben von
K. Grunwald, Stuttgart, Deutschland
L. Kolhoff, Wolfenbüttel, Deutschland

Die Lehrbuchreihe „Basiswissen Sozialwirtschaft und Sozialmanagement" dient dazu, zentrale Inhalte zum Themenfeld Sozialwirtschaft und Sozialmanagement in verständlicher, didaktisch sorgfältig aufbereiteter und kompakter Form zu vermitteln. In sich abgeschlossene, thematisch fokussierte Lehrbücher stellen die verschiedenen Themen theoretisch fundiert und kritisch reflektiert dar. Vermittelt werden sowohl Grundlagen aus relevanten wissenschaftlichen (Teil-)Disziplinen als auch methodische Zugänge zu Herausforderungen der Sozialwirtschaft im Allgemeinen und sozialwirtschaftlicher Unternehmen im Besonderen. Die Bände richten sich an Studierende und Fachkräfte der Sozialen Arbeit, der Sozialwirtschaft und des Sozialmanagements. Sie sollen nicht nur in der Lehre (insbesondere der Vor- und Nachbereitung von Seminarveranstaltungen), sondern auch in der individuellen bzw. selbstständigen Beschäftigung mit relevanten sozialwirtschaftlichen Fragestellungen eine gute Unterstützung im Lernprozess von Studierenden sowie in der Weiterbildung von Fach- und Führungskräften bieten.

Reihe herausgegeben von:
Klaus Grunwald
Duale Hochschule Baden-Württemberg
Stuttgart, Deutschland

Ludger Kolhoff
Ostfalia Hochschule für angewandte Wissenschaften
- Hochschule Braunschweig/Wolfenbüttel
Wolfenbüttel, Deutschland

Weitere Bände in der Reihe http://www.springer.com/series/15473

Andrea Tabatt-Hirschfeldt

Öffentliche Steuerung und Gestaltung der kommunalen Sozialverwaltung im Wandel

Eine Einführung

Andrea Tabatt-Hirschfeldt
Coburg, Deutschland

Basiswissen Sozialwirtschaft und Sozialmanagement
ISBN 978-3-658-18010-2   ISBN 978-3-658-18011-9 (eBook)
https://doi.org/10.1007/978-3-658-18011-9

Die Deutsche Nationalbibliothek verzeichnet diese Publikation in der Deutschen National-
bibliografie; detaillierte bibliografische Daten sind im Internet über http://dnb.d-nb.de abrufbar.

Springer VS
© Springer Fachmedien Wiesbaden GmbH 2018
Das Werk einschließlich aller seiner Teile ist urheberrechtlich geschützt. Jede Verwertung, die
nicht ausdrücklich vom Urheberrechtsgesetz zugelassen ist, bedarf der vorherigen Zustimmung
des Verlags. Das gilt insbesondere für Vervielfältigungen, Bearbeitungen, Übersetzungen,
Mikroverfilmungen und die Einspeicherung und Verarbeitung in elektronischen Systemen.
Die Wiedergabe von Gebrauchsnamen, Handelsnamen, Warenbezeichnungen usw. in diesem
Werk berechtigt auch ohne besondere Kennzeichnung nicht zu der Annahme, dass solche
Namen im Sinne der Warenzeichen- und Markenschutz-Gesetzgebung als frei zu betrachten
wären und daher von jedermann benutzt werden dürften.
Der Verlag, die Autoren und die Herausgeber gehen davon aus, dass die Angaben und Informa-
tionen in diesem Werk zum Zeitpunkt der Veröffentlichung vollständig und korrekt sind.
Weder der Verlag noch die Autoren oder die Herausgeber übernehmen, ausdrücklich oder
implizit, Gewähr für den Inhalt des Werkes, etwaige Fehler oder Äußerungen. Der Verlag bleibt
im Hinblick auf geografische Zuordnungen und Gebietsbezeichnungen in veröffentlichten Karten
und Institutionsadressen neutral.

Lektorat: Stefanie Laux

Gedruckt auf säurefreiem und chlorfrei gebleichtem Papier

Springer VS ist Teil von Springer Nature
Die eingetragene Gesellschaft ist Springer Fachmedien Wiesbaden GmbH
Die Anschrift der Gesellschaft ist: Abraham-Lincoln-Str. 46, 65189 Wiesbaden, Germany

Inhalt

Vorwort VII

1 Steuerungsmodi der Kommunalverwaltung 1
1.1 Das Bürokratiemodell: Inputorientierung 5
1.2 Das Neue Steuerungsmodell (NSM): Outputorientierung 12
1.3 Outcomeorientierung und wirkungsorientierte Steuerung 17
    1.3.1 Public Governance (ca. ab 2000) 22
    1.3.2 Kommunales Steuerungsmodell (KSM: ab 2013) 27
1.4 Literatur Kapitel 1 33

2 Der kommunale Haushalt 37
2.1 Bürokratiemodell: Kameralistik 47
2.2 NSM: Doppik 49
2.3 KSM: integrativer Produkthaushalt 53
2.4 Public Governance: Bürgerhaushalt 58
2.5 Literatur Kapitel 2 63

3 Das Verhältnis zwischen Politik und Verwaltung 67
3.1 Bürokratiemodell: Verantwortungsdurchmischung 69
3.2 NSM: Das Was-Wie-Modell/Kontraktmanagement 70
3.3 KSM: AKV-Prinzip 73
3.4 Public Governance: strukturelle und informelle
    Verbesserungen 77
3.5 Literatur Kapitel 3 79

4 Organisationsstruktur 81
4.1 Bürokratiemodell: kleinteilige Stab-Linien-Organisation 84

4.2	NSM: Dezentralisierung und Neuzuschnitt der Zentrale, Unterteilung in Front- und Back-Office	85
4.3	KSM: Vorstands- und Ressortmodell	93
4.4	Public Governance: Netzwerkorganisation	95
4.5	Literatur Kapitel 4	102

5	**Stellung zu und Zusammenarbeit mit anderen Organisationen**	**105**
5.1	Bürokratiemodell: Information	106
5.2	NSM: Wettbewerb und Public Privat Partnership	106
5.3	KSM: Organisationspolitik und Kooperationen	111
5.4	Public Governance: Stakeholderorientierung und Netzwerksteuerung	120
5.5	Literatur Kapitel 5	127

6	**Selbstverständnis gegenüber Bürger_innen**	**129**
6.1	Bürokratiemodell: „Bittsteller" oder „betreute Verwaltungssubjekte"	137
6.2	NSM: Kund_innen	140
6.3	KSM/Public Governance: Partizipierende	151
6.4	Literatur Kapitel 6	158

7	**Personalführung/Kommunalverwaltung als Arbeitgeber**	**161**
7.1	Bürokratiemodell: autoritärer Führungsstil, Mitarbeitende: Betroffene	164
7.2	NSM: kooperativer Führungsstil, Mitarbeitende: Beteiligte	167
7.3	KSM und Public Governance: Leadership und werteorientierte Führung, Mitarbeitende: Mitgestaltende	174
7.4	Literatur Kapitel 7	180

Anhang	**183**

Vorwort

Das Lehrbuch richtet sich zum einen an Studierende der Sozialen Arbeit bzw. des Sozialmanagements/der Sozialwirtschaft auf Bachelor- wie auch auf Masterniveau. Zum anderen gibt es Praktiker_innen der öffentlichen Verwaltung, insbesondere der kommunalen Sozialverwaltung, wichtige (Weiter-)Entwicklungshinweise in den verschiedenen Leistungsbereichen. Für Praktiker_innen bei frei-gemeinnützigen oder privat-gewerblichen Trägern, die mit der öffentlichen Verwaltung als Kostenträger bzw. Netzwerkpartner in Verbindung stehen, gibt es Einblicke in die Denk- und Handlungsweise der Mitarbeitenden in den Kommunalverwaltungen. Damit gelingt es leichter Anschlussfähigkeiten zum öffentlichen Partner herzustellen sowie Andockstellen für Weiterentwicklungen auszuloten.

Das Buch unterteilt sich in die unterschiedlichen Steuerungsmodi Bürokratiemodell, Neues Steuerungsmodell, Kommunales Steuerungsmodell sowie Public Governance. Auch wenn die Steuerungsmodi zeitversetzt Einzug in die öffentliche Verwaltung hielten, bestehen sie je nach kommunalem Wirkungskreis parallel. So ergänzen sich hoheitliche Eingriffe (Bürokratiemodell) und Bürgerbeteiligung (Kommunales Steuerungsmodell/Public Governance) fallweise sogar.

Eingangs werden die vier Steuerungsmodi in ihrer Entwicklung und mit ihren Hauptmerkmalen erläutert (Kapitel 1). Diese werden durch die verschiedenen Leistungsbereiche durchdekliniert: Haushalt (Kapitel 2), Verhältnis zwischen Politik und Verwaltung (Kapitel 3), Organisationsstruktur (Kapitel 4), Stellung zu und Zusammenarbeit mit anderen Organisationen (Kapitel 5), Selbstverständnis gegenüber Bürger_innen (Kapitel 6) und Personalführung/Kommunalverwaltung als Arbeitgeber (Kapitel 7).

Zur Veranschaulichung werden durchgehend (Fall-)Beispiele gegeben (für die schnellere Auffindbarkeit im Fettdruck). Am Ende jedes Kapitels stehen Literaturempfehlungen. „Weitere Informationen" bieten Praxishilfen bzw. weiterführende

Hinweise wie Datenbanken, Internet-Portale, Links zum Download von Broschüren, Checklisten, Leitfäden, Wegweiser, Videos bzw. Hinweise auf Best Practices.

Steuerungsmodi der Kommunalverwaltung 1

> **Zusammenfassung/Lernziele**
>
> Ziel dieses Kapitels ist es, die jeweiligen Steuerungslogiken, denen kommunale Verwaltungen zeitversetzt unterliegen, kennen zu lernen. Dies sind das Bürokratiemodell, das Neue Steuerungsmodell (NSM), Public Governance und das Kommunale Steuerungsmodell (KSM). *Die Reformbemühungen der öffentlichen Verwaltung stehen im Kontext mit gesamtgesellschaftlichen Entwicklungen. Sie folgen einer jeweils spezifischen Selbstwahrnehmung sowie einem entsprechenden Menschenbild und entwickeln daraus unterschiedliche Leitbilder. Dieses wirkt sich sowohl in Bezug auf Mitarbeitende als auch Organisationsexterne aus.* Der Modus bezeichnet zudem eine entsprechende Sichtweise und beinhaltet damit übereinstimmende Handlungsoptionen auf die verschiedenen Leistungsbereiche der Kommunalverwaltung. Diese werden in den Kapiteln zwei bis sieben durchdekliniert.

> **Keywords**
>
> Bürokratie, Governance, Kommunalverwaltung, Kommunales Steuerungsmodell (KSM), Steuerung, Neues Steuerungsmodell (NSM)

Obgleich die Steuerungsmodi zeitlich versetzt Einzug in die Kommunalverwaltung fanden, sind sie nicht linear. Es gibt zum einen „Rückfälle" in alte Muster. Verschiedene Bereiche wie z. B. die Eingriffsverwaltung wie Justiz oder Polizei obliegen einer stringenteren Steuerung des Bürokratiemodells. Zum anderen ist die Verwaltung auch beim übertragenen Wirkungskreis (vgl. Abb. 2.4, Kapitel 2) in ihrer Entscheidungsfreiheit eingegrenzt, so dass hier Bürger_innen nicht frei ent-

Abbildung 1.1 Steuerungselemente der öffentlichen Verwaltung nach © Osborne 2006, S. 383 (übersetzt durch: © Schubert 2017, Folie 8)

Schlüssel-elemente	Theoretische Grundlagen	Verständnis staatlichen Handelns	Fokus	Gewichtung	Beziehung zu Partnern	Steuerungs-mechanismen	Wertebasis
Öffentliche Verwaltung	Politik- und Verwaltungs-wissenschaft	einheitlich, monozentral	Politisches System	Implementierung politischer Vorgaben	Potenzielle Elemente des polit. Systems	Hierarchie	Ethos des öffentlichen Sektors
New Public Management	Rational Choice, Management-theorien	Trennung Staat und Privates	Intraorganisationales Management	Input und Output der Dienstleistungen	Unabhängige Anbieter, Markt mit Wettbewerb	Markt mit klass. und neoklassischen Verträgen	Wirksamkeit von Konkurrenz und Markt
New Public Governance	Organisations-soziologie und Netzwerk-theorie	Pluralistisch, polyzentrisch	Interorganisationale Governance	Dienstleistungsprozesse, Nutzen und Wirkungen	Prozessketten, längerfristige Interdependenz der Akteure	Vertrauen und relationale (Netz-)Verträge	Neo-Korporatismus: Einbindung aller lokaler Interessen

scheiden können. Alle drei Steuerungsbereiche wirken aber zusammen und ergänzen sich. So folgt z. B. bei der Verhinderung einer Straftat durch eine_n verhaltensauffälligen Jugendliche_n der Zugriff einem stringenten Ablauf, das Gelingen ist von der Befolgung der Vorgaben abhängig (Bürokratie). Die Einsatzplanung erfolgt auf der Grundlage eines effizienten Personaleinsatzes (NSM). Bei der Verhinderung von Straftaten durch Jugendliche arbeitet die Polizei in einem Präventionsprogramm in einem Stadtteil mit hoher Jugendkriminalität in einem Netzwerk mit verschiedenen Trägern zusammen (Public Governance). Osborne differenziert nach den drei Bereichen „Public Administration" (Bürokratie), New Public Management (NSM) und New Public Governance (siehe Abb. 1.1).

Verschiedene Leistungsbereiche können demnach zeitgleich unterschiedlichen Modi folgen. Daher ist es wichtig, die zugrundeliegenden Logiken zu verstehen. Dadurch kann gezielt Einfluss auf weitere Entwicklungen genommen werden und Ansatzpunkte für Impulse können für Reformen gefunden werden. Dies bezieht sich sowohl auf Beschäftigte in den Verwaltungen, als auch auf Organisationsexterne, die so einfacher Anschlussfähigkeiten zum System Kommunalverwaltung herstellen können. Vor dem Hintergrund, dass Kommunalverwaltungen in weiten Bereichen sozialer Leistungserbringung den wichtigsten Geldgeber darstellen, ist dies von besonderer Bedeutung (Kolhoff 2017). Als „roter Faden" durch die Leistungsbereiche, differenziert nach den Modi, dient die Abbildung 1.2.

Eine grobe Unterteilung lässt sich den Steuerungsverständnissen nach ziehen: *Das Bürokratiemodell und das Neue Steuerungsmodell steuern „top down".* Dabei orientiert sich das Bürokratiemodell stark rechtlich determiniert am Leitbild der Ordnungskommune und ist inputorientiert. Das NSM agiert managementorientiert, dem Leitbild der Dienstleistungskommune folgend, und outputorientiert. *Demgegenüber orientieren sich das Public Governance sowie das KSM an „bottom up" Gestaltungsmechanismen.* Die Stakeholder der Kommunalverwaltung werden in den Prozess der Abstimmung und die Umsetzung kommunaler Entwicklung einbezogen (Outcomeorientierung). Während das KSM dabei dem Leitbild der Bürgerkommune folgt, grenzt sich Public Governance von der Bürgerkommune ab (normative, deskriptive und analytische Ebene, vgl. Kapitel 1.3.2).

Dennoch besteht eine gewisse Unschärfe in der Trennung zwischen KSM und Public Governance: Dies liegt im Ansatz des KSM begründet. Es greift einerseits Stärken und Kritikpunkte des NSM auf. An diesen Stellen werden eigene Konzeptionen aufgezeigt (Kapitel 2, 3, 4 und 5). Andererseits bezieht es Bereiche des Public Governance als Weiterentwicklungen ein, ohne dies explizit zu benennen. Vielmehr möchte das KSM kommunale Stakeholder outcomeorientiert integrieren. In den Kapiteln 6–7 ist daher eine Differenzierung zum Public Governance kaum möglich. Die Wurzeln des Public Governance unterscheiden sich hingegen stark vom KSM. Diese werden in Kapitel 1.3.1 erläutert.

Abbildung 1.2 Überblick der Steuerungsmodi und Leistungsbereiche der Kommunalverwaltung (eigene Darstellung)

Inhalte:	Bürokratiemodell	NSM	KSM	Public Governance
Steuerungsmodus	Inputorientiert Ordnungskommune	Outputorientiert Dienstleistungskommune	Output- und Outcomeorientiert Bürgerkommune	Outcomeorientiert Bürgerkommune
Haushalt	Kameralistik	Doppik	integrativer Produkthaushalt	Bürgerhaushalt
Politik/Verwaltung	Durchmischung	Was-Wie Modell/Kontraktmanagement	AKV-Prinzip	Parallele Strukturen Co-Evolution, Co-Qualifikation und Transparenzerhöhung
Organisationsstruktur	Kleinteilige Stab-Linien Organisation	Dezentralisierung/ Front-/Back-Office	Vorstands- und Ressortmodell	Netzwerkorganisation
andere Organisationen	Information	Wettbewerb und Kontrakte (PPP)	Organisationspolitik und Kooperation	Stakeholderorientierung und Netzwerksteuerung
Bürger_innen	Bittsteller_innen	Kund_innen	Beteiligte Open Governance	Mitgestaltende
Führungsstil	autoritär	kooperativ	Partizipation, Leadership	
Mitarbeiter	Betroffene	Beteiligte		

1.1 Das Bürokratiemodell: Inputorientierung

Das Wort Bürokratie setzt sich aus dem Französischen „bureau" (Ort, wo der Schreibtisch steht/Arbeitszimmer) und des griechischen „kratos" (Herrschaft, Gewalt, Macht) zusammen, also wörtlich übersetzt: die Herrschaft der Verwaltung (vgl. Klie/Maier/Meysen 1999, S. 93). Die Ursprünge der Bürokratie gehen auf das 16. Jahrhundert zurück, im Zusammenhang von der Abkehr der fürstlichen Willkürherrschaft. Waren öffentliche Ämter zuvor dem Adel vorbehalten (entsprechend militärischer Ränge), sorgte die Einführung des Beamtentums mit Einführung des „Allgemeinen Landrechts in Preußen" im Jahr 1794 dafür, dass allen Menschen der Zugang zum öffentlichen Amt offen stand. Grundlegend waren Verhaltensregeln, die sich noch heute wiederfinden (Treue und Gehorsam, Amtsverschwiegenheit, Unbestechlichkeit und eine ordentliche Lebensart). Im 19. Jahrhundert findet eine zunehmende Verrechtlichung und stärkere Formalisierung statt, einhergehend mit einer spezifischen Fachsprache („Beamtendeutsch") (vgl. Ortmann 1994, S. 27-33). Vor dem Hintergrund der gesellschaftlichen Entwicklung, gekennzeichnet durch die Industrialisierung im ausgehenden 19. Jahrhundert, versuchte der Organisationssoziologe Max Weber die rationalen Prinzipien industrieller Güterherstellung auf die moderne Verwaltung zu übertragen. Er suchte eine Organisationsform, in der die Menschen genauso rational und steuerbar verlässlich funktionieren wie Maschinen. Dazu setzt er sich mit unterschiedlichen Legitimationsgründen von Herrschaft auseinander:

- Charismatische Herrschaft: Die Macht des Herrschers, z. B. einer Göttlichkeit, gründet sich auf Heiligkeit und Hingabe der beherrschten Gläubigen.
- Traditionelle Herrschaft: Die Autorität des Herrschenden gründet sich auf Tradition. Kaiser, Könige oder Fürsten werden von ihren Untertanen aufgrund des Geburtsrechts anerkannt.
- Legale Herrschaft: Der rationale Charakter gründet sich in den gesetzten Ordnungen, nach denen Vorgesetze eingesetzt werden. Gehorsam gründet sich in der formalen Legalität seiner/ihrer Anordnungen (vgl. Kieser/Ebers 2014, S. 51 f., Wolf 2011, S. 64-66).

Weber definiert Bürokratie als „reinste Form legaler Herrschaft", gekennzeichnet durch Rationalität in Form von „Sachlichkeit, Unpersönlichkeit und Berechenbarkeit" (Gabriel 1979, S. 32 zitiert in: Kieser/Ebers 2014, S. 52). Weber (1972, S. 126) erläutert: „Ihre spezifische [...] Eigenart entwickelt sie umso vollkommener, je mehr sie sich entmenschlicht, je vollkommener heißt hier [...] die Ausschaltung von Liebe, Hass und aller rein persönlichen, überhaupt aller irrationalen, dem Kalkül sich entziehenden Empfindungselemente aus der Erledigung der Amtsgeschäfte gelingt."

Das Bürokratiemodell weist spezifische Strukturmerkmale auf:

- *Arbeitsteilung/Befehlsgewalt:* ist streng funktional, d. h. abhängig von der Ausbildung und unabhängig von der einzelnen Person. Jedes Mitglied hat fest gelegte Zuständigkeiten für ein abgegrenztes Aufgabengebiet. Damit ist zwar das Personal austauschbar, aber Entscheidungen werden ohne Ansehen der Person, allein aufgrund von (Rechts-)Vorschriften getroffen.
- *Amtshierarchie (Instanzenzug):* ist das System der Über- und Unterordnung. Sowohl der Befehlsweg (in der Hierarchie von oben nach unten) als auch der Beschwerdeweg (sog. Appellation) sind geregelt. Dies verbietet auch der oberen Instanz sich in die Aufgabenerledigung der unteren Instanz einzumischen. Erst bei Konflikten zwischen Aufgabenbereichen oder Kompetenzüberschreitungen wird die nächsthöhere Instanz eingeschaltet.
- *Regelgebundenheit und Aufgabenerfüllung (Amtsführung):* erfolgt nach erlernbaren Regeln und Normen zur Festlegung von Kompetenzen und Verfahren, dem Dienstweg.
- *Aktenmäßigkeit:* auch die Art und Weise der Aufgabenerfüllung wird geregelt. Die Kommunikation erfolgt meist schriftlich. In Akten werden Entscheidungen begründet (Ermessensspielraum). Dies sichert Kontrollierbarkeit wie Kontinuität (vgl. Gourmelon et al. 2014, Kieser/Ebers 2014, Vahs 2012, Wolf 2011).

Positiv zu beurteilen ist die erste Versachlichung von Organisations- und Führungsprozessen zum Zeitpunkt der Entstehung des Bürokratiemodells. Es gilt damit als Vorläufer der Organisations- und Managementlehren der 1970er-Jahre (vgl. Wolf 2011, S. 73 f.).

Kritisiert werden jedoch insbesondere das Ausblenden von informellen Abstimmungen und die fehlende Berücksichtigung von Wechselwirkungen mit dem Organisationsumfeld. Dies wird am Beispiel eines Sozialarbeiters/einer Sozialarbeiterin im Umgang mit Behörden deutlich:

Fallbeispiel Umgang Sozialarbeiter_in mit Behörden: „Wenn er mit den bürokratischen Vorschriften und Strukturen nicht einverstanden ist, kann er seine abweichende Meinung gegenüber den Betroffenen und seinen Vorgesetzten zum Ausdruck bringen. Da er nur partiell in die Organisation eingebunden ist, kann er sich auch noch zusätzlich in privaten Initiativen zur Unterstützung sozial Unterprivilegierter engagieren; er kann an die Öffentlichkeit heran treten (solange er nur Unzulänglichkeiten des Systems und nicht konkrete Missstände seines Amtes anprangert, kann ihm das nicht als Illoyalität ausgelegt werden). Er kann versuchen, seine konträren Auffassungen in einer Partei zur Geltung zu bringen usw. [...] Entscheidend ist, dass die moderne Organisationsgesellschaft dem Menschen vielfältige Möglichkeiten bietet, sein Handeln an eigenen Wertvorstellungen auszurichten, so dass er seine Identität den Ansprüchen seiner Organisation verteidigen und aufrecht erhalten kann. Vor allem der Umstand, dass er gleichzeitig in mehreren Organisationen aktiv sein kann, erlaubt ihm dies. Er kann seinen Individualismus u. a. in der Wahl der verschiedenen Organisationsmitgliedschaften zum Ausdruck bringen." (Kieser/Ebers 2014, S. 67).

Aufgrund der starren Regelgebundenheit büßt das Bürokratiemodell als „stahlhartes Gehäuse" vor allem an Effizienz ein, gekennzeichnet durch:

- *Schwerfälligkeit/Langsamkeit durch Aktenmäßigkeit:* Kosten durch schriftliche Fixierung und Überholbarkeit.
- *Stellenvermehrung:* Leitungspositionen steigern nicht nur das Machtpotenzial, der Verdienst ist mitunter von der Anzahl der zu führenden Beschäftigten abhängig[1]. Es besteht also kein Anreiz zur Reduzierung von Führungspositionen.
- *Tendenz zum Übermaß an Vorschriften:* die enghertzige Anwendung von Vorgaben führt zur Aufdeckung von Lücken, was den Wunsch nach Präzisierungen hervorbringt und damit nach noch mehr Detailregelungen. Dies führt zu einem Teufelskreis an Vorschriften wodurch man schließlich „den Wald vor Bäumen nicht mehr sieht".
- *Konflikte:* bestehen zwischen Spezialisten und Bürokraten. Dabei geht es weniger um Sachfragen als um die Absicherung von Machtpositionen. Wenn beispielsweise Sozialarbeiter_innen schnell Hilfen etablieren wollen um in einer sozialen Notlage oder Krisensituation zur Deeskalation beizutragen, steht dies den Regelungen bei Verwaltungskräften entgegen, die die Anträge nach Auftragseingang und nicht nach Dringlichkeit bearbeiten. Wenn dann noch Formulare falsch ausgefüllt werden oder Unterlagen nicht vollständig sind, kann dies zusätzlich zur Verlängerung der Bearbeitung führen (vgl. Sanders/Kianty 2006, Kieser/Ebers 2014).

Die fehlende Effizienz der Abläufe wird am Beispiel „Aufstellung eines Aschenbechers" deutlich:

Fallbeispiel Ineffizienz Bürokratie: „Am 2. Dezember 1999 schreibt Bürger M. den Oberbürgermeister von „Schnellstadt" an und gibt folgende Anregung: ‚Wie wäre es, einen großen Aschenbecher vor die Eingangstreppen des Rat-

---

[1] Vgl. auch S-Tarif im TVöD: die Eingruppierungsmerkmale variieren u. a. nach Anzahl der Plätze.

hauses zu stellen? Wenn man die Wartezeiten mit einer Zigarette überbrücken möchte, so muss man diese notgedrungen auf dem Boden austreten. Ein Becken, gefüllt mit Sand, wäre hier sehr zuträglich.' Der Oberbürgermeister schreibt an den Rand des Schreibens: JA. Er möchte außerdem ein Antwortschreiben gefertigt haben, das er selbst unterschreiben will. Über den zuständigen Dezernenten gelangt das Schreiben von Bürger M. an das Amt für Organisation, weil es auch für die Gebäudeverwaltung zuständig ist. Dort leitet der Amtsleiter den Auftrag am 13. Dezember 1999 an die entsprechende Abteilung Zentrale Dienste weiter. Am 16. Dezember 1999 findet zum Thema ‚Aschenbecher' ein Gespräch mit drei hoch bezahlten Vertretern des Amtes für Organisation statt. Da die Beschaffungsstelle keine Angebote zur Beschaffung von Aschenbechern vorlegen konnte, hat der Hausverwalter des Rathauses das Tiefbauamt und den Abfallwirtschaftsbetrieb mit der Bitte um Mitteilung angeschrieben, welche Behälter aufgestellt werden können und wann die Reinigung bzw. Leerung erfolgen soll.

Am 23. Dezember 1999 bekommt Bürger M. die Antwort: ‚Ich danke Ihnen für Ihre Anregung vom 2. Dezember 1999, der ich positiv gegenüberstehe. Ich habe bereits eine entsprechende Prüfung hinsichtlich der Ausführung veranlasst und gehe davon aus, dass in absehbarer Zeit entsprechende Behältnisse aufgestellt werden können'. Hier zeigt sich nun, dass selbst erfahrene Verwaltungsmitarbeiter die Reaktionsgeschwindigkeit der Verwaltung schon mal überschätzen können.

Am 28. Dezember 1999 teilt der Abfallwirtschaftsbetrieb dem Amt für Organisation mit, dass die Aschenbecher täglich gereinigt werden können. ‚Hinsichtlich der Auswahl des aufzustellenden Behälters bitten wir um Kontaktaufnahme mit dem Stadtplanungsamt, da derartige Dinge dort entschieden werden.'

Da das Tiefbauamt offenbar nicht der richtige Adressat war, wird am 10. Januar 2000 das Stadtplanungsamt angeschrieben: ‚Wir bitten daher um möglichst kurzfristige Mitteilung, wo und welche Behälter aufgestellt werden können.'

Am 31. Januar 2000 wird das Stadtplanungsamt nochmals angeschrieben und an den Vorgang erinnert. Daraufhin schreibt das Stadtplanungsamt am 3. Februar 2000: ‚Zur Frage des Anbringungs-/Aufstellungsortes von Aschenbechern vor dem Rathaus' fand am 18. Januar 2000 ein Ortstermin zwischen der Unteren Denkmalschutzbehörde, Frau B., und dem Stadtplanungsamt, Herrn A., statt. Frau B. erklärte, dass eine Anbringung von Aschenbechern direkt am denkmalgeschützten Gebäude nicht in Frage kommt. Jedoch sind freistehende Mülleimer mit einem Aschereinsatz am Fuß der seitlichen Treppen des Haupteingangs und vor den mittleren Pfeilern vor dem Eingang Kinderhofstraße denkbar. Ausgehend von dem Standardmülleimer ‚Euroform 2000' fertigt die

Firma N. zurzeit für ‚Schnellstadt' Prototypen des Mülleimers mit verschiedenen Abdeckungen an. Darunter wird sich auch ein Prototyp mit einem Aschereinsatz befinden, da davon auszugehen ist, dass diese Sonderform auch vor anderen öffentlichen Gebäuden (z. B. Opernhaus) zum Einsatz gelangen wird. Die Herstellung der Prototypen wird noch bis Ende Februar dauern. Nach Abstimmung mit dem Abfallwirtschaftsbetrieb wird im Zusammenhang mit den anderen oben genannten Mülleimern auch über das Modell mit dem Aschereinsatz im Baudezernat entschieden.' Wenn man gehässig gewesen wäre, hätte man beim Stadtplanungsamt nachfragen müssen: ‚Ende Februar – in welchem Jahr?' Denn am 9. März 2000 wird das Stadtplanungsamt nochmals angeschrieben mit der Bitte um Mitteilung, wie der Stand der Angelegenheit sei.

Am 22. März 2000 antwortet das Stadtplanungsamt: ‚Von der Firma N. wurde am 16. März 2000 u. a. ein Prototyp eines Mülleimers mit Ascheraufsatz im Stadtplanungsamt vorgestellt. Herrn Stadtrat K. wurde er am 17. März 2000 gezeigt. Ergebnis der Vorstellung war, dass die Firma N. über das Tiefbauamt gebeten werden soll, einen weiteren Prototypen mit einigen formalen Änderungen herzustellen.'

Am 7. April 2000 erhält das Amt für Organisation ein weiteres Schreiben vom Stadtplanungsamt: ‚Herr Stadtrat K. hat am 6. April 2000 entschieden, welcher Müllbehälter mit Ascheraufsatz zum Einsatz vor dem Rathaus gelangen soll. Diese Müllbehälter werden im Rahmen einer größeren Ausschreibung für Stadtmobiliar vom Tiefbauamt mitbestellt werden. Nach Aussage von Herrn A. ist dann mit der Aufstellung der Müllbehälter mit Ascheraufsatz bis ca. Mitte Juni 2000 zu rechnen.'

Als ‚Mitte Juni 2000' verstrichen ist, wird das Stadtplanungsamt am 30. Juni 2000 erneut angeschrieben und um Mitteilung gebeten, wann nun mit der Aufstellung gerechnet werden kann.

Am 11. Juli 2000 erhält das Amt für Organisation vom Tiefbauamt die Mitteilung: ‚Da zunächst die Entwicklung dieses neuen Stadt-,Schnellstadt'-Systems erforderlich war, hat dies eine gewisse Zeit in Anspruch genommen. Nun wird zurzeit ein Prototyp und eine Konstruktionszeichnung hergestellt, um anschließend die Lieferung der unterschiedlichen Abfallbehälter öffentlich auszuschreiben. Nach dem derzeitigen Terminplan ist im Oktober mit der Vergabe des Lieferauftrags zu rechnen. Somit können auch dann erst die ersten Abfallbehälter mit Aschenbecher aufgestellt werden.' Nachdem auch der Oktober 2000 verstrichen ist, wird das Tiefbauamt am 10. November 2000 standardmäßig mit der Frage angeschrieben, wann denn nun mit einer Aufstellung gerechnet werden kann. Da das Schreiben unbeantwortet bleibt, wird am 27. November 2000 erneut schriftlich nachgefragt. Auch dieses Schreiben bleibt unbeantwortet. Am 10. Januar 2001 wird abermals schriftlich nachgefragt.

Am 17. Januar 2001 antwortet dann das Tiefbauamt: ‚Die vorgenannten Aschenbecher sind Sonderanfertigungen und haben eine Lieferzeit von ca. sechs Wochen. Mit heutigem Datum haben wir sechs Stück Aschenbecher bestellt.'
Am 5. März 2001 werden die Abfallbehälter ‚Modell Schnellstadt' mit Ascheneinsatz geliefert.
Am 12. April 2001 werden die Aschenbecher angebracht. Seit der Anregung des Bürgers M. sind 16 Monate vergangen.
Noch einmal zur Erinnerung: Es ging um die Aufstellung eines Aschenbechers. Es ist schon erstaunlich, wie lange die Umsetzung von Anregungen der Bürger innerhalb der Verwaltung dauern kann! Diese ‚Geschichte' beruht leider auf Tatsachen. Sinn dieser Veröffentlichung ist es nicht, Personen oder Organisationseinheiten öffentlich zu kritisieren, sondern nachdenklich zu machen hinsichtlich ablaufender Verwaltungsverfahren." (KGSt-INFO 16/2007 KGSt, S. 11–13).

Wo Normierung auf der einen Seite Sicherheit und Verlässlichkeit bietet, wird andererseits von der „MacDonaldisierung der Gesellschaft" gesprochen (vgl. Ritzer 2006). Genormtes Essen in genormten Restaurants setzt sich in starren Tagesabläufen, animationsorganisiertem Club-Urlauben, genormten Wohnsiedlungen oder standardisierten Spielshows im Fernsehen fort.

Die Funktionalität der Bürokratie ist abhängig vom internen und externen Kontext einer Organisation. In einem stabilen Umfeld ist sie durchaus effizient, intern gekennzeichnet durch „Hauptamtlichkeit des Personals, Geldentlohnung, Fachschulung, Disziplin und Berufsethos sowie Trennung von Haushalt und Betrieb, privatem und öffentlichem Besitz von Produktionsmitteln. Die meisten dieser Charakteristika beziehen sich auf das bürokratische Personal und werden in der systematischen Organisationstheorie übersehen, weil diese Merkmale heutzutage in modernen privatwirtschaftlichen und öffentlichen Organisationen eine Selbstverständlichkeit sind, die keine empirischen Unterschiede zutage fördert." (Derlien et al. 2011, S. 207).

Zu kritisieren ist insbesondere die Inputorientierung. Kennzeichen sind (Bürokratiekritik im engeren Sinne):

- Einstellung des Personals: unzureichender Leistungswille, Entscheidungsscheu („Beamten-Mentalität").
- Überblähter Verwaltungsapparat: verselbständigt sich und entzieht sich so politischer Steuerung.
- Umgang mit Haushaltmitteln: fehlendes Kostenbewusstsein und -transparenz.

Das Bürokratiemodell: Inputorientierung

- Umgang mit Bürger_innen: Bürgerferne, insbesondere Langsamkeit der Entscheidung, obrigkeitlicher Umgang, fehlende Berücksichtigung der Auswirkungen auf den Einzelfall (in Anlehnung an Franz 2013, S. 204).
- Machtkonzentration an der Spitze: Steuerung nach Befehl und Gehorsam mit den Problematiken des Wissensvorsprungs auf der Ausführungsebene und Entscheidungsstaus auf der Leitungsebene.

Die Inputorientierung bezieht sich neben der Forderung von mehr Finanzmitteln bzw. mehr Personal für die Aufgabenerledigung, auch auf ein Mehr an Regelungen, um Vorschriftslücken zu schließen. Kurzfristige, bedarfsgerechte und flexible Lösungen werden durch die von oben nach unten verlaufende Weisungsabhängigkeit blockiert (vgl. Klie/Maier/Meysen 1999, S. 96 ff.). Die Leistungsfähigkeit der Bürokratie wird in der Bevölkerung skeptisch betrachtet:

Abbildung 1.3 Staat und Bürokratie: Notwendigkeit und Effizienz (© forsa 2015, S. 12)

		2008	2014	2015
Notwendigkeit				
„In einem Staat, der viel für seine Bürger tun will, ist eine starke öffentliche Verwaltung unerlässlich"	ja	76 %	85 %	85 %
	nein	22 %	14 %	14 %
„Der öffentliche Dienst garantiert, dass alle Bürger mit öffentlichen Dienstleistungen versorgt werden"	ja	54 %	63 %	61 %
	nein	43 %	35 %	37 %
Effizienz				
„Die öffentliche Verwaltung ist zu aufgebläht und kostet zu viel"	ja	78 %	70 %	66 %
	nein	19 %	27 %	31 %
„Die Verwaltung ist viel zu schwerfällig"	ja	81 %	76 %	75 %
	nein	16 %	21 %	22 %
„Wenn es immer mehr Bürokratie und bürokratische Vorschriften gibt, wird die Freiheit des einzelnen Bürgers immer stärker eingeschränkt"	ja	80 %	75 %	70 %
	nein	20 %	23 %	29 %
„Es wird viel zuviel verwaltet. Es sollte mehr der eigenen Initiative der Bürger überlassen werden"	ja	75 %	70 %	66 %
	nein	24 %	30 %	34 %
„Die Verwaltung ist heute viel bürgerfreundlicher als früher"	ja	58 %	63 %	64 %
	nein	35 %	30 %	29 %
„Öffentliche Verwaltungen sind heute genauso leistungsfähig wie große Wirtschaftsunternehmen"	ja	28 %	38 %	35 %
	nein	67 %	57 %	60 %

Die Aussagen zur Notwendigkeit der Bürokratie werden von forsa als Ausmaß des Erfordernisses interpretiert, nach dem öffentliche Dienstleistungen durch die öffentliche Hand erbracht werden sollen. Während hier eine hohe Zustimmung herrscht, wird die Leistungsfähigkeit/Effizienz der öffentlichen Verwaltung kritischer betrachtet. Allerdings hat die Kritik in den letzten sechs Jahren abgenommen. Dies kann in Zusammenhang mit der Finanz- und Wirtschaftskrise stehen, die das Vertrauen der Öffentlichkeit in die Wirtschaft und ihr Primat der Gewinnmaximierung erschüttert hat und den öffentlichen Dienst in einem besseren Licht sieht.

1.2 Das Neue Steuerungsmodell (NSM): Outputorientierung

Fußend auf der Kritik am Bürokratiemodell mit ihrer starken Inputorientierung, seiner Binnenorientierung und fehlender Effizienz wurde in den 1990er-Jahren das Neue Steuerungsmodell (NSM) von der Kommunalen Gemeinschaftsstelle für Verwaltungsmanagement in Köln (KGSt) entwickelt (zur Entwicklung: vgl. Wöhrle 2012). *Als Bereicherung um den „externen Fokus" (Outputorientierung) und die „Flexibilität" (Kundenorientierung) (vgl. ebd.) soll die Kommunalverwaltung in ein modernes Dienstleistungsunternehmen umgewandelt werden. Eine höhere Effizienz der Verwaltung soll durch die Einführung betriebswirtschaftlicher Instrumente und einem managementorientiertem Steuerungsverständnis erreicht werden.* Hauptauslöser für die Einführung war die Finanzknappheit der Kommunen, die sich mit der Einführung wirtschaftlicher Instrumente Kostenersparnisse erhofften. Daneben werden verschiedene Steuerungslücken aufgeführt:

- Effizienzlücke: Anreize zur sparsamen Mittelverwendung fehlen.
- Strategielücke: Orientierung an klaren, strategisch mittelfristigen Entwicklungszielen und Prioritätensetzung fehlt.
- Managementlücke: Zwang und Instrumente zur Leistungsverbesserung, Strukturanpassung, Ressourcenumschichtung und Anpassung an veränderte Nachfrage fehlen.
- Attraktivitätslücke: geringe Attraktivität für engagierte Mitarbeitende aufgrund geringer Gestaltungsspielräume und unzureichender Nutzung von Engagementbereitschaft bzw. Kreativität.
- Legitimitätslücke: fehlende Rechenschaftslegung über Effizienz, Zielgenauigkeit und Qualität öffentlicher Leistungen seitens der Politik einhergehend mit Akzeptanzproblemen bei den Bürger_innen (vgl. Jann 2005 und KGSt-Bericht 5/1993).

Das Neue Steuerungsmodell (NSM): Outputorientierung

Der Abbau von Bürokratie und Umbau zu einem Unternehmen bezeichnet einen Steuerungswechsel innerhalb der Sozialwirtschaft „vom Recht zum Markt" (vgl. Kolhoff 2012) und ist gleichsam gekennzeichnet von einem Paradigmenwechsel von der input- zur outputorientierten Kommunalverwaltung:

Abbildung 1.4 Paradigmenwechsel: Leitbild bürokratisch-zentralistischer versus ergebnisorientierter-dezentraler Steuerung (in Anlehnung an: © Blanke et al. 2011, S. 100)

Bürokratisch und zentralistische Steuerung (Bürokratie)	Ergebnisorientierte und dezentraler Steuerung (NSM)
Steuerung über Inputs (Regeln und Ressourcen)	Ziel- und ergebnisorientierte Steuerung (NSM)
Ständige Eingriffe ins Tagesgeschäft Übersteuerung im Detail	Steuerung auf Abstand Steuerung über Ziele
Organisierte Unverantwortlichkeit (Trennung von Fach- und Ressourcenverantwortung)	Abgestufte Ergebnisverantwortung (Einheit von Fach- und Ressourcenverantwortung)
übertriebene Arbeitsteilung und Spezialisierung	Gesamtprozess-Optimierung
Orientierung an den internen Erfordernissen des Verwaltungsablaufs	Bürger- und Kundenorientierung
Orientierung an Ordnungsmäßigkeit	Umfassende Qualitätsorientierung
Juristische Personalverwaltung	Personalmanagement (Leistungsanreize, Führung, Personalentwicklung)
Kameralistische Haushaltsführung	Transparenz von Kosten und Leistungen (Kosten- und Leistungsrechnung)
Präferenz für Eigenerstellung (übertriebene vertikale und horizontale Integration)	Konzentration auf Kernkompetenzen (Gewährleistungsverwaltung, Leistungstiefenpolitik)
Abschottung vom Marktdruck, natürliche und künstliche Monopole	Marktorientierung und Wettbewerb

Das NSM versteht sich als „umfassendes Konzept zur Steigerung von Effektivität, Bürgerorientierung und Effizienz/Wirtschaftlichkeit der öffentlichen Verwaltung und der Politik als Antwort auf die Anforderungen einer globalen Wissensgesellschaft" (vgl. Krems 2014). Merkmale des NSM sind:

- qualifizierte, motivierende und leistungsfördernde Führung
- wirkungsorientierte Zielsetzungen
- die klare Definition der kommunalen Produkte und Leistungen

- Zusammenarbeit, Kommunikation und Transparenz zwischen Politik und Verwaltung
- ein wirtschaftlicher und wirksamer Ressourceneinsatz
- ein aussagefähiges Rechnungswesen
- ein wirksames Controlling
- Leistungsvergleiche und Wettbewerb
- die Nutzung der Potenziale der Informations- und Kommunikationstechnik
- konsequente Kundenorientierung und Bürgerbeteiligung (vgl. KGSt-Selbstdarstellung 2004)

In seiner Gesamtsicht stellt sich das NSM folgendermaßen dar (vgl. auch Wöhrle 2002)

Abbildung 1.5 Gesamtsicht NSM (© KGSt-Bericht 5/2013, S. 13)

	Strategische Steuerung durch Politik und Verwaltung		⇨	Ziele oder Erfolgsfaktoren
	Personalmanagement		⇨	z.B. Kundenorientierung erhöhen
Technikunterstützte Informationsverarbeitung	Budgetierung		⇨	
Berichtswesen und Controlling	Zusammenführung von Fach- und Ressourcenverantwortung		⇨	Leistungen schneller erbringen
	Produktorientierte Steuerung		⇨	Produktivität steigern

Märkte/Kunden

Als Ziele des NSM lassen sich aufzeigen:

- *Bessere Leistungen (Effektivität)*
- *günstigere Leistungserstellung (Effizienz)*
- *Mehr Kundenfreundlichkeit gegenüber Bürger_innen und ortsansässiger Wirtschaft*
- *Höhere Mitarbeiterzufriedenheit* (in Anlehnung an Krems 2014)

Das Neue Steuerungsmodell (NSM): Outputorientierung

Das NSM wurde insbesondere zehn Jahre nach seiner Einführung in den Jahren 2004/2005 umfassend evaluiert. Im Rahmen eines Forschungsprojektes der Hans-Böckler-Stiftung (HBS) wurden im Jahr 2005 alle KGSt-Mitgliedskommunen sowie Nichtmitglieds-Kommunen mit mehr als 20 000 Einwohnern angeschrieben (Rücklauf: ca. 50 %, 1 565 Städten und Kreise). Der Bericht konzentriert sich auf die Befragungsergebnisse der Verwaltungsvorstände, flankiert von Fallstudien. Dabei fielen die Antworten der Personalratsvorsitzenden i. d. R. 5–10 Prozentpunkte reformkritischer aus, als die der Bürgermeister und Landräte. Die Bestandsaufnahme zur Verwaltungsmodernisierung des Deutschen Instituts für Urbanistik (difu) und des Deutschen Städtetages (DST) bezieht sich auf größere Städte über 50 000 Einwohner (Rücklauf: 69 %, 243 Städte). Die wesentlichen Ergebnisse beider Studien sind im KGSt-Bericht 2/2007 aufgezeigt. In seiner Gesamtbilanz ergibt sich folgendes Bild:

Abbildung 1.6 Gesamtbilanz Verwaltungsmodern HBS (© KGSt Bericht 2/2007, S. 60)

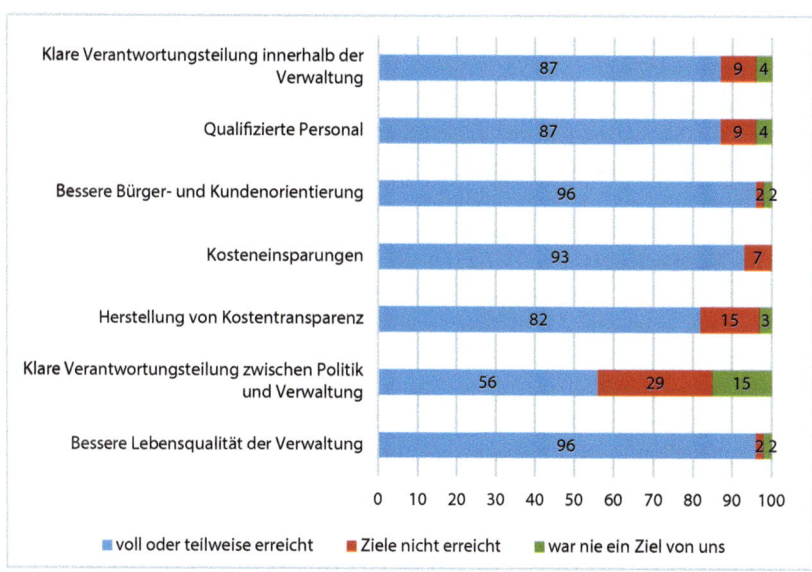

Ein umfassender Paradigmenwechsel der Kommunalverwaltung ist nicht gelungen, nur 15 % der Kommunen orientierten sich überhaupt am Gesamtmodell (vgl. KGSt-Bericht 2/2007, S. 55). Vielmehr entstanden Modernisierungsinseln, die sich aber nicht auf die Kernelemente des NSM beziehen (Einrichtung von Bürgerbüros, Verfahrenbeschleunigungen z. B. bei der Bauordnung, Stärkung gemeinwesenorientierter Konzepte im Sozial- und Jugendhilfebereich). Interventionen der Landesregierungen zielten v. a. auf die Reform des Haushalts- und Rechnungswesens und damit auf Kosteneinsparungen, ab (vgl. Grohs 2012). So gilt die Budgetierung als beliebtestes Reformthema (vgl. Politische Vierteljahresschrift 2006, Jann et al. 2004). *Die Parallelität von Haushaltskonsolidierung und Verwaltungsmodernisierung wird mit Abstand als Haupthindernis der NSM-Umsetzung angesehen* (vgl. difu in KGSt-Bericht 2/2007, S. 56 f.). *Wohingegen der „Faktor Mensch […] seinen Interessen und die in den Verwaltungen herrschenden (mikro-)politischen Rahmenbedingungen zu wenig beachtet"* wurden (KGSt-Bericht 2/2007, S. 61).

In einer kritischen Einschätzung der Umsetzung der Reformelemente wird deutlich, dass auch die Modernisierung in weiten Teilen „auf halber Strecke" hängengeblieben ist bzw. nicht die gewünschten Effekte erzielt wurden:

- Bürger- und Kund_innenorientierung: deutliche Leistungsverbesserungen und Verfahrensverkürzungen durch klassische Maßnahmen der Organisationsentwicklung.
- Inputseite: Effizienzgewinne und Einsparungen in Teilbereichen greifen infolge des Sach- und Personalaufwandes für Planung und Einführung der Reforminstrumente nur bedingt.
- Verbesserung der gesamtstädtischen politischen Steuerung: höhere Transparenz und Informationslage führt nicht automatisch zu besserer Steuerung bzw. Kurskorrektur. Die Dezentralisierung der Fachbereiche führt zu einer Abkopplung von den gesamtstädtischen Zielen, Privatisierungen und Ausgliederungen erzeugen „Verwaltungssatelliten" und verstärken ebenfalls die Eigeninteressen.
- Mitarbeiter_innenzufriedenheit: Verwaltungsmodernisierung wird oftmals als Bedrohung im Kontext von Personalabbau wahrgenommen. Mitarbeiter_innenbeteiligung wird vielfach nicht erst genommen, der Einfluss bleibt gering, was die Akzeptanz der Reform reduziert (vgl. Grohs 2012, S. 119–121).

Der Ausblick bleibt ernüchternd. Es scheint sich die Verinselung der fiskalischen Reformbemühungen zu verfestigen:

Abbildung 1.7 Vergleich Umfragen 2005 und 2010 zur Verwaltungsreform (© Grohs 2012, S. 121)

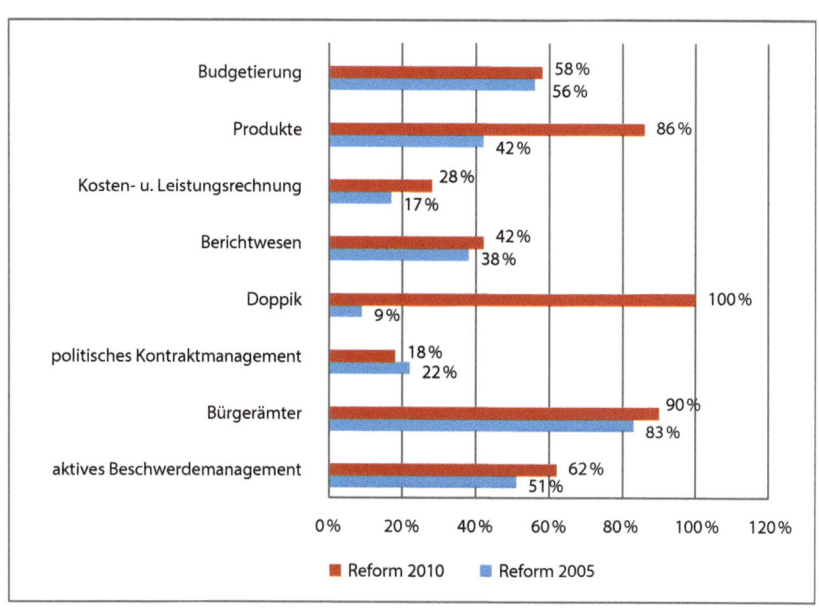

1.3 Outcomeorientierung und wirkungsorientierte Steuerung

Beim Outcome geht es im Allgemeinen um die Wirkung (sozialer) Leistungserstellung. Man kann verschiedene Wirkungsebenen unterscheiden:

- Der Impact bezeichnet die subjektive erlebte Wirkung bei den Adressat_innen, wozu natürlich das Handeln der Mitarbeitenden der Kommunalverwaltung maßgeblich beiträgt. Impact ist vor Hintergrund der Bedürfnisse und Werte der Betroffenen zu betrachten. Er ist auch die Reaktion der Zielgruppe auf Outputs und Effects.
- Der Effekt meint die unmittelbare, objektive, d. h. direkt ersichtliche bzw. nachweisbare (Aus-)Wirkung der Leistungserbringung, die durch die gemeinsame Leistungserstellung von Leistungserbringer (z. B. Sozialarbeiter_innen) und Adressat_innen erbracht wird. Der Effekt wird damit maßgeblich durch die Mitwirkung/Compliance der Bürger_innen beeinflusst sowie durch die Einbringung von Ressourcen aus deren Umfeld bzw. gesellschaftliche Ressourcen.

- Der Output ist die quantitativ messbare Menge kommunaler Produkte bzw. Dienstleitungen, die durch eine gemeinsame Gestaltung durch Verwaltung, externe Leistungserbringer, Umfeld der Adressat_innen sowie die Gesellschaft erbracht werden.
- Der Outcome bezeichnet die mittelbare Wirkung der Leistungserbringung als Wirkung auf gesamtgesellschaftliche Veränderungen. Der Outcome bezieht sich im Allgemeinen auf das Gemeinwohl, im Bereich der Sozialen Arbeit meist auf spezifische Gesellschaftsgruppen. Ob die Wirkung eintritt, kann von vielen externen Faktoren abhängig sein.

Abbildung 1.8 Dimensionen der Wirkung (© Halfar/Hegenauer 2010, S. 90)

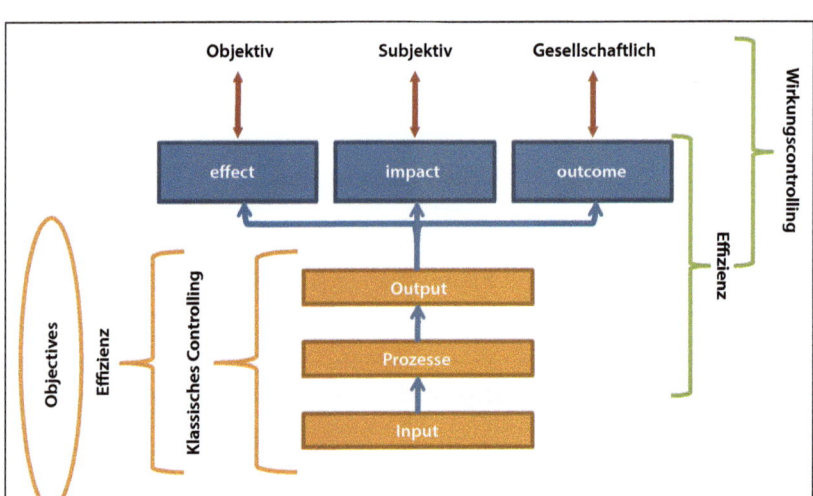

Die KGSt setzt die Wirkungen nach wie vor mit einem Regelkreis des strategischen Managements in Verbindung. Dieser geht auf eine Publikation von Heinz aus dem Jahr 2000 zurück (Heinz 2000), welcher wiederum das St. Galler Modell des integrativen Managements von Bleicher zugrunde liegt. Dieses wurde bereits in den 60er-Jahren entwickelt und von Knut Bleicher 1991 weiter entwickelt.

Abbildung 1.9 Regelkreis des strategischen Managements (© KGSt-Bericht 5/2013, S. 47)

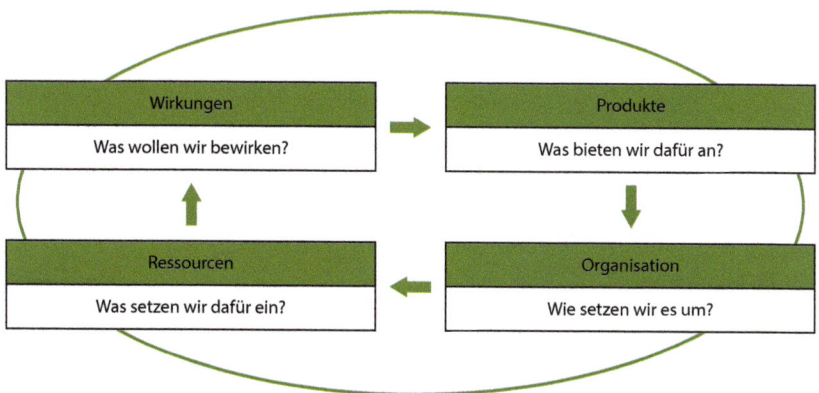

Die KGSt sieht dabei das Produkt als „zentralen Träger für alle Steuerungsinformationen" und bezieht Ziele sowie Kennzahlen in diesem Kontext auf den Output, „wie gesetzlich vorgeschrieben". Differenziert wird der Outcome, welcher im Kontext einer „wirkungsorientierten Steuerung" gesehen wird, einhergehend mit einer transparenten Politik unter Einbeziehung der Bürgerschaft (vgl. KGSt-Bericht 5/2013, S. 47). Zur Entwicklung von der output- zur wirkungsorientierten strategischen Steuerung: s. Kapitel 1.3.2.

Obgleich das Kommunale Steuerungsmodell (KSM, vgl. Kapitel 1.3.2) den Begriff Governance nicht verwendet, sind sowohl Begründungen für die Weiterentwicklung der Steuerung als auch ein informelles Steuerungsverständnis, das Selbstverständnis vom KSM sowie Public Governance (vgl. Kapitel 1.3.1) ähnlich:

Begründungen für eine Weiterentwicklung sind beim KSM die „Bewältigung des intensiven Wandels" einhergehend mit zunehmender Komplexität, bezogen auf „die demografische Entwicklung und den Wertewandel, die wirtschaftlichen und sozialen Veränderungen im Zuge der Globalisierung, das Selbstverständnis und die Rolle der Bürgerinnen und Bürger in der Kommune sowie die Rolle und Bedeutung des Internets und der sozialen Medien" (KGSt-Bericht 5/2013, S. 47). Auch Public Governance geht davon aus, dass die Kommune alleine die zunehmende Komplexität nicht bewältigen kann. In diesem Zusammenhang ist von „Staatsversagen" in Bezug auf eine bürokratisch-hierarchische Steuerung die Rede, welches eine „Governance without Government" erfordert. D. h. es geht um „neue Prozesse politischer „Steuerung" im Sinne „mehr oder weniger fragmentierter oder integrierter, nach unterschiedlichen Prinzipien gestalteten Regelungsstrukturen [...] die beschreiben in welcher Beziehung Akteure in einem Governanceprozess stehen" (Fellner 2014, S. 1 f.).

Das KSM wie auch Public Governance gehen von dem Bedarf eines neuen, informellen Steuerungsverständnisses aus. Die KGSt versteht unter „moderner Steuerung" eine, die sich an Wirkungen orientiert, indem sie sich „für Beteiligungsprozesse öffnet und sich dynamisch auf Veränderungen einstellt" (KGSt-Bericht 5/2013, S. 8). *Diese Wirkungsorientierung kann sich nicht alleine durch eine managementorientierte Organisationsstruktur wie im NSM gründen, vielmehr bedarf es hierbei der Gestaltung der kulturellen Ebene (vgl. auch Kapitel 7.3).* Diese bezieht sich auf

- Den Umgang der Mitarbeitenden untereinander auf der Grundlage von „tradierten oder bewusst gesetzten Normen und Werten, aber auch erwünschter oder gelebter Erscheinungsweisen" (ebd., S. 22).
- Eine Führungskultur, die „geprägt ist von einem ethischen, wertschöpfenden und gemeinwohlorientierten Verhalten" (ebd., S. 50). Führungskräfte werden in die Verantwortung für die Organisationskultur genommen, indem sie verhaltensausrichtend durch Kommunikation und Koordination sowohl auf die Beschäftigten einwirken als auch auf die externen Akteure.
- Eine „Kooperations- und Streitkultur" (ebd., S. 27) an der Schnittstelle von Rat und Verwaltung sowie darüber hinaus nach außen gerichtet bei der Beteiligung der unterschiedlichen kommunalen Akteure.

Beim Local Governance bedarf es einer „institutionellen Steuerung [...], die sowohl die interne Logik von Akteur_innen [...] als auch die institutionellen Arrangements, über die diese Handlungen einen systematischen Verbund bilden" in den Blick nimmt (Schneider 2005, S. 3 zitiert in: Schubert 2015, S. 114). Governance bedarf dabei der Gestaltung von Interdependenzen der lokalen Akteure durch „Steuerung des Prozesses der Interaktion [...] sowie in kontinuierlicher Verständigung über gemeinsame Problemdefinition und Handlungsziele" der unterschiedlichen Beteiligten (Fürst/Zimmermann 2005 zitiert in: ebd.). Dabei rückt die „Bedeutung der informellen Strukturen" und damit die Gestaltung der Kultur des Miteinanders in den Mittelpunkt (Schedler et. al 2011, S. 8). Zur Verdeutlichung: „die tatsächliche Steuerung einer öffentlichen Unternehmung ist in der Praxis oft von informellen Absprachen beeinflusst. Politische Entscheidungen werden vorab in Arbeitsgruppen vorbereitet [...].

Das Ausmaß der Formalisierung von Steuerung hängt nicht zuletzt auch von der ‚Chemie' ab, die zwischen den Verantwortlichen aus Politik, Verwaltung und öffentlicher Unternehmung – und deren jeweiligen engeren Mitarbeitenden – herrscht [...] Wo solche informellen Kontakte nicht im gleichen Ausmaß vorhanden sind, haben die formellen Steuerungsinstrumente einen größeren Stellenwert. Fehlendes Vertrauen muss hier erst aufgebaut werden. Dazu kann die Transparenz, die durch die Instrumente geschaffen wird, einen wesentlichen Beitrag leisten" (ebd., S. 8). Hier wird die positive Wirkung von verlässlichen, transparenten und legitimierten Strukturen auf eine Kultur gemeinsamer Politikbestimmung und -gestaltung im kommunalen Raum deutlich.

Auch das Steuerungsverständnis ähnelt sich: Governance hebt ein Ineinandergreifen verschiedener Steuerungsmechanismen hervor. Moderne Gesellschaften werden nicht durch hierarchische, staatliche (erster Sektor) oder managementorientierte, marktliche Steuerung (zweiter Sektor) oder die Steuerung durch Gemeinschaften (dritter Sektor) geregelt. Vielmehr bedarf es einer „Vielzahl an netzwerkartigen Strukturen und Verhandlungssystemen", in denen die verschiedenen Akteure unterschiedlicher Sektoren sowie verschiedene Steuerungslogiken ineinander greifen (vgl. Kolhoff/Tabatt-Hirschfeldt 2016, S. 3). Das KSM macht deutlich, dass hierfür eine Abkehr vom Denken in Steuerungsstrukturen und -instrumenten (NSM) hin zu Steuerungsprozessen notwendig ist (vgl. KGSt-Bericht 5/2013, S. 15). Die KGSt erkennt den „Bedarf nach weiter entwickelten Steuerungsmodellen, die die Grenzen der Kernverwaltung überschreiten und die gesamte Stadtgesellschaft und die Gruppe der Stakeholder einbeziehen" (ebd., S. 17).

Auch die differenzierten Selbstverständnisse, wie sie in der Ausgestaltung des Leitbildes Bürgerkommune zum Tragen kommen, ähneln sich auffällig:

Abbildung 1.10 Begriffsdimensionen Local Governance und Bürgerkommune (in Anlehnung an: © Holtkamp/Bogumil 2007, S. 235)

Sichtweise	Local Governance	Bürgerkommune
normativ	Good Governance	Leitbild Bürgerkommune
deskriptiv	Zunehmende Bedeutung von Verhandlungssystemen	Zunehmende Bedeutung von Bürgerforen
analytisch	Koordination wird als Zusammenspiel von Hierarchie, Verhandlungssystemen und Konkurrenzbeziehungen analysiert.	Kommunalpolitik wird als Zusammenspiel von kooperativer, direkter und repräsentativer Demokratie analysiert.

- Aus normativer Sicht geht es beim Local Governance um die veränderte politische Koordination des Good Governance (s. o.). Bei der Bürgerkommune geht es um die Ergänzung des binnenorientierten NSM, um die bürgerliche Einbeziehung in kommunale Entscheidungs- und Leistungserstellungsprozesse.
- Die deskriptive Sicht des Local Governance bezeichnet die Prozesse der Selbststeuerung und die Koordination, aus denen neue Interaktionsstrukturen ge-

neriert werden. Bei der Bürgerkommune geht es um die Zunahme kooperativer Demokratie, besonders in Form von Bürgerforen. Diese erhöhen die sogenannte „Output-Legitimität": durch gesellschaftliches Wissen werden problemadäquatere Lösungen entwickelt und die knappen staatlichen Ressourcen ergänzt und geschont (gesteigerte Effizienz). Insbesondere durch Mediationsverfahren werden sozialverträgliche Politikergebnisse erzielt (erhöhte Effektivität). Verstärkte Partizipation erfolgt durch öffentliche Diskussionsrunden, was die Legitimation der Kommunalpolitik steigert.

- Die analytische Sicht auf Local Governance meint die Koordination des Zusammenwirkens von Hierarchie, Verhandlungssystemen und Konkurrenz durch Einbeziehung von Wirtschafts- und zivilgesellschaftlichen Akteuren. Bei der Bürgerkommune geht es ebenso um das „Zusammenspiel von direkter, kooperativer und repräsentativer Demokratie" (Holtkamp/Bogumil 2007, S. 232). Untersuchungen haben gezeigt, dass die Direktwahl der Bürgermeister_in, die Nutzung von Bürgerbegehren sowie der zunehmende Einsatz kooperativer Demokratieformen, die kommunalen Vertretungskörperschaften entscheidend geschwächt haben (Bogumil/Holtkamp/Kißler 2005, zitiert in ebd., S. 232).

1.3.1 Public Governance (ca. ab 2000)

Das NSM wirft zwei Probleme auf – die Bewältigung des Spannungsfeldes zwischen rechtsstaatlichen Grundstrukturen und ökonomischen Steuerungs- und Handlungskonzepten sowie den Dualismus von regelorientierter Steuerungssystematik und ergebnisoffenen Anreizsystem sowie daraus resultierend den Bedarf nach ethischen Standards für Politik und Verwaltung. Die verengenden Ziele Wirtschaftlichkeit, Effizienz und Effektivität benötigen daher eine Erweiterung um verantwortungsvolle Staatsführung (vgl. Lorig 2004). Unter dem Begriff „Good Governance" subsumieren sich Leitlinien für „gutes" Regieren bzw. Verwalten, parallel zu den Prinzipien des Corporate Governance für Wirtschaftsunternehmen, (vgl. EU-Kommission, OECD und Weltbank) für die Entwicklungspolitik bzw. Voraussetzung für Kredite oder Fördermittel. Die relevanten Publikationen zum Governance Diskurs wurden in den 1990er-Jahren veröffentlicht. Seit etwa 2000 hält Governance Einzug in die öffentliche Verwaltung – etwa seit 2005/2010 als New Public Governance[2] mit einer veränderten Steuerungsperspektive von intraorganisationalem Management zu interorganisationaler Steuerung. Die Gründe liegen zum einen in einer Ressourcenverknappung, zum ande-

---

2 Hier vereinfacht: Public Governance.

ren in einer verstärkten Orientierung an Bürger_innen bzw. Adressat_innen. Aus analytischer Perspektive geht es beim Public Governance um Fragen der Steuerung „zunehmender – und zunehmend komplexerer – gesellschaftlicher Verflechtungen bzw. Interdependenzen" auf kommunaler Ebene. Politische Steuerung kann nicht allein durch den Markt erfolgen (NSM-Logik), sondern wird als „Mix verschiedener Steuerungsmechanismen" betrachtet, die kommunale Akteur_innen (Bürger_innen, Politik, freie Wohlfahrtsverbände, Wirtschaft etc.) einbeziehen (vgl. Grunwald/Roß 2014, S. 27 f.) Dies geschieht in komplexen „Kombinationen aus unterschiedlichen Regelsystemen (Vertragsregeln, Kompetenzregeln und Kontrollbefugnisse, Mehrheitsregeln, Verhandlungsregeln)" (Benz/Dose 2010b: S. 25, zitiert in Grunwald/Roß 2014, S. 28).

Das Steuerungskonzept bricht mit der Vorstellung der Unterteilung in aktiv Regierende und passiv Regierte (Government) und setzt dem eine gemeinschaftlich verantwortete Steuerung entgegen.

Die Unterschiede zwischen dem NSM und Public Governance lassen sich auf verschiedenen Ebene verdeutlichen:

Abbildung 1.11 Gegenüberstellung von Public Management (Government) und Public Governance (in Anlehnung an © Gourmelon et al. 2014, S. 15)

	GOVERNMENT **Public Management**	**Public GOVERNANCE**
Analysefokus	Binnensteuerung	Binnen- und interorganisatorische Steuerung (Fremd- und Selbststeuerung)
Art der einbezogenen Organisation	Primär einzelne öffentliche Einrichtungen (NSM: zusätzliche Unternehmen)	a) Einzelorganisationen in kooperativen und kompetitiven Beziehungen (welfare-mix) b) (Policy-)Netzwerke, gesellschaftliche Teilsysteme, Makrostrukturen des öffentlichen Sektors
Zugrunde gelegte Steuerungslogik	Hierarchie, Regelungen, Ziele/Ergebnisse, Wettbewerb (Benchmarking)	Wie oben + politischer Tausch + Verhandlungen (+ Solidarität, Vertrauen?)
Dominantes Rationalitätskriterium	Effizienz	Effektivität Legitimität (+ Legalität)
Bsp. für typisches Phänomen	Ergebnisorientiertes Management einzelner Ämter einer Kommunalverwaltung	Politiksteuerung in lokal begrenztem Bereich: z. B. Planung, Koordination, Produktion von DL zur Randgruppenbetreuung im Jugendbereich durch Netzwerke von Kommune, Wohlfahrtsverband, Selbsthilfegruppe, kleinen und mittleren Unternehmen

Dabei lässt sich kaum von einem anderen Steuerungsverständnis sprechen, weil soziale Systeme zu komplex sind, um sie ganzheitlich zu betrachten. Vielmehr gilt es „Nebenwirkungen" der Steuerung zu erkennen und entsprechend gegenzusteuern. Willke spricht in diesem Zusammenhang von dem Bedarf nach einer dezentralen Kontextsteuerung, d. h. eine indirekte Steuerung, die Kontextvarianzen impliziert, und die binnenorientierte, hierarchische Steuerung einer Organisation, um die mit den Veränderungen ihres relevanten Umfeld ergänzt (vgl. Grunwald 2013, S. 90). Damit lässt sich eher von einer Gesamtsicht als einer Ganzheitlichkeit der Steuerung sprechen. *Diese Gesamtsicht bedeutet im Wesentlichen, sich der Wechselwirkungen zwischen Kontextsteuerung und der Eigendynamik bzw. Eigenlogik auf welche Art und Weise sozialer Organisationen auf Umfeldveränderungen reagieren bewusst zu sein* (vgl. Grunwald 2013, S. 91).

Als Merkmale von „Good Governance" auf kommunaler Ebene lassen sich nennen:

- Demokratie und Lebensqualität: nachhaltige Partizipation aller kommunalen Stakeholder[3]. Verpflichtung auf eine Kultur des Gender-Mainstreamings und Diversity Managements.
- Entwicklung einer Vision und gemeinsamer Ziele: für die Kommune durch strategisches Management.
- Problemlösung durch Partnerschaften: im Sechseck der aktivierenden Kommune (Rat, Verwaltung, Wirtschaftsunternehmen, Bürgergruppen, Verbände, Vereine).
- Effektive, effiziente und responsive Politik, Verwaltung und partnerschaftliche Zusammenarbeit: als Engagement aller Partner für das Gemeinwesen.
- Zielgerichteter Ressourceneinsatz: Transparenz und Rechenschaftslegung.
- Legitimierte Regeln der Konsensbildung und Konfliktbewältigung: abgestimmte Beteiligungs- und Entscheidungsverfahren zwischen Politik und Verwaltung.
- Lernen und Innovation: Arbeit in Netzwerken und ähnlichen Kooperationsformen (vgl. Gourmelon et al. 2014, S. 16).

In ihrem Selbstverständnis versteht die KGSt das KSM weniger als Paradigmenwechsel denn als Ergänzung bzw. Fortentwicklung des NSM: *„Zentrale Ziele und Instrumente im Neuen Steuerungsmodell [...] sind eher betriebswirtschaftlich orientiert: Leistung, Value for Money, Dienstleistung, Kundenorientierung, Qualität, Markt, Wettbewerb sind die Schlagworte. Die KGSt hat bereits diesen begrenzten Fokus des Public Managements ergänzt und erweitert um die Inhalte Wirkung, Betei-*

---

3 Bürger_innen, Wirtschaft, NPOs, Vereine, Verbände etc.

ligung, bürgerschaftliches Engagement, Koordination öffentlicher und gesellschaftlicher Akteure, partnerschaftliche Lösungen mit Wirtschaft und Gesellschaft sowie Agieren in Netzwerken" (KGSt SonderINFO 03/2005, S. 6). Die KGSt zeichnet damit eine Entwicklung von der produkt- und quantitativ orientierten Output- zur wirkungsorientierten Outcome Steuerung nach:

Abbildung 1.12 Entwicklung kommunaler Steuerungsverständnisse (© KGSt SonderINFO 03/2005, S. 2)

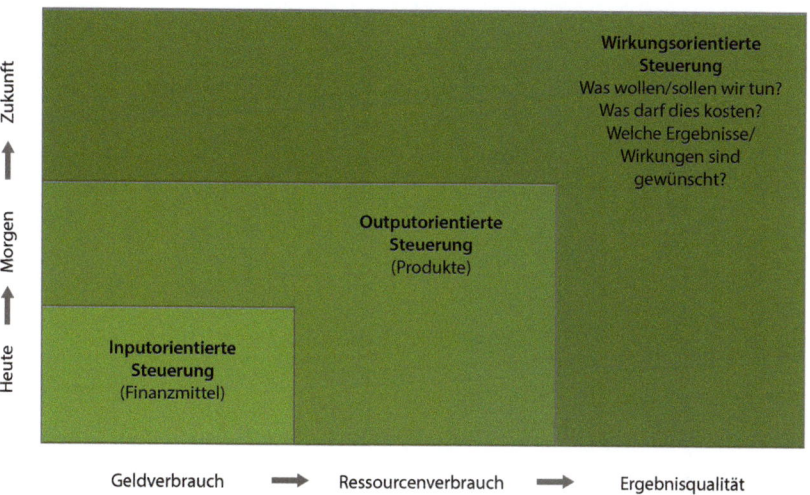

Der Weg vom strategischen Management (NSM/KGSt-Managementkreislauf) zur wirkungsorientierten Steuerung (KSM) läuft über die Steuerung von Prozessen. Hierbei wird die relevante Umwelt in Form verschiedener Akteure und Institutionen einbezogen. Diese sind „kommunale Beteiligungen, Einkauf, Leistungen anderer (z. B. in Shared Service Centern oder interkommunaler Zusammenarbeit), diverse Modelle der Zusammenarbeit mit öffentlichen wie auch privaten Akteuren (z. B. Freie Träger, Jobcenter,…) und nicht zuletzt das Bürgerengagement" (KGSt-Bericht 5/2013, S. 17).

Um die Entwicklung für die jeweilige Kommunalverwaltung auf ihrem Weg zum Public Governance einschätzen zu können, lässt sich eine **Checkliste** anwenden:

Abbildung 1.13 Checkliste Regional Governance (© Rakebrandt 2006 in Kolhoff/Tabatt-Hirschfeldt 2016, S. 19)

	Ausgangssituation	Ja	Unklar	Nein
A	In der Region liegt ein Defizit vor, das von der Gesellschaft auch als solches empfunden wird.			
B	Bei dem Defizit handelt es sich nicht um ein einzelnes Problem, sondern um einen Problembereich.			
C	Zur Bearbeitung des Problems findet sich eine regional zusammengesetzte Gruppe.			
D	Die Gruppe findet sich unverfasst, das heißt, ihr Zusammenkommen basiert nicht auf einer vorher gefassten politischen (Willens-)Entscheidung.			
E	Mitglieder der Gruppe gehören in die regionale Verwaltung (Angestellte, Repräsentanten, Landkreis)			
F	Mitglieder der Gruppe gehören unterschiedlichen lokalen Verwaltungen an (Angestellte, Kommunen)			
G	Mitglieder der Gruppe gehören wirtschaftlichen Organisationen mit direktem Bezug in die Region an.			
H	Mitglieder der Gruppe gehören gesellschaftlichen Organisationen der Region an.			
I	Mitglieder gehören der Gruppe aus thematischem Interesse an.			
J	Mitglieder der Gruppe sind persönlich von der Problematik betroffen.			
K	Mitglieder der Gruppe sind aktiv oder passiv „Verursacher" der Problematik, aufgrund derer sich die Gruppe findet.			
L	In der Zusammensetzung der Gruppe besteht ein ausgewogenes Verhältnis der Repräsentantengruppen (D–J).			
M	Unter den Mitgliedern besteht Einigkeit über einen gemeinsamen Regionsbezug.			
N	Es existieren keine statusbedingten hierarchischen Strukturen.			
O	Es existiert kein vorher feststehender Sitzungskodex.			
P	Die Gruppe trifft sich lösungsorientiert, aber ergebnisoffen.			
Q	Problemlösung geschieht über Argumentieren und Verhandeln.			
R	Die Gruppe ist grundsätzlich lernwillig.			
S	Die Mitglieder kooperieren freiwillig miteinander.			
T	Es besteht keinerlei Fraktionszwang.			
U	Mitglieder können sich jederzeit aus der Kooperation zurückziehen.			

Exkurs Ethik und Public Governance: Einerseits konstatiert die KGSt, dass durch „Ökonomisierung und Managerisierung das Vertrauen in die öffentliche Verwaltung gestiegen ist, das belegen Umfragen. Andererseits müssen wir immer wieder Berichte zur Kenntnis nehmen über Korruption, Diskriminierung, Mobbing, Steigung des privaten Wohlstandes zu Lasten des öffentlichen Wohls" (KGSt SonderINFO 03/2005, S. 6). Durch unethisches Verhalten sinkt die Legitimität der Verwaltungen. Dem soll durch eine Ethik entgegengewirkt werden. Diese wird verstanden als: Aktives Eintreten „für die Werte der freiheitlich-demokratischen Grundordnung" der „Beschäftigten des öffentlichen Dienstes und auch die Politik [...] unsere rechtstaatliche Ordnung, Menschenwürde, Freiheit und Gleichheit vor dem Gesetz achten und wahren sowie soziale Kompetenz im Umgang mit Bürgerinnen und Bürgern und intern mit Kolleginnen und Kollegen einbringen. Dazu sind mehr Transparenz und eine stärkere Besinnung auf Verhaltensregeln erforderlich"* (ebd.).

1.3.2 Kommunales Steuerungsmodell (KSM: ab 2013)

Die KGSt begründet die Einführung eines erneuerten Steuerungsmodells mit dem intensiven gesellschaftlichen Wandel, zunehmender Komplexität sowie neuen Anforderungen und sieht es als Weiterentwicklung des NSM (Umsetzungen und Ergänzungen):

Abbildung 1.14 Einflussfaktoren zur Entwicklung des KSM (© KGSt-Bericht 5/2013, S. 14)

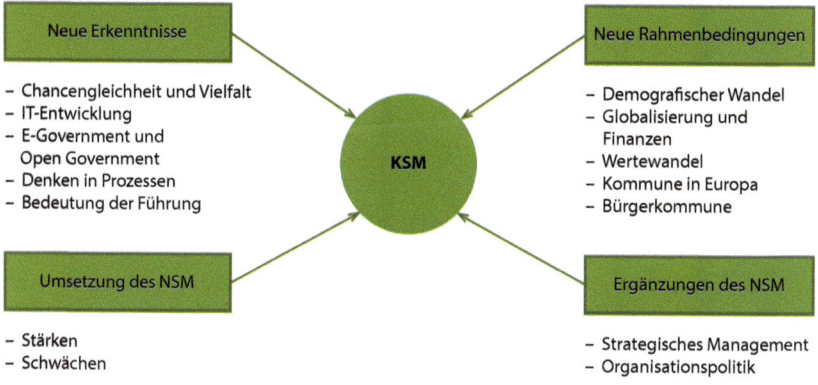

Das Selbstverständnis beschreibt die KGSt: „Moderne Steuerung orientiert sich an Wirkungen, öffnet sich für Beteiligungsprozesse und stellt sich dynamisch auf Veränderungen ein" und „[...] betrachtet es ebenfalls ganzheitlich und nicht als Toolbox als ein „in sich geschlossenes (gleichwohl für Partizipationsprozesse offenes) System aus Akteuren, Prozessen und Instrumenten, bei dem das Funktionieren vom Zusammenspiel aller Teile abhängt." (KGSt-Bericht 5/2013, S. 8 und 55).

Wesentlich ist die Heraushebung eines Gesamtmodells, um der Umsetzung des NSM als „Flickenteppich" entgegen zu wirken. Herauszuheben ist auch, dass neben den formalen Anpassungen (z. B. Strukturen, Prozesse etc.) die informelle Ebene, wie die Organisationskultur, in das Modell einfließt (s. a. Kapitel 7.3). Bezeichnend dafür ist auch, dass die Personalführung im KSM eine übergeordnete Stellung einnimmt:

Abbildung 1.15   Komponenten des KSM (© KGSt-Bericht 5/2013, S. 22)

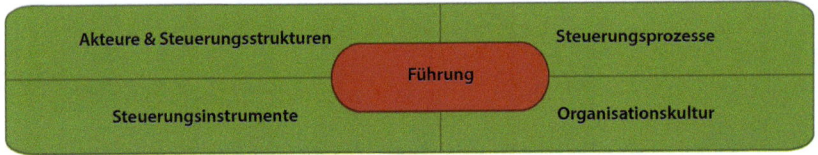

Die KGSt verdeutlicht: *„Steuerungsstrukturen sind das Ergebnis rechtlicher oder organisationspolitischer Festlegungen. Sie legen das ‚Spielfeld' für Steuerung fest.*

- Die *Steuerungsakteure* sind die Institutionen, Gruppen oder Personen, die auf die Steuerung der Kommune im Rahmen der Steuerungsstrukturen Einfluss nehmen.
- *Steuerungsprozesse* schaffen die Voraussetzungen für die Leistungserstellung. In ihnen werden Rahmen vorgegeben, Ziele und Standards formuliert, Strategien bestimmt und Entscheidungen getroffen. Sie finden mit Bezug auf unterschiedliche zeitliche Perioden statt. Sie sind organisierte Abfolgen einzelner Aktivitäten und folgen dem generischen Muster aus Planen, Umsetzen und Messen bzw. Vergleichen.
- *Steuerungsinstrumente* sind die Methoden und Werkzeuge im Steuerungsprozess, meist verbunden mit der Formulierung organisatorischer Regeln.
- *Organisationskultur* umfasst das gesamte Gefüge aus tradierten oder bewusst gesetzten Normen und Werten, aber auch erwünschter oder gelebter Erscheinungsweisen der Organisation. Die Organisationskultur wird von den Akteu-

ren innerhalb der Kommunen bewusst (z. B. durch Führungsleitlinien) und auch unbewusst geschaffen und täglich neu gelebt.
- Es ist die Aufgabe der *Führungskräfte*, die Komponenten wirkungsorientiert und zielgerichtet aufeinander abzustimmen und das Modell in die kommunale Praxis zu übersetzen" (KGSt-Bericht 5/2003, S. 22).

Hervorzuheben ist ferner die Öffnung über die Organisationsgrenze hinweg ins kommunale Umfeld, was einen weiteren Paradigmenwechsel im Leitbild von der managementorientierten Dienstleistungskommune hin zur beteiligungsorientierten Bürgerkommune bedeutet:

Abbildung 1.16 Leitbildverschiebungen der öffentlichen Verwaltung (© KGSt-Bericht 5/2013, S. 10).

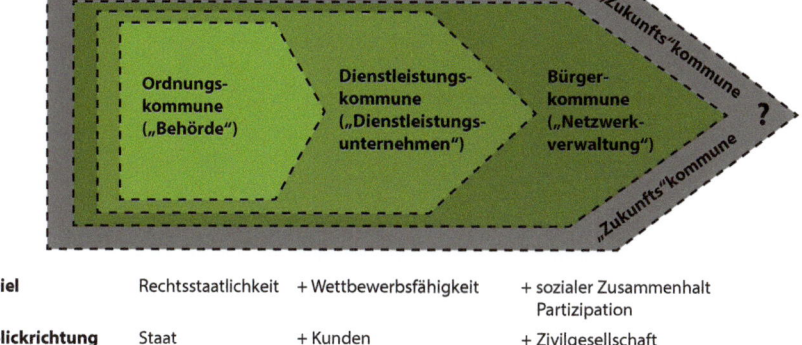

Ziel	Rechtsstaatlichkeit	+ Wettbewerbsfähigkeit	+ sozialer Zusammenhalt Partizipation
Blickrichtung	Staat	+ Kunden	+ Zivilgesellschaft
Argumentation	juristisch	+ ökonomisch	+ politisch

Das Leitbild der Bürgerkommune wurde bereits im Jahr 2005 von Banner formuliert (vgl. Banner 2005) und ist als „Reaktion auf die ins Stocken geratene Einführung des NSM zu verstehen (vgl. Holtkamp/Bogumil o. J. zitiert in: Gourmelon et al. 2014). Allerdings hat sich das Verständnis gewandelt: Ursprünglich hat die KGSt mit dem Leitbild „Bürgerkommune" die Übernahme gemeinwohlorientierter Aufgaben als Beteiligung an der Weiterentwicklung des Gemeinwesens im klassischen Ehrenamt verstanden. Mittlerweile erfährt das Leitbild eine Aufwertung: *Es geht um die Stärkung der lokalen Demokratie. Dabei werden Bürger_innen als Dialogpartner_innen von Politik und Verwaltung verstanden um die kommunale Gemeinschaft weiterzuentwickeln und das „Wir-Gefühl" im Quartier zu stärken* (vgl. KGSt-Bericht 3/2014 S. 10, 13).

Die KGSt hat Beteiligungsstandards formuliert:

„Gute Beteiligung...
- braucht die Bereitschaft und Fähigkeit zum Dialog
- braucht klare Zielsetzungen und Rahmenbedingungen
- braucht verbindliche Regeln
- nutzt die vorhandenen Gestaltungsspielräume
- ist ein Dialog auf Augenhöhe
- ist verbindlich und verlässlich
- erreicht alle Zielgruppen adäquat
- braucht transparente Information
- ist nachhaltig und lernt aus Erfahrung" (KGSt-Bericht 3/2014, S. 38–42).

Der Weg zur Bürgerkommune wird in acht Schritten beschrieben:

- *Standortbestimmung:* Hier empfiehlt sich die Beantwortung von Fragen, wie: Welche Entwicklungen erleben wir aktuell (z. B. demografischer Wandel)?, Welche Stadtentwicklungsmaßnahmen sind in Planung?, Welche Formen der Bürgerbeteiligung gibt es? Welche Akteursgruppen sind beteiligt (Vereine, Verbände, Wirtschaft, Kirche, Bildungsträger) und welche wollen wir hinzu gewinnen? Wie transparent wird die Arbeit von Politik und Verwaltung wahrgenommen? [...]
- *Leitbild Bürgerkommune und Ziele:* Herausgestellt wird die gemeinsame Entwicklung mit den Akteuren auf der Grundlage strategischer Ziele (‚Was wollen wir erreichen? Wie wollen wir das erreichen? Welche Ressourcen können wir einsetzen? Was ist von wem bis wann zu tun?'). Für ein systematisches Monitoring sollten auch gemeinsame Indikatoren zum Grad der Zielerreichung abgestimmt werden. Erfahrungen haben gezeigt, dass die Entwicklung eines gemeinsamen Grundverständnisses[4] von Politik und Verwaltungsführung wesentlich ist.
- *Legitimation:* Durch einen Ratsbeschluss sollte das Leitbild Bürgerkommunen incl. Zielen und Umsetzungskonzept legitimiert werden.
- *Organisatorische Rahmenbedingungen:* Für die Umsetzung sind unterschiedliche Aktivitäten zu organisieren (Transparenz z. B. über Open Data, Beteiligungsmöglichkeiten z. B. Netzwerke als Ergänzung zur hierarchischen Struktur, engagementfördernde Infrastruktur z. B. durch zentrale Anlaufstellen in der Verwaltung oder/und Beteiligung in engagementfördernden Einrichtungen wie Seniorenbüros).

---

4   Zu verschiedenen Grundverständnissen: vgl. Stiftung Mitarbeit, S. 45.

- *Ressourcen:* Damit durch Beteiligung ein sozialer und monetärer Mehrwert geschaffen werden kann, bedarf es der langfristigen Absicherung mittels personeller und finanzieller Ressourcen, insbesondere was die Absicherung einer ressortübergreifenden Koordination zur Entwicklung und Verstetigung einer Beteiligungskultur[5] angeht.
- *Qualifizierung:* über die Entwicklung methodischer Kompetenzen hinaus (Moderation, Gestaltung von Beteiligungsprozessen etc.), geht es um soziale Kompetenzen in Hinblick auf die Mitwirkung im Diskurs und der interdisziplinären Zusammenarbeit. Daneben bedeutet die Entwicklung einer partnerschaftlichen Grundhaltung einen dauerhaften Lernprozess.
- *Kommunikationsmanagement:* Nach einer TNS Emnid Umfrage 2012 sind je zur Hälfte die Bürger_innen mit den kommunalen Mitsprachemöglichkeiten zufrieden bzw. unzufrieden. Verbesserungspotenziale werden insbesondere in den Bereichen frühzeitigere Beteiligung und mehr Transparenz sowie einer Vermehrung der Bürgerbefragungen vor der Beschlusssetzung gesehen. Die KGSt hat dem Kommunikationsmanagement einen eigenen Bericht gewidmet (KGSt-Bericht 8/2013). Anforderungen an das kommunale Kommunikationsmanagement sind: Angebot eines Dialogplatzes für Anregungen, Kritik etc. der Bürger_innen und Eingang in die politische Meinungsfindung, aktive Einbringung künftiger Entwicklungen in die Dialoge, neben generellen auch zielgruppenspezifische Informationen sowie Einbindung, einheitliche Regeln für die Kommunikationsaktivitäten innerhalb der Verwaltung. Herausgestellt wird die Nutzung neuer Kommunikationswege wie über Social Media[6].
- *Nachhaltigkeit und Erfolgskontrolle:* Die Bürgerkommune verändert die Kultur des Miteinanders und der Problemlösungsmuster der Verwaltung mit den Akteuren. Der Veränderungsprozess kann mithilfe eines Bürgerkommune-Monitoring erhoben und an Politik, Verwaltung und Öffentlichkeit zurück gemeldet werden" (KGSt-Bericht 3/2014, S. 42–57).

Die Herausforderung der Entwicklung der Bürgerkommune vor Ort besteht in der Beteiligung der unterschiedlichen Akteure im kommunalen Netzwerk (Bürgerschaft, Initiativen, NPOS, Wirtschaft) sowie der Verbindung der verschiedenen Logiken von Verwaltung (mehr Transparenz und mehr Beteiligung sollen Ressourcen schonen) und Politik (unterschiedliche Gestaltungsideen zur Zufriedenstellung der Bürger_innen unterstehen dem politischen Machtkampf).

---

5 Näheres siehe Deutscher Städtetag 2013.
6 Näheres siehe KGSt-Studie „Wie nutzen Kommunen Social Media?" (KGSt-Materialien 1/2014).

Literaturempfehlungen

Für die verschiedenen Steuerungsmodi der Kommunalverwaltung lassen sich empfehlen:

- Bürokratiemodell: hier empfehlen sich die Kapitel zu Bürokratie in den Standardwerken zu Organisationstheorien wie Sanders/Kianty 2006 oder Kieser/Ebers 2014.
- NSM: Das Modell wird im KGSt-Bericht 5/1993: Das Neue Steuerungsmodell ausführlich beschrieben und wurde etwa zehn Jahre nach Einführung verschiedentlich evaluiert (z. B. Blanke/Bandemer/Nullmeier 2011, KGSt Bericht 2/2007) oder auch Hagn/Hammerschmidt/Sagebiel 2012.
- Speziell für die kommunale Sozialverwaltung empfehlen sich sowohl für das Bürokratiemodell als auch das NSM Klie/Maier/Meysen 1999.
- KSM: Das Modell des KSM wird in KGSt-Bericht 5/2013: Das Kommunale Steuerungsmodell (KSM) beschrieben.
- Public Governance: Allgemein zu Governance gilt Benz, Arthur und Dose, Nicolai (Hrsg.) (2010). *Governance – Regieren in komplexen Regelsystemen,* 2. aktualisierte und veränderte Auflage. Wiesbaden: Springer VS Verlag, als Standardwerk. Speziell für Public oder Local Governance lassen sich Schedler/Müller/Sonderegger 2011 und Schubert 2015 empfehlen.

Weitere Informationen

- Leitfaden für die Praxis: Die Stadt Heidelberg hat Leitlinien zur mitgestaltenden Bürgerbeteiligung entwickelt. Sie enthalten auch den „Aufbau einer breiten, öffentlichen Kommunikationskultur" (Kapitel 11.2): http://www.heidelberg.de/site/Heidelberg_ROOT/get/documents_E-898963532/heidelberg/Objektdatenbank/12/PDF/12_pdf_Buergerbeteiligung_Leitlinien_Komplettfassung.pdf

1.4 Literatur Kapitel 1

Dahme, Hans-Jürgen (2012). Verwaltungsmodernisierung im Zeichen der KGSt – Voraussetzungen und Konsequenzen der neuen Steuerung in den kommunalen Sozialverwaltungen. In: Julia Hagn, Hammerschmidt & Juliane Sagebiel (Hrsg.), *Modernisierung der kommunalen Sozialverwaltung* (S. 73–90). Neu-Ulm: SPAK-Bücher.

Derlien, Hans-Ulrich, Böhme, Doris, & Heindl, Markus (2011). *Bürokratietheorie – Einführung in eine Theorie der Verwaltung*. Wiesbaden: VS Verl. für Sozialwissenschaften.

Fellner, Dominika (2014). Was ist Governance? In: *Was ist Governance? Essaysammlung*. Passauer Jean Monnet Papiere (S. 1–3). Universität Passau 3/2014.

Forsa, Gesellschaft für Sozialforschung und statistische Analysen mbH/Bundesleitung des dbb beamtenbund und tarifunion (Hrsg.) (2014). *Bürgerbefragung öffentlicher Dienst – Einschätzungen, Erfahrungen und Erwartungen*. Berlin: dbb verlag.

Franz, Thorsten (2013). *Einführung in die Verwaltungswissenschaft*. Wiesbaden: Springer VS.

Gourmelon, Andreas, Mroß, Michael, & Seidel, Sabine (2014). *Management im öffentlichen Sektor – Organisationen steuern, Strukturen schaffen, Prozesse gestalten*. München: Rehm.

Grohs, Stephan (2012). Die Umsetzung des Neuen Steuerungsmodells – eine empirische Bestandsaufnahme. In: Julia Hagn, Hammerschmidt & Juliane Sagebiel (Hrsg.), *Modernisierung der kommunalen Sozialverwaltung* (S. 102–123). Neu-Ulm: SPAK-Bücher.

Grunwald, Klaus (2013), Soziale Arbeit, ihre Selbstverortung und ihr Verhältnis zu Fragen der Steuerung sozialwirtschaftlicher Unternehmen. In: Armin Wöhrle (Hrsg.), *Grundlagen des Managements in der Sozialwirtschaft*, 2. Auflage (S. 81–115). Baden-Baden: Nomos Verlag.

Grunwald, Klaus, & Roß, Paul-Stefan (2014). Governance Sozialer Arbeit – Versuch einer theoriebasierten Handlungsorientierung für die Sozialwirtschaft. In: Andrea Tabatt-Hirschfeldt (Hrsg.), *Öffentliche und Soziale Steuerung – Public Management und Sozialmanagement im Diskurs* (S. 17–64.). Baden-Baden: Nomos Verlag.

Halfar, Bernd, & Hegenauer, Thomas (2010). Wirkungsorientiertes Non Profit Organisation-Controlling. *CM (Controller Magazin)* Heft: März/April.

Heinz, Rainer (2000). *Kommunales Management – Überlegungen zu einem KGSt-Ansatz*. Stuttgart: Schäffer-Poeschel Verlag.

Holtkamp, Lars, & Bogumil, Jörg (2007). Bürgerkommune und Local Governance. In: Lilian Schwalb & Heike Walk (Hrsg.), *Local Governance – Mehr Transparenz durch Bürgernähe?* (S. 231–250). Wiesbaden: VS Verl. für Sozialwissenschaften.

Jann, Werner (2011). Neues Steuerungsmodell. In: Bernhard Blanke, Frank Nullmeier, Christoph Reichard & Göttrik Wewer (Hrsg.), *Handbuch zur Verwaltungsreform* (S. 74–84). Wiesbaden: VS Verlag für Sozialwissenschaften.

KGSt-Bericht 3/2014: *Leitbild Bürgerkommune – Entwicklungschancen und Umsetzungsstrategie.* Köln.
KGSt-Bericht 8/2013: *Kommunales Kommunikationsmanagement – Empfehlungen und Handlungsansätze.* Köln.
KGSt-Bericht 5/2013: *Das Kommunale Steuerungsmodell (KSM).* Köln.
KGSt-Bericht 2/2007: *Das Neue Steuerungsmodell: Bilanz einer Umsetzung.* Köln.
KGSt-Bericht 5/1993: *Das Neue Steuerungsmodell.* Köln.
KGSt-INFO 16/2007: *Kommunalpolitisch steuern mit dem (neuen) Haushalt.* Köln.
KGSt-Selbstdarstellung 2004. Köln.
KGSt-SonderINFO 03/2005: *zukunftsfähige Kommunalverwaltung.* Köln.
Kieser, Alfred, & Ebers, Mark (Hrsg.) (2014). *Organisationstheorien.* Stuttgart: Verlag W. Kohlhammer.
Klie, Thomas, Maier, Konrad, & Meysen, Thomas (1999). *Verwaltungswissenschaft – Eine Einführung für soziale Berufe.* Freiburg im Breisgau: Lambertus-Verlag.
Kolhoff, Ludger, & Tabatt-Hirschfeldt, Andrea (2016). *Governance in der Sozialwirtschaft.* Brandenburg: Service-Agentur des HDL (Hochschulverbund Distance Learning).
Kolhoff, Ludger (2017). *Finanzierung der Sozialwirtschaft – Eine Einführung.* 2. vollständig überarbeitete Auflage. Wiesbaden: Springer VS.
Kolhoff, Ludger (2012). *Existenzgründung im sozialen Sektor,* Blaue Reihe. Augsburg: Ziel-Verlag.
Krems, Burkhardt (2014). *NPM/NSM/WoV, New Public Management/Neues Steuerungsmodell/Wirkungsorientierte Verwaltungsführung.* Beitrag im Online-Verwaltungslexikon olev.de. Version 2.91.
Lorig, Wolfgang H. (2007). Modernes Regieren und Public Leadership. In: Rainer Koch & John Dixon (Hrsg.), *Public Governance und Leadership – Political and Managerial Problems in Making Public Governance Changes the Driver for Re-Constituting Leadership* (S. 67–94). Wiesbaden: Deutscher Universitäts-Verlag/ GWV.
Ortmann, Friedrich (1994). *Öffentliche Verwaltung und Sozialarbeit – Lehrbuch zu Strukturen, bürokratischer Aufgabenbewältigung und sozialpädagogischem Handeln der Sozialverwaltung.* Weinheim und München: Juventa Verlag.
Sanders, Karin, & Kianty, Andrea (2006). *Organisationstheorien – eine Einführung.* Wiesbaden: VS Verl. für Sozialwissenschaften.
Schedler, Kuno, Müller, Roland, & Sonderegger, Roger W. (2011). *Public Corporate Governance. Handbuch für die Praxis.* Bern, Stuttgart und Wien: Haupt Verlag.
Schubert, Herbert (2017). *Reframing von Public und Social Management durch den neuen Governancediskurs.* Vortrag anlässlich des Forschungsworkshops der BAG SMW: „Kompetenzen und Ermöglichungsstrukturen an der Schnittstelle von Social und Public Management", Hochschule Fulda, 17.02.2017 (unveröffentlicht).
Schubert, Herbert (2015). Lokale Governance – Einführung in das Konzept. In: Judith Knabe, Anne van Rießen & Rolf Bladow (Hrsg.), *Städtische Quartiere gestalten* (S. 113–129). Bielefeld: transcript Verlag.

Vahs, Dietmar (2012). *Einführung in die Organisationstheorie und -praxis*. Stuttgart: Schäffer-Poeschel Verlag.

Weber, Max (1972). *Wirtschaft und Gesellschaft – Grundriss verstehender Soziologie*. Tübingen: Mohr.

Wöhrle, Armin (2012). *Auf der Suche nach Sozialmanagementkonzepten und Managementkonzepten für und in der Sozialwirtschaft – Eine Bestandsaufnahme zum Stand der Diskussion und Forschung in drei Bänden*. Augsburg: Ziel-Verlag.

Wolf, Joachim (2011). *Organisation, Management, Unternehmensführung – Theorien, Praxisbeispiele und Kritik*. Wiesbaden: Gabler Verlag.

Der kommunale Haushalt 2

Zusammenfassung/Lernziele

Zunächst wird dargelegt, woher die Kommunen ihr Geld beziehen und wie sich dabei die Einnahmen aus Steuern, Gebühren und Beiträgen zusammensetzen. Bei der Verwendung der Finanzen sind die Kommunen hinsichtlich ihrer Autonomie entsprechend der Wirkungskreise unterschiedlich begrenzt. Es wird ein Überblick über die verschiedenen Funktionen und Elemente des kommunalen Haushalts gegeben. Die Kameralistik (Bürokratiemodell) ist die herkömmliche Rechnungslegung der öffentlichen Verwaltung. Sie wird durch die Doppik (NSM) sukzessive abgelöst. Wesentlich in der Weiterentwicklung ist dabei auch die Bildung und Abgrenzung von Produkten bzw. Leistungsbündeln. Diese werden im Kontext des integrativen Produkthaushaltes (KSM) einer kommunalen Gesamtsteuerung gesehen (vertikale und eine horizontale Integration). Der Bürgerhaushalt (Public Governance) setzt den Fokus auf die Ausrichtung an der Bürgerbeteiligung.

Keywords

Bürgerhaushalt, Doppik, Haushaltsgliederung, Kameralistik, Sozialausgaben, (integrativer) Produkthaushalt

Die kommunalen Einnahmen ergeben sich aus einer Verteilung der Gemeinschaftssteuern vom Bund und den Ländern sowie aus der Erhebung eigener Steuern, Gebühren und Beiträge. „Rund 70 % des Steueraufkommens ergeben sich aus den Gemeinschaftssteuern" (Stiftung für Jugend und Bildung und BMF 2016, S. 6).

Aus dem Topf der Gemeinschaftssteuern[1] erhalten die Kommunen den kleinsten Anteil (vertikale Steuerverteilung):

Abbildung 2.1 Verteilung der Gemeinschaftssteuern im Jahr 2015 (© Stiftung für Jugend und Bildung und BMF 2016, S. 7)

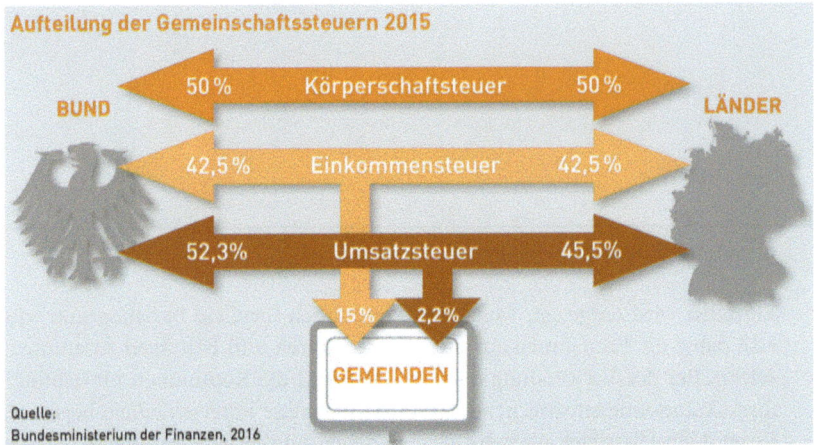

Um möglichst gleiche Lebensbedingungen in Deutschland zu schaffen, erfolgt zudem ein horizontaler Finanzausgleich: Bei der Lohnsteuer nach dem Wohnortprinzip, bei der Körperschaftssteuer nach dem Betriebsstättenprinzip und der Abgeltungssteuer auf Basis der Angabe der Banken zu Wohnsitzen (Bundesfinanzministerium 2015, S. 17).

Ende 2019 laufen sowohl der Länderfinanzausgleich als auch der Solidarpakt aus. Auf die Neuordnung der Finanzbeziehungen verständigten sich am 14. 10. und 09. 12. 2016 der Bund und die Länder. Im Vorfeld hatten die Geberländer Bayern, Baden-Württemberg und Hessen mit Verfassungsklage gedroht:

- Der Bund unterstützt die Bundesländer ab dem Jahr 2020 mit jährlich etwa 9,7 Mrd. Euro direkt. Dies bedeutet eine Aufstockung um gut 4 Mrd. Euro, die über eine erhöhte Umsatzsteuer finanziert werden.

---

[1] Die Gemeinschaftssteuern setzten sich zusammen aus Körperschafts-, Einkommens- und Umsatzsteuer.

- Damit wird der horizontale Finanzausgleich (zwischen den Ländern) abgeschafft. Dieser war zudem recht kompliziert, da zunächst ein Viertel der Einnahmen aus der Umsatzsteuern von den reichen zu den armen Bundesländern floss. Erst im Anschluss erfolge die Umverteilung entsprechend der Finanzkraft der Länder.
- Dafür erhält der Bund höhere Kompetenzen wie die alleinige Verantwortung für den Bau und Erhalt von Autobahnen, Steuerverwaltung, Investitionen in die kommunale Infrastruktur wie z. b. Schulen oder Onlineangeboten (Bürgerportal des Bundes).
- Der vertikale Finanzausgleich (zwischen Bund und Ländern) wird geändert: Der Länderanteil an der Umsatzsteuer wird nach Einwohnerzahl bemessen. Durch Ergänzungszuweisungen erhalten leistungsschwächere Länder einen höheren Anteil. Zudem werden die Zuweisungen nach der Gemeindefinanzkraft errechnet. Im Jahr 2019 entfallen die Hilfen aus dem Solidarpakt II für die ostdeutschen Länder. Damit gelten für leistungsschwache westdeutsche Länder künftig die gleichen Regelungen.

Für die Neuordnung „hat das Bundeskabinett am 14. Dezember 2016 den Entwurf eines Gesetzes zur Änderung des Grundgesetzes sowie den Entwurf eines Gesetzes zur Neuregelung des bundesstaatlichen Finanzausgleichssystems ab dem Jahr 2020 und zur Änderung haushaltsrechtlicher Vorschriften beschlossen" (Bundesfinanzministerium für Finanzen 2016).

Die Präsidentin des Deutschen Städtetages, Dr. Eva Lohse begrüßte die Regelungen: „Die Verabredungen zu den Bund-Länder-Finanzbeziehungen helfen den Ländern und damit indirekt auch den Städten, Haushalte über das Jahr 2019 hinaus mit mehr Sicherheit planen zu können. Die Länder werden in Zukunft mit zusätzlichen Finanzmitteln durch den Bund in die Lage versetzt, ihre Aufgaben besser zu erfüllen. Dazu gehört unbedingt die Kommunen finanziell angemessen auszustatten. Das werden die Städte in den Ländern einfordern [...] Die angekündigte Förderung von Investitionen in Schulen in finanzschwachen Kommunen ist sehr wichtig und hilfreich. Wir freuen uns, dass der Bund dafür seine Investitionsmittel für finanzschwache Kommunen auf 7 Milliarden Euro verdoppelt." (Deutscher Städtetag, 14.10.2016).

Als eigene Steuern erheben die Gemeinden Gewerbesteuer als Haupteinnahmequelle[2], Grundsteuer sowie verschiedene kleinere Steuern wie bspw. Geträn-

---

[2] Im Jahr 2015 rund 45,7 Mrd. € (Bundesfinanzministerium: http://www.bundesfinanzministerium.de/Content/DE/Standardartikel/Themen/Steuern/Steuerschaetzungen_und_Steuereinnahmen/2016-05-24-gewerbesteuereinnahmen-2015.pdf?__blob=publicationFile&v=2).

ke- oder Hundesteuer. Der Deutsche Industrie- und Handelskammertag (DIHK) kritisiert den erheblichen Anstieg der Gewerbesteuern[3], wodurch sich die kommunalen Haushalte sanieren würden. Eine Schere zwischen günstigen und teureren Wirtschaftsstandorten öffnet sich laut der DIHK-Hebesatzumfrage 2015 weiter. In diesem Zusammenhang warnt das DIHK vor der Abwanderung von Betrieben und mahnt eine Verbesserung der Infrastruktur an (DIHK 2015).

Zusätzliche Einnahmequellen sind Beiträge und Gebühren, die die Gemeinden selber nach Kostengesetzen bzw. Gemeindesatzung festlegen. Während Gebühren nur bei Inspruchnahme erhoben werden (bspw. für den Besuch einer Kindertagesstätte) werden Beiträge auch bei der Möglichkeit der Inanspruchnahme fällig (bspw. Anliegerbeitrag von Grundstückseigentümern). Zur Verdeutlichung:

Abbildung 2.2 Abgrenzung Steuern von Gebühren und Beiträgen (© Stiftung für Jugend und Bildung und BMF 2016, S. 5)

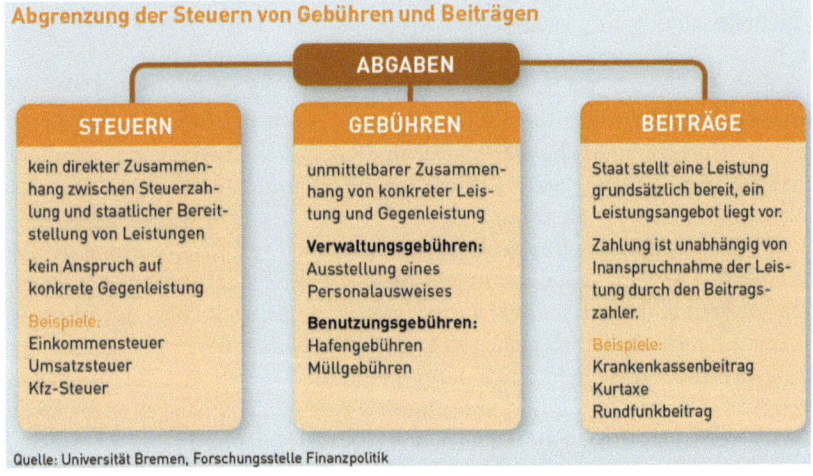

---

3 Gemäß DIHK-Hebesatzumfrage 2015 unter allen Gemeinden ab 20 000 Einwohnern haben sie die Gewerbesteuern durchschnittlich um drei Prozentpunkte im Jahr 2015 erhöht (im Vorjahr belief sich die Erhöhung auf einen Prozentpunkte).

Die Entwicklung der kommunalen Einnahmen unterlag in den letzten Jahren erheblichen Schwankungen. Während der Finanzierungssaldo in den Jahren 2007 und 2008 positiv war (gut 8 Mrd. Euro), erlebten die Kommunen im Zuge der Finanz- und Wirtschaftskrise in den Folgejahren 2009 und 2010 Einbußen in nahezu derselben Höhe. Im Jahr 2011 reduzierten sich diese infolge steigenden Kommunalsteuereinnahmen wieder (knapp 3 Mrd. Euro), seit 2012 werden wieder Überschüsse generiert (vgl. Bertelsmann-Stiftung 2013 und Ernst and Young 2016):

Abbildung 2.3 kommunales Finanzierungssaldo in Millionen Euro (© Ernst & Young 2016, S. 25)

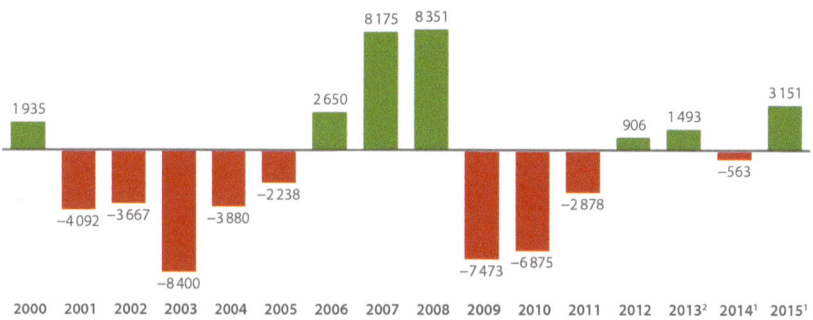

Bei den Ausgaben ist die Freiheit der Kommunen entsprechend der Verpflichtung hinsichtlich der Aufgaben eingeschränkt. Während kein Handlungsspielraum bei den vom Bund bzw. den Ländern übertragenen Aufgaben besteht, hat die Kommune bei den Selbstverwaltungsaufgaben Gestaltungsspielräume bei der Ausgestaltung – bei den freiwilligen Aufgaben zudem darüber, ob sie überhaupt vorgehalten werden. Betrachtet man letztere, so wundert es nicht, dass in „Zeiten klammer Kassen" gerade bei den sozialen Aufgaben gespart wurde:

Abbildung 2.4 Grad der Entscheidungsfreiheit über kommunale Ausgaben (in Anlehnung an © Naßmacher/Naßmacher 2007, S. 113)

Eigener Wirkungskreis		Übertragener Wirkungskreis
Freiwillige Aufgaben	Selbstverwaltungsaufgaben	Pflichtaufgaben zur Erfüllung nach Weisung bzw. Auftragsangelegenheiten
Allg. staatl. Rechtsaufsicht	Staatl. Rechtsaufsicht	Staatl. Rechts- und Fachaufsicht
Finanziert aus Haushaltsmitteln der Kommune	Primär aus Haushaltsmitteln der Kommune finanziert	Aus Bundes- und Landesmitteln finanziert
Beispiele:		
• Förderung von Seniorentreffs und Freizeiteinrichtungen • Einrichtung kommunaler Pflegeeinrichtungen • Unterstützung lokaler Selbsthilfegruppen, Beratungsstellen u. ä. • komm. Arbeitsmarktförderung, Beschäftigungsgesellschaften • sozialer Wohungsbau	• Sozialhilfe • Jugendhilfe • Allgemeiner Sozialer Dienst	• Bewilligung und Auszahlung von Wohngeld • Gesundheitsaufsicht • Bekämpfung von Infektionskrankheiten (em. Seuchenbekämpfung)
+	lokale Autonomie	–
(ob und wie)	(Wie)	(Weder ob noch wie)

Im Koalitionsvertrag 2013 des Bundestages ist die Entlastung der Kommunen festgeschrieben. In Bezug auf die Sozialausgaben wurden drei Maßnahmen beschlossen:

- „Sofort-Milliarde": in den Jahren 2015–17 fließt jeweils 1 Mrd. Euro vom Bund je zur Hälfte für die Kosten der Unterkunft (KdU nach SGB II) sowie als Erhöhung des Anteils der Umsatzsteuer für die Kommunen.
- Unterstützung von KiTa-Ausbau und -Betrieb: in den Jahren 2015–18 wird das Sondervermögen zum Ausbau der U3-Betreuung um 550 Mio. Euro aufgestockt sowie jährlich 100 Mio. Euro mehr an Betriebskosten gewährt.
- Reform der Eingliederungshilfe für Menschen mit Behinderung (SGB XII): Umwandlung der bisherigen Sach- und Dienstleistung in eine Geldleistung. Jährliche Entlastung von 5 Mrd. Euro ab dem Jahr 2018.

Zusätzlich beschloss die Bundesregierung über den Nachtragshaushalt 2015 ein Hilfspaket von 5 Mrd. Euro für die Jahre 2015–18 zur Förderung von Investitionen in strukturschwachen Räumen. Zudem fließen 1,5 Mrd. Euro in 2017 in die KdU und je 500 Mio. Euro in 2015 und 2016 für Asylkosten.

Den größten Anteil an den kommunalen Ausgaben hat der Sozialetat. Die Sozialausgaben der Kommunen sind in den letzten zehn Jahren von 2004 (51 Mrd. Euro) zu 2014 (78 Mrd. Euro) um mehr als 50 % gestiegen (Bertelsmann-Stiftung 2015). Zwei Drittel der Sozialausgaben entfallen auf Pflichtaufgaben (Aufwendungen der Sozialhilfe (SGB XII), Grundsicherung für Arbeitsuchende (SGB II) sowie Leistungen der Kinder- und Jugendhilfe (SGB VIII). Dabei haben sich die Ausgaben im Zeitvergleich durchaus verschoben: Beliefen sich die Ausgaben für die Sozialhilfe außerhalb von Einrichtungen in den Jahren 1996 bis 2004 auf um die 10–12 %, so sanken sie ab dem Jahr 2005 auf ein Niveau um ca. 5–7 %.

Während sich die Ausgaben für die Sozialhilfe außerhalb von Einrichtungen von 11,2 auf 4,6 Mrd. Euro reduzieren, haben die Ausgaben der neu eingeführten Grundsicherung für Arbeitsuchende/SGB II beispielsweise zu Mehrbelastungen von 10,6 Mrd. Euro geführt (vgl. ebd., S. 21). Ferner gibt es erhebliche regionale Unterschiede und eine länderspezifische Streubreiten bei den Sozialausgaben:

Abbildung 2.5 Regionale Unterschiede des Anteils kommunaler Sozialausgaben an Gesamtausgaben (© Bertelsmann-Stiftung Pressemeldung 2015)

Bundesland	Kommune	Minimum	Maximum	Kommune
Baden-Württemberg	Hohenlohe-Kreis	22 %	38 %	Freiburg
Bayern	Landkreis Haßberge	18 %	48 %	Nürnberg
Brandenburg	Landkreis Dahme-Spreewald	36 %	47 %	Landkreis Märkisch-Oberland
Hessen	Landkreis Kassel	29 %	54 %	Wiesbaden
Mecklenburg	Landkreis Rügen	41 %	45 %	Schwerin
Niedersachsen	Wolfsburg	17 %	50 %	Oldenburg
Nordrhein-Westfalen	Oberbergischer Kreis	35 %	52 %	Duisburg
Rheinland-Pfalz	Koblenz	34 %	49 %	Speyer
Sachsen	Landkreis Mittelsachsen	34 %	48 %	Leipzig
Sachsen-Anhalt	Kreis Wittenberg	33 %	41 %	Halle/Saale
Schleswig-Holsten	Kreis Nordfriesland	32 %	58 %	Flensburg
Thüringen	Kreis Hildburghausen	34 %	52 %	Eisenach

In einer Studie der Bertelsmann-Stiftung wurde ein Handlungsvorschlag für den Bund erarbeitet, um die kommunalen Sozialausgaben zu senken. Dabei werden grundlegend die Hintergründe für die Struktur des Leistungskatalogs und die regionalen kommunalen Sozialausgaben aufgezeigt. Ferner werden rechtliche Möglichkeiten und fachlich Gebotenes zur Beteiligung des Bundes an den Kosten dargelegt (Bertelsmann 2015, S. 5 ff.). *Speziell zur Entlastung strukturschwacher Kommunen wurde ein Vorschlag erarbeitet, um die fünf Mrd. Euro des Bundes für strukturell dauerhafte Entlastungen einzusetzen. Die Experten sprechen sich nach Abwägung aller Sozialkosten für einen vollständigen Einsatz der Bundesmittel in die KdU als Aufstockung von 30 % auf 65 % Finanzierungsanteil aus* (ebd., S. 101 f.). Diese Kosten betreffen insbesondere strukturschwache Regionen ohne von diesen gesteuert werden zu können. Zudem ist die entlastende Wirkung hoch: für Kommunen mit einem Finanzierungsdefizit ergeben sich in Nordrhein-Westfalen beispielsweise Entlastungen um 73 % des Defizits (ebd., S. 104). Fachlich wird argumentiert: „SGB II bildet die Langzeitarbeitslosigkeit, damit die lokale Armut und insbesondere die Kinderarmut messbar ab" (ebd., S. 102). Eine Expertin erläutert: „Die notleidenden Kommunen brauchen eine Perspektive, wie sie aus dem Teufelskreis schlechter Infrastruktur, geringer Einnahmen, hoher Sozialausgaben und Investitionsstau herauskommen (Bertelsmann-Stiftung Pressemeldung 2015).

Der kommunale Haushalt hat folgende Funktionen:

- *Finanzwirtschaftliche Ordnungsfunktion:* planmäßige Verteilung der zur Verfügung stehenden Mittel auf die jeweiligen Aufgabenbereiche.
- *Politische Programmfunktion:* Planung des Rates über Einsatz der vorhandenen bzw. zu erwartenden Mittel. Verfolgung von Zielsetzungen.
- *Administrative und politische Kontrollfunktion:* Prüfung ordnungsgemäßer Verwendung der Mittel (durch Rat und seine Prüforgane, Öffentlichkeit).
- *Gesamtwirtschaftliche Lenkungsfunktion:* aller öffentlichen Haushalte in Hinblick auf wirtschafts- und finanzpolitische Steuerung des Bundeslandes bzw. des Bundes.
- *Kontrollfunktion:* Prüfung ordnungsgemäßer Verwendung der Mittel (durch Rat und seine Prüforgane, Öffentlichkeit) (vgl. Schwarting 2005, S. 133).

Der kommunale Haushalt hat bestimmte Elemente:

- *Haushaltssatzung:* wesentliche Eckpunkte der in den Einzelplänen dokumentierten Haushaltsplanung werden mit der Haushaltssatzung fixiert. Erst durch die Haushaltssatzung erhält der Haushaltsplan rechtlich seine verbindliche Form.
- *Haushaltsplan:* voraussichtliche Einnahmen und Kosten. Haushaltsplan und Haushaltssatzung benötigen der Genehmigung durch die Kommunalaufsichtsbehörde des Landes.
- *Gesamtplan:* Übersicht aller Einnahmen und Ausgaben sowie Verpflichtungsermächtigungen für künftige Investitionen.
- *Einzelpläne:* zum Verwaltungs- und Vermögenshaushalt (s. u.). Aufgliederung nach Aufgabenbereichen in Einzelpläne (Verwaltungsgliederungsplan, s. u.), Abschnitte und Unterabschnitte. Innerhalb des Einzelplans in Hauptgruppen, Gruppen und Untergruppen (Haushaltsstellen: s. u.).
- *Verwaltungshaushalt:* laufende/wiederkehrende Kosten:
  - Einnahmen: z. B. Steuern, Gebühren, Zuweisungen.
  - Ausgaben: z. B. Sozialleistungen, Personal- und Sachausgaben, Zinsen für Kredite.
- *Vermögenshaushalt:* langfristige Investitionen über 400 Euro Anschaffungswert (entsprechend: Geringwertige Wirtschaftsgüter):
  - Einnahmen: z. B. Zuweisungen und Zuschüsse für Investitionen, Veräußerungserlöse (z. B. Grundstücksverkäufe), Zuführung aus Verwaltungshaushalt, Entnahmen aus der allgemeinen Rücklage.
  - Ausgaben: für Investitionen, z. B. Straßenbau, Umbau von Gebäuden, Darlehenstilgung (Zinsen und Tilgung), Zuführung zu Rücklagen, Übertragung zum Verwaltungshaushalt.
- *Sammelnachweise:* Zusammenfassung für eng zusammenhängende Einnahmen bzw. Ausgaben des Verwaltungshaushaltes zwecks besserer Lesbarkeit und Übersichtlichkeit (z. B.: Personalkosten).
- *Stellenplan:* Ausweisung der notwendigen Stellen für Beamten, Angestellte und Arbeiter (vgl. Jüngel 1995, S. 132 ff. zitiert in Tabatt-Hirschfeldt 2012).

Der Verwaltungs- und Vermögenshaushalt folgt einer horizontalen Gliederung nach Aufgabenbereichen der Kommunalverwaltung in Einzelpläne:

Abbildung 2.6 Horizontale Haushaltsgliederung nach Aufgabenbereichen in Einzelpläne (© Rudel/Gack 2008, S. 4).

0	Allgemeine Verwaltung
1	Öffentliche Sicherung und Ordnung
2	Schulen
3	Wissenschaft, Forschung, Kultur
4	Soziale Sicherung
5	Gesundheit, Sport, Erholung
6	Bau- und Wohnungswesen, Verkehr
7	Öffentliche Einrichtungen, Wirtschaftsförderung
8	Wirtschaftliche Unternehmen, allgemeines Grund- und Sachvermögen
9	Allgemeine Finanzwirtschaft

Die Einzelpläne sind wiederum in Abschnitte und Unterabschnitte gegliedert.

Beispiel für den Einzelplan Soziale Sicherung:
Abschnitt 45: Jugendhilfe nach dem KJHG (SGB VIII):

- 451: Jugendarbeit
- 452: Jugendsozialarbeit, erzieherischer Kinder- und Jugendschutz
- 453: Förderung der Erziehung in der Familie
- 454: Förderung von Kindern in Tageseinrichtungen und in Tagespflege
- 455: Hilfe zur Erziehung
- 456: Hilfe für junge Volljährige/Inobhutnahme
- 457: Adoptionsvermittlung/Beistandschaft u. a.
- 458: Übrige Hilfen

(vgl. © Staatliche und Kommunale Finanzen 2002, S. 153)

Ergänzend findet eine vertikale Gliederung nach Einnahme- bzw. Ausgabenseite in einzelne Gruppen:

Abbildung 2.7 Vertikale Haushaltsgliederung in Gruppen (© Rudel/Gack 2008, S. 5)

0	Steuern, allgemeine Zuweisungen	
1	Einnahmen aus Verwaltung und Betrieb	Einnahmen
2	Sonstige Finanzeinnahmen	
3	Einnahmen des Vermögenshaushalts	
4	Personalausgaben	
5/6	Sächlicher Verwaltungs- und Betriebsaufwand	
7	Zuweisungen und Zuschüsse (nicht für Investitionen)	Ausgaben
8	Sonstige Finanzausgaben	
9	Ausgaben des Vermögenshaushalts	

Aus der horizontalen und vertikalen Ziffernfolge ergibt sich die Zuordnung der Haushaltsstelle, die so Auskunft über den Verwaltungsbereich sowie die Einnahme- bzw. Ausgabeart gibt.

Beispiel für die Zusammensetzung einer Haushaltsstelle:
4 3 2 0 110010:

| | | V̄ Gebühren aus der Pflegeversicherung
| | Einzelplan: Sozialstation
| Abschnitt: Soziale Einrichtungen
Unterabschnitt 4: Soziale Sicherung (eigene Darstellung)

2.1 Bürokratiemodell: Kameralistik

Schon am lateinischen Begriff „camera", der fürstlichen Schatztruhe, wird die Inputorientierung der bürokratischen Mittelvergabe durch den „Schatzmeister" (Kämmerer) deutlich. „Entwickelt wurde sie 1762 von Hofrat Puechberg. Die systematischen Aufzeichnungen zu Einnahmen und Ausgaben der fürstlichen Kammerverwaltung dienten der internen Rechnungslegung" (König 2007, S. 1). Die Kameralistik umfasst eine ex-ante-Kontrolle als Einhaltung bzw. Abweichung des beschlossenen Haushaltsplans. Ferner eine ex-post-Kontrolle der Annahme- und Auszahlungs-Anordnungen sowie Soll-/Ist-/Rest-Buchungsbelege über die Haushaltsrechnung (vgl. König 2007, S. 2). Zahlungsanordnung und -auszahlung sind gesetzlich strikt getrennt. Das tradierte kommunale Rechnungswesen entspricht einem Geldverbrauchssystem:

Abbildung 2.8 Beispiel kameraler inputorientierter Haushaltsaufstellung (in Anlehnung an © Kolhoff/Vollmer 2001, S. 81)

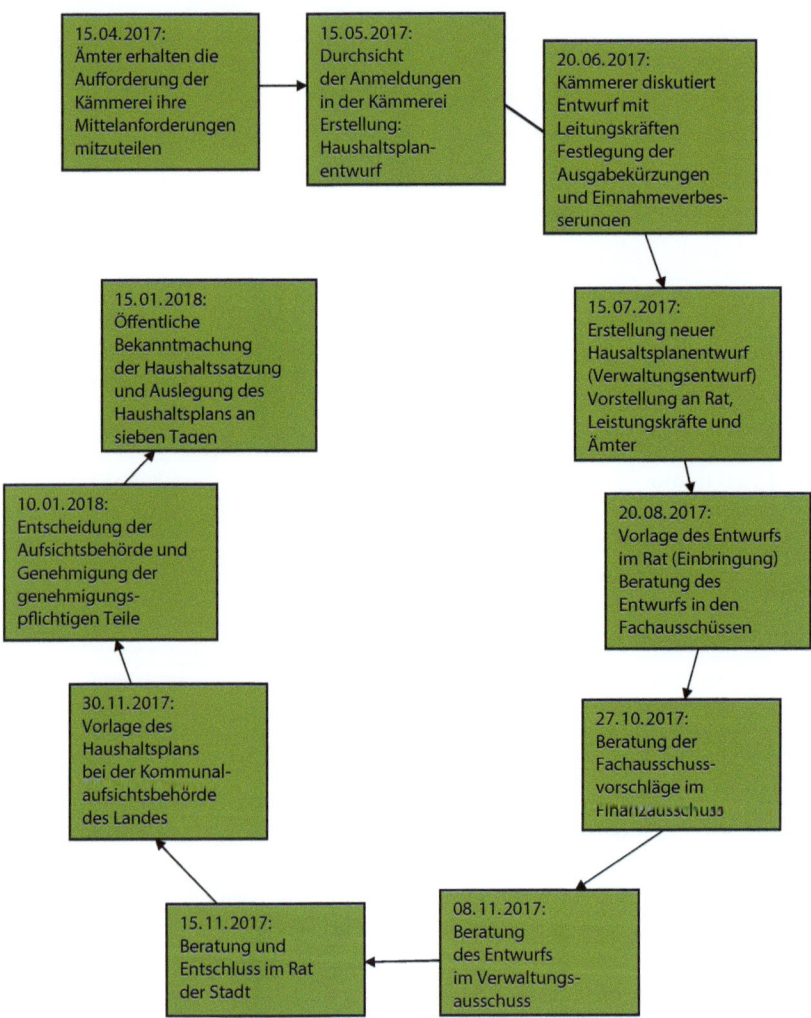

Die Kameralistik bringt folgende Nachteile mit sich:

- *Kostenverschleierung:* weder Wertverluste (Abschreibungen) noch zukünftige Belastungen (Rückstellungen) bzw. „eh-da-Kosten" (nicht kurzfristig abbaubare Fixkosten wie ungenutzte Arbeitszeit oder Sachmittel) werden abgebildet.
- *Anreize für unwirtschaftliches Verhalten:* Beispiele sind das „Dezemberfieber" (Ausgabe noch nicht verbrauchter Haushaltsmittel am Jahresende zwecks Bewilligung der Finanzmittel in gleicher Höhe für das kommende Haushaltsjahr) und Sparen, dass an kurzfristiger Haushaltsentlastung orientiert ist, ohne die langfristigen Folgen zu beachten.
- *Fehlende Aussagen zu Leistungen und Wirkungen:* Systematische Ausblendung der Nutzerseite der Wirtschaftlichkeit durch fehlende Aussagen über Qualität oder Nutzen der Leistungen bzw. deren Beitrag zum Gemeinwohl.
- *Fehlentscheidungen/Fehlsteuerung:* operative und strategische Fehlentscheidung von Politik und Verwaltung sind Folgen des fehlenden Bezuges vom finanziellen Input mit dem Output (Art und Umfang der Leistungen) bzw. Outcome (Wirkung) (vgl. Krems 2009, Lexikon zur öffentlichen Haushalts- und Finanzwirtschaft 2015).

2.2 NSM: Doppik

Für die Doppik, dem kaufmännischen Rechnungswesen, ist die sogenannte „doppelte Buchführung" charakteristisch. Jeder Geschäftsvorfall verbindet das Ressourcenaufkommen, die Herkunft der Mittel, mit dem Ressourcenverbrauch, dem Verwendungszweck. Mit der Doppik wird eine Steuerungsumstellung von der Bereitstellung von Ausgabeermächtigungen (Inputsteuerung) zu an übergeordneten Zielen orientierten Dienstleistungen, sogenannten Produkten (Outputsteuerung), ermöglicht. *Dies erfolgt in einem integrierten Jahresabschluss, der die Bilanz (Vermögensrechnung) mit der Kosten- und Leistungsrechnung (KLR, Erfolgsrechnung) sowie der Bereitstellung bezüglich der liquiden Mittel (Finanzrechnung) verbindet. Vorteile der Doppik sind darüber hinaus die Abbildung des kommunalen Vermögens und seiner Veränderungen, die Preise der erbrachten Leistungen/Produkte (KLR), der Werteverzehr (Abschreibungen) sowie die Bildung von Rückstellungen für künftige Verbindlichkeiten (z. B. für Beamtenpensionen) und Rücklagen.* „Andererseits knüpft das Konzept an die Tradition des öffentlichen Haushaltsrechts an (Haushaltsgrundsätze, Budgetrecht des Rates, Haushaltsplan oder Jährlichkeitsprinzip)" (Bundesfinanzministerium 2015, S. 60). Im Jahr 1999 beschloss die Innenministerkonferenz (IMK) die Weiterentwicklung des Gemeindehaushaltsrechts, 2003 wurde eine Reform mit dem Ziel einer outputorientierten Steuerung beschlossen. Seitdem berichtet eine von der IMK berufene Arbeitsgruppe „Haushaltsrecht in den Ländern" über den Stand der Umsetzung. Die Übergangsfristen variieren und zudem die Umsetzungsbestimmungen (zehn der Flächenländer lassen nur die Doppik zu, Schleswig-Holstein gewährt Wahlfreiheit zwischen Doppik und erweiterter Kameralistik[4], Bayern und Thüringen weichen vom IMK-Beschluss ab und ermöglichen die Beibehaltung der herkömmlichen Kameralistik, die Umstellung auf Doppik ist freiwillig):

Abbildung 2.9 Umstellung auf Doppik bzw. Optionsmodelle in den Bundesländern (Stand September 2015, © Bundesfinanzministerium 2015, S. 61)

Land	Modell
BW	Doppik, Umstellung bis 01.01.2020
BY	Optionslösung ab 01.01.2007 zwischen traditioneller Kameralistik und Doppik
BB	Doppik, Umstellung bis 01.01.2011
HE	Doppik, Umstellung bis 01.01.2015
MV	Doppik, Umstellung bis 01.01.2012
NI	Doppik, Umstellung bis 01.01.2012
NW	Doppik, Umstellung bis 01.01.2009
RP	Doppik, Umstellung bis 01.01.2009
SL	Doppik, Umstellung bis 01.01.2010
SN	Doppik, Umstellung bis 01.01.2013
ST	Doppik, Umstellung bis 01.01.2013
SH	Optionslösung ab 01.01.2007 zwischen erweiterter Kameralistik und Doppik
TH	Optionslösung ab 01.01.2009 zwischen traditioneller Kameralistik und Doppik

Laut einer Studie haben allerdings mit 83 % die meisten Kommunalverwaltungen von der Kameralistik auf Doppik umgestellt (EY 2015, S. 27).

Die drei Komponenten der Doppik sind:

- *Bilanz:* Die Vermögensrechnung unterteilt sich in die Aktivseite (Mittelverwendung) und die Passivseite (Mittelherkunft). Die Bilanz rückt die Verschuldung in den Blick, der gegenüber die Vermögenswerte (unterteilt in Anlage-

---

4 outputorientierte Optimierung der Kameralistik.

und Umlaufvermögen) stehen. Die Bilanz ist die Grundlage zur Diskussion der Verschuldung der Kommune.

- *KLR:* Die Ergebnisrechnung gibt Auskunft über Gewinn und Verlust der eigentlichen Geschäftstätigkeit und enthält alle Aufwendungen und Erträge eines Jahres der Kommune. Für die politische Steuerung ist der Ergebnishaushalt von Bedeutung, der sich der Aufbaustruktur der Verwaltung entsprechend, in Teilhaushalte unterteilt. Jedem Teilhaushalt wird ein Budget zugeordnet, das wiederum in Produktgruppen und Produkte (s. u.) unterteilt ist, denen entsprechende Leistungsziele und Kennzahlen zur Erreichung der Ziele zugeordnet sind.
- *Finanzrechnung:* bildet die Investitions- und Finanzierungstätigkeit der Kommune ab. Unterjährig werden die Finanzströme abgebildet. Planerisch ist im Finanzhaushalt von Bedeutung, der die Verwaltung ermächtigt Kredite aufzunehmen bzw. Investitionen zu tätigen. Finanzrechnung und -plan sind ebenfalls in Teilfinanzhaushalte unterteilt (vgl. Rudel/Gack 2008, S. 7 f.).

In der Übersicht hängen die Komponenten der Doppik so zusammen:

Abbildung 2.10 Drei Komponenten der Doppik (© Leitfaden Bilanzierung 2014, S. 12)

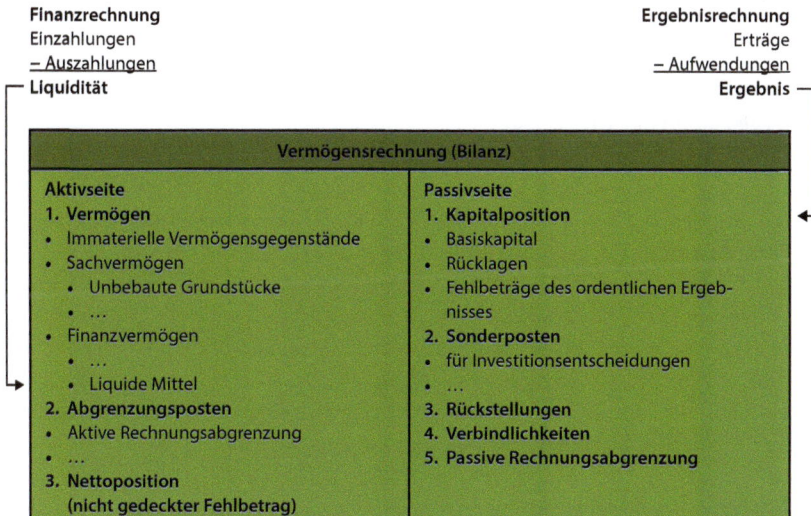

Für die outputorientierte Steuerung bilden Produkte die Grundlage. Im Gegensatz zur inputorientierten Kameralistik werden im NSM erstmals die kommunalen Leistungen abgegrenzt und definiert sowie der finanzielle Input (Budget) mit dem Output und möglichst auch dem Outcome (Wirkungen) in Verbindung gesetzt. Dies erfordert die Kenntnis über die Bedürfnisse der Bürger_innen, um im Sinne der Kundenorientierung die kommunalen Produkte anzupassen. Ferner können auf der Grundlage der Produktbildung über die KLR die Kosten je kommunaler Leistung beziffert werden, was wichtig für die Frage der Fremdvergabe ist (Outsourcing/Public-Private-Partnership, vgl. Kapitel 5.2). Beides bietet zudem eine Grundlage für interkommunale Leistungsvergleiche (Qualität und Quantität). *"Ein Produkt umfasst eine Leistung oder eine Gruppe von Leistungen, die von Stellen außerhalb der jeweiligen Organisationseinheit (innerhalb und außerhalb der Verwaltung) benötigt wird und für die in der Regel ein Preis zu zahlen wäre"* (Innenministerium Baden-Württemberg 1996, S. 25).

Produkte weisen bestimmte Merkmale auf:

- *Abgrenzung:* es muss sich um eine Leistung bzw. ein Leistungsbündel handeln.
- *Zuordnung:* Erstellung von einer Organisationseinheit.
- *Einbindung:* Die erstellte Leistung wird von anderen Stellen angeboten bzw. geliefert. Diese Stellen sind inner- oder außerhalb der Kommunalverwaltung angesiedelt.
- *Bedarfsdeckung:* Mit der Leistung wird ein bestimmter Bedarf gedeckt.
- *Preis:* für die Leistung wird ein Preis erzielt, der auf einer Kalkulation beruht (vgl. Hopp/Göbel 2013, S. 91).

Die Bildung von Produkten ist für die Kommunalverwaltung problematisch gewesen. Werden alle kommunalen Leistungen als Produkte abgebildet, besteht die Gefahr, dass die inputorientierte Detailstruktur der Haushaltstitel nun als Produkte abgebildet wird. Dies entspricht einer „Produktbürokratie", die sich infolge der Fülle von über 1 000 Einzelprodukten einer outputorientierten Steuerung entzieht (man „sieht den Wald vor Bäumen nicht"). Budäus spricht sich daher dafür aus, nur solche kommunalen Leistungen als Produkte bzw. Produktgruppen abzubilden, die sich durch folgende budgetrelevante Merkmale charakterisieren lassen: Zielbezug, Quantität, Qualität und Ressourcenverbrauch/Kosten (Budäus 2002, S. 27 f.).

Die IMK hat im Jahr 2003 einen einheitlichen Produktrahmen verabschiedet. Diese bündelt den Haushaltsgliederungsplan (s. Abb. 2.7) in sechs Produkte mit 16 Produktgruppen:

Abbildung 2.11 IMK Produktrahmen (© Promberger et al. 2004, S. 23)

Produkt	Produktgruppen
1 Zentrale Verwaltung	11 Innere Verwaltung 12 Sicherheit und Ordnung
2 Schule und Kultur	21–24 Schulträgeraufgaben 25–29 Kultur und Wissenschaft
3 Soziales und Jugend	31–35 Soziale Hilfen 36 Kinder-, Jugend- und Familienhilfe
4 Gesundheit und Sport	41 Gesundheitsdienste 42 Sportförderung
5 Gestaltung der Umwelt	51 räumliche Planung und Entwicklung 52 Bauen und Wohnen 53 Ver- und Entsorgung 54 Verkehrsführung und -anlagen, ÖPNV 55 Natur- und Landschaftspflege 56 Umweltschutz 57 Wirtschaft und Tourismus
6 Zentrale Finanzleistungen	61 Allgemeine Finanzwirtschaft

2.3 KSM: integrativer Produkthaushalt

Das von der IMK-Konferenz 2003 entwickelte Rahmenkonzept zur Entwicklung eines integrierten Produkthaushalts enthält auch Regelungsvorschläge, welche in die haushaltsrechtlichen Vorgaben der Länder übernommen wurden. Dabei ist u. a. der Zweck von Zielen und Kennzahlen dargelegt: produktorientierte Ziele sollen unter Berücksichtigung des Ressourcenaufkommens und voraussichtlichen -verbrauchs (Input) festgelegt werden und Ziele und Kennzahlen (Output) als Grundlage von Planung, Steuerung und Kontrolle (Controlling) bestimmt werden (vgl. KGSt-Bericht 15/2014 S. 7). *Die KGSt unterscheidet dabei drei Arten von Kennzahlen, um Ressourcenverbrauch und -aufkommen näher zu beschreiben:*

- *Anteil des Aufwands des Produktbereichs an der Summe der Aufwendungen aller Produktbereiche, in %.*
- *Deckung des Aufwands des Produktbereichs durch Erträge des gleichen Produktbereichs, in %.*
- *Ergebnis des Produktbereichs in Euro pro Einwohner.*

Dadurch werden sich Erkenntnisse für vertiefende Analysen, Vergleiche für strategische Schwerpunktsetzungen, zur Veränderung der Finanzstruktur sowie kombinierte Analysen mit dem Jahresabschluss erhofft (vgl. KGSt-Bericht 15/2014, S. 18 f.).

Die Umsetzung des integrierten Produkthaushaltes in den Kommunen ist jedoch noch defizitär:

- Darstellungsweisen der Ziele im Haushaltsplan: hier ist eine breite Palette zu verzeichnen: „Ziele in verbaler Beschreibung ohne Operationalisierung, Ziele in operationalisierter Form, Kennzahlen ohne explizite Zielansprache, Zeitreihen, Kennzahlen in der Form von Absolutwerten, Beziehungszahlen (selten Kennzahlen in Form von Gliederungszahlen oder Indexangaben). Häufig sind Ziele notiert, jedoch ohne adäquate Kennzahlen im Hinblick auf Planungsvorgabe und Zielerreichung" (KGSt-Bericht 15/2014, S. 38).
- Fokussierung: „nicht selten" werden Ziele mit verwaltungsinternen Charakter veröffentlicht, wenig verbreitet sind Angabe der Wirkung (Outcome), dafür werden häufiger Leistungsmengen, Aufwandsdeckungsquoten bzw. absolute Zahlen zum Personaleinsatz angegeben (Output).

Zudem zeichnet sich eine Indikatoren- bzw. Kennzahlenbürokratie ab.

Beispiel für Kennzahlenbürokratie: „Eine Stadt mit 25 000 EW. hat beispielsweise im Haushalt 2011 abgebildet: 177 Wirkungs- und Ergebnisziele (Begriffe aus der örtlichen Unterlage übernommen) mit 112 Kennzahlen, 263 Leistungsziele mit 493 Kennzahlen, 142 Prozess- und Strukturziele mit 67 Kennzahlen, insgesamt 582 Ziele mit 672 Kennzahlen, darüber hinaus sind Ziele ohne Kennzahlen benannt, andererseits weisen 2 Ziele jeweils 28 Kennzahlen auf." (KGSt-Bericht 15/2014, S. 38).

Sicherlich ist eine prinzipielle politische Steuerungsfokussierung Voraussetzung für die Zielsetzung und abgeleitete Messsystematiken (vgl. KGSt-Positionspapier 16/2014). Die KGSt selbst hat in der Vergangenheit mit einer Vielzahl von Kennzahlen- bzw. Indikatorensystemen dazu beigetragen, wozu sie jetzt im Rahmen des KSM eine Handreichung für eine Gesamtstrategie gibt (vgl. KGSt-Bericht 6/2015):

- Nachhaltigkeit: 32 Kennzahlen zum Nachhaltigkeitsindex (KGSt-IKO-Netz 2008).
- Demografiemonitoring: 19 Indikatoren in fünf Demografie-Dimensionen (KGSt-Materialien M 5/2010).
- Integrationsmonitoring: 27 Indikatoren in 10 Handlungsfeldern (KGSt-Materialien M 2/2006).

KSM: integrativer Produkthaushalt

- Sozialmonitoring: 32 Indikatoren mit sozialräumlichem Bezug (KGSt-Materialien M 4/2009).
- Familienfreundliche Stadt: Definition produktübergreifender Wirkungsziele und -kennzahlen sowie produktorientierter Schlüsselkennzahlen (KGSt-BV 1/2009).
- Kennzahlensystem mit einer Vielzahl von Fachthemen inklusive einzelner Schlüsselkennzahlen (KGSt-Kennzahlensysteme: http://www.kgst.de/dienstleistungen/benchmarking/index.dot).

Der integrative Produkthaushalt erfordert eine horizontale und vertikale Integration des Produkthaushaltes in die kommunalpolitische Steuerung. Unter vertikaler Integration versteht er die Verknüpfung von normativen Vorgaben mit strategischer und operativer Planung:

Abbildung 2.12 Vertikale Integration des Produkthaushalts (© Kientz 2013, Folie 19)

Die vertikale Integration beinhaltet die Integration im Steuerungskreislauf z. B. unter Zuhilfenahme einer Balanced-Scorecard und einem Management-Informationssystem, die strategische Planung der Kernprozesse z. B. mit Abstimmung zwischen Verwaltung und Politik als gemeinsame Strategieplanung in der Mitte eines Jahres sowie der strategischen Planung, der Haushaltsplan, mittels durchgängiger Integration und Weiterentwicklung zum zentralen Steuerungsinstrument (vgl. Kientz 2013, Folien 9–19).

Beispiel horizontaler Verknüpfung:
Normative Ebene: Der Landkreis Lörrach verfolgt die Vision „Das Landratsamt Lörrach sieht sich als Dienstleister mit dem Ziel, den Landkreis Lörrach als attraktiven Lebens- und Wirtschaftsraum nachhaltig zu stärken." (Landkreis Lörrach 2012, S. 528, S. 14)
Dieser sind folgende übergreifende Leitsätze zugeordnet:

- „Ziel der Zukunftsstrategie ist es, den Landkreis Lörrach als attraktiven Lebens- und Wirtschaftsraum in allen Bereichen im Sinne der Nachhaltigkeit zu stärken und weiter zu entwickeln.
- Der Mensch und die Region in ihrer Vielfalt stehen im Mittelpunkt.
- Den Einflussgrößen, die sich aus der Lage in einer trinationalen Region ergeben, und den demografischen Entwicklungen ist Rechnung zu tragen.
- Urbane und ländliche Räume prägen den Landkreis. Die sich daraus ergebenden Gegensätze und Stärken sind positiv zu nutzen.
- Die finanzielle Stabilität des Landkreises und seiner Städte und Gemeinden ist das Fundament unseres zukunftgerichteten Handelns.
- Nur in einem vertrauensvollen Miteinander von Städten und Gemeinden mit dem Landkreis kann diese Strategie verwirklicht werden.
- Der Landkreis setzt sich für die Chancengleichheit in allen Lebens- und Arbeitsbereichen ein.
- Unsere vielfältigen und anspruchsvollen Aufgaben und Anforderungen erfordern leistungsfähige und motivierte Mitarbeiter." (ebd., S. 14)

Strategische Ebene: „Der ‚neue' Haushalt soll hierfür die notwendigen Informationen liefern, mehr Transparenz über die Zusammenhänge zwischen Leistungs- und Finanzseite schaffen und eine gezielte Abstimmung der Ziele herbeiführen." (ebd., S. 107).
Einige strategische Handlungsfelder/Schwerpunkte werden exemplarisch aufgeführt:

- Drei strategische Schwerpunkte im Bereich „THH 1 Finanzen & Zentrales: Das Landratsamt Lörrach ist eine moderne, dienstleistungsorientierte Verwaltung und ein attraktiver Arbeitgeber. Der Landkreis stellt sich den gesellschaftlichen Auswirkungen und Herausforderungen des demographischen Wandels. Der Landkreis fördert den Einsatz regenerativer Energien, verbunden mit der Steigerung der Energieeffizienz und der Schonung der endlichen Ressourcen." (ebd., S. 108 f.)
- Wirkungsziele im strategischen Schwerpunkt Personalmanagement: Die, für die Aufgabenerfüllung in qualitativer und quantitativer Sicht erforderliche

personelle Ausstattung ist sichergestellt. Die Mitarbeiter_innen arbeiten gerne für das Landratsamt Lörrach und sind zufrieden mit ihrer Arbeit. Den Mitarbeiter_innen stehen attraktive Rahmenbedingungen zur Verfügung.
- Strategischer Schwerpunkt demographischer Wandel: Dieser Schwerpunkt ist eng mit dem der Personalentwicklung verbunden, für den gesonderte Ziele definiert wurden. Die Führungskräfte haben dabei eine Schlüsselrolle inne. Wirkungsziele des demographischen Wandels sind: „Die für die Aufgabenerfüllung in qualitativer und quantitativer Sicht erforderliche personelle Ausstattung ist sichergestellt. Die Integrationsaktivitäten im Landkreis Lörrach sind miteinander vernetzt und zielgerichtet auf aktuelle Problemlagen ausgerichtet. Alle beteiligten Akteure sind sich der strategischen Bedeutung von kommunaler Integrationspolitik und -arbeit bewusst." (ebd., S. 111)
- Strategischer Schwerpunkt Personal und Organisation:
  - Personal: „Personalentwicklung, Personalbindung und Personalbedarfsdeckung sind die Kernthemen, die uns auch im Jahr 2012 schwerpunktmäßig beschäftigen werden. Die „Spitze des Eisbergs" beim Thema Fachkräftemangel ist schon deutlich zu spüren, vor allem wenn die Nachbesetzung von Führungsstellen ansteht. Die angestrebte kontinuierliche Umsetzung unseres strategischen Personalentwicklungskonzeptes wollen wir deshalb auch 2012 weiter vorantreiben. Die Etablierung des Führungsnachwuchskräfteprogramms zur Förderung und Vorbereitung potentieller Führungskräfte auf Führungsaufgaben, weitere Schritte im Bereich des betrieblichen Gesundheitsmanagements und ein erstes Kinderbetreuungsangebot zur Unterstützung der Vereinbarkeit von Familie und Beruf stehen dabei im Mittelpunkt." (ebd., S. 122)
  - Organisation: „Organisatorisches Kernthema bleibt weiterhin die wichtige Aufgabe der Geschäftsprozessoptimierung, verbunden mit der Entwicklung von geeigneten Kennzahlen, die ein Führen mit Zielen und das, in geeigneten Bereichen, so wichtige Benchmarking ermöglicht." (ebd., S. 122)

Zur Aufgabenteilung zwischen strategischer und operativer Ebene wird erläutert: Aufgabe des Kreistages ist es die Richtung festzulegen („Was wollen wir erreichen?"), auf Vorschlag der Verwaltung passende Leistungsziele und Messgrößen zu definieren („Was müssen wir dafür tun?) und die notwendigen Ressourcen hierfür bereit zu stellen („Was müssen wir einsetzen?"). Die Maßnahmen („Wie müssen wir es tun?") werden von der Verwaltung festgelegt, da dort auch die notwendigen Kompetenzen für das operative Geschäft vorhanden sind" (ebd., S. 107 f.).

Operative Ebene: Diese vier Leitfragen sind der Ausgangspunkt für die operative Umsetzung. Sie werden in jedem Produktbereich (= Teilhaushalt zwischen Politik und Verwaltung) ausgehandelt: „Ausgangspunkt der verwaltungsinternen Zielkaskade ist dann der Kontrakt zwischen Kreistag und Landrat (Bestandteil des Haushaltes). In diesem Kontrakt wird zwischen den Vertragspartnern vereinbart, welche Ziele und Maßnahmen in der kommenden Planungsperiode umgesetzt werden sollen und welche Ressourcen hierfür zur Verfügung gestellt werden." (ebd., S. 129). Jede Produktgruppe wird dabei nach den vier Leitfragen operationalisiert:

- Was wollen wir erreichen? Hier werden die Zielgruppe und Wirkungsziele benannt.
- Was müssen wir dafür tun? Hier werden Leistungsziele definiert und Messgrößen zugeordnet (Kennzahlen und Indikatoren).
- Wie müssen wir es tun? Hier werden spezifische Maßnahmen konkretisiert.
- Was müssen wir einsetzten? Hier werden die Ressourcen aufgezeigt, z. B. unterteilt in Personal- und Sachaufwand. Zudem wird das Budget des aktuellen Jahre (IST) sowie die jeweiligen Budgets der nächsten fünf Jahre (Ziele) aufgezeigt.

Die horizontale Integration bezeichnet die Verbindung zwischen Input, Output und Outcome: Dabei werden jedem Produkt Wirkungs-, Leistungsziele und Messgrößen (Kennzahl bzw. Indikator) zugewiesen sowie Maßnahmen zur Erreichung und zugehörige Ressourcen zugeordnet. Zudem werden die Ist- und die Planzahlen der kommenden fünf Jahre für jede Produktgruppe in die Ergebnisrechnung integriert.

Ein weiteres Beispiel für einen integrierten Produkthaushalt findet sich bei der Stadt Laatzen: „Die strategische Steuerung, die Haushaltsplanung, das Berichtswesen sowie die Zielvereinbarungen sind aufeinander abgestimmt [...] Die Fach- und Finanzverantwortung wurde auf die Mitarbeiterinnen und Mitarbeiter übertragen, die die Umsetzung der Ziele weitgehend selbst gestalten können" (KGSt-Journal 2/2012, S. 10).

2.4 Public Governance: Bürgerhaushalt

Der Bürgerhaushalt ist in Brasilien und Neuseeland entstanden. Anfangs der 2000er-Jahre wurde er durch G. Banner publik gemacht (vgl. Holtkamp 2012,

S. 261). Das Netzwerk „Kommunen der Zukunft", eine Gemeinschaftsinitiative der Bertelsmann und Hans-Böckler-Stiftung sowie der KGSt, hat bereits 1998 internationale Beispiele aufgegriffen und eine Arbeitsgruppe zum „Kommunalen Bürgerhaushalt" eingerichtet (vgl. Bertelsmann-Stiftung et al. 2002, S. 4). Seit 2002 wurde der Bürgerhaushalt durch eine Gemeinschaftsinitiative der Bertelsmann-Stiftung und des nordrheinwestfälischen Innenministeriums ausprobiert.

„Ein Bürgerhaushalt ist ein Instrument der Bürgerbeteiligung bei Fragen rund um die Verwendung von öffentlichen Geldern. Die Bevölkerung wird dabei aktiv in die Planung von öffentlichen Ausgaben und Einnahmen einbezogen. Dieser beteiligungsorientierte Ansatz unterscheidet sich grundlegend vom traditionellen Modell ‚Verwaltung plant, Politik entscheidet'" (http://www.buergerhaushalt.org/de/faq_bhh#n63).

Im Projekt „Europäische Bürgerhaushalte" wurden mit Wissenschaftler_innen und Praktiker_innen fünf Bedingungen aufgezeigt, die Bürgerhaushalte zu erfüllen haben:

- „Im Zentrum der Beteiligung stehen finanzielle Angelegenheiten, es geht um begrenzte Ressourcen.
- Die Beteiligung findet auf der Ebene der Gesamtstadt oder auf der eines Bezirks mit eigenen politischen und administrativen Kompetenzen statt. Ein Stadtteilfonds allein, ohne Partizipation auf der gesamtstädtischen bzw. bezirklichen Ebene, ist kein Bürgerhaushalt.
- Es handelt sich um ein auf Dauer angelegtes und wiederholtes Verfahren. Ein einmaliges Referendum zu haushalts- oder steuerpolitischen Fragen ist kein Bürgerhaushalt.
- Der Prozess beruht auf einem eigenständigen Diskussionsprozess, der mittels Internet oder Versammlungen bzw. Treffen geführt wird. Eine schriftliche Befragung allein ist demnach kein Bürgerhaushalt. Ebenso nicht die bloße Öffnung bestehender Verwaltungsgremien oder Institutionen der repräsentativen Demokratie.
- Die Organisatoren müssen Rechenschaft in Bezug darauf ablegen, inwieweit die im Verfahren geäußerten Vorschläge aufgegriffen und umgesetzt werden" (Herzberg 2010).

Der Bürgerhaushalt setzt sich aus drei Kernphasen zusammen. Im Vorfeld sind innerhalb von Kommunalpolitik und -verwaltung, die Ziele und das Vorgehen zu klären. Dies beinhaltet den Ratsbeschluss für den Bürgerhaushalt, die Federführung z. B. bei der Kämmerei, die bereichsübergreifende Koordination z. B. in einer Arbeitsgruppe sowie die Information der Beschäftigten.

- *Information:* Die Bürger_innen werden über verschiedene Formen der Öffentlichkeitsarbeit und nach dem Lebenslagenprinzip über den Haushalt informiert und mobilisiert.
- *Beteiligung/Dialog:* Bürger_innen können ihre Ideen und Schwerpunktsetzungen etc. einbringen. Als „Berater_innen" können sie Vorschläge einbringen oder als „Entscheider_innen" über ein konkretes Vorhaben bzw. Budget bestimmen. Zentrales Element ist der Austausch z. B. über konkrete Szenarien oder Auswahlalternativen, bei Bürgerversammlungen, übers Internet oder soziale Medien. Moderator_innen begleiten den Dialog.
- *Rechenschaft:* Die Verfahrensorganisatoren geben Auskunft über die Ergebnisse der Beteiligungsphase, begründet, welche Ideen (nicht) umgesetzt wurden. Die Nachvollziehbarkeit wird den dauerhaften Dialog abgesichert und motiviert zur weiteren Mitarbeit (vgl. Bertelsmann-Stiftung und Innenministerium NRW 2004, S. 10 f. und http://www.buergerhaushalt.org/de/faq_bhh#n63).

Wichtig ist, dass das Verfahren anschlussfähig an den politischen Entscheidungsprozess gestaltet wird:

Abbildung 2.13 Bürgerhaushaltsuhr (© Bertelsmann-Stiftung und Innenministerium NRW 2004, S. 15)

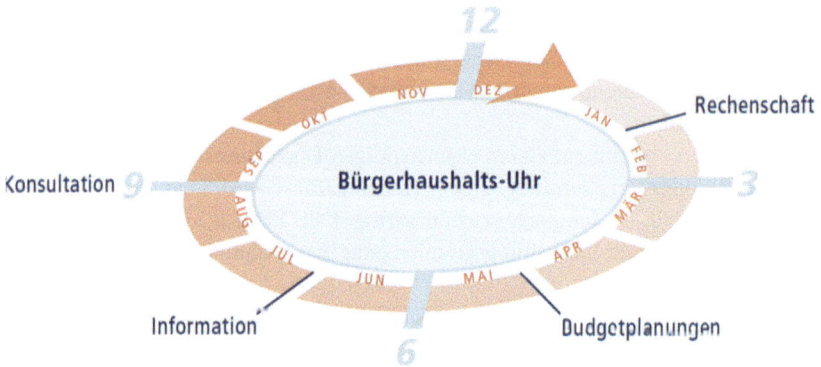

Für thematische Arbeitsgruppen zu einzelnen Themengebieten wie z. B. Bildung wird das folgende Vorgehen empfohlen:

1) „Bestandsaufnahme/Problemsammlung im Bezirk,
2) Vorschläge einreichen (Bezirksebene),

3) Intensiver Austausch (evtl. in thematischen Gruppen): Bezirksbeirat, Sachkundige, Politik, Verwaltung und Bürger setzen sich mit Prioritäten und ‚Gesamtkonzept' auseinander,
4) Priorisierung (Bezirksebene),
5) Voting (stadtweit)" (9. Bundesweites Netzwerktreffen Bürgerhaushalt 2013, S. 21).

Dabei gewinnt das Verfahren in Deutschland zunehmend an Bedeutung: Haben sich 2008 noch 67 Kommunen in unterschiedlicher Form mit dem Bürgerhaushalt befasst (zu den verschiedenen Formen: s. u.), so sind es im Jahr 2015 bereits 435 Kommunen[5], womit sich die Anzahl in den letzten acht Jahren mehr als versechsfacht hat (Portal Bürgerhaushalt 2015, S. 9).

Bei der Art der Beteiligung überwiegen mit fast 90 % die vorschlagsbasierten Bürgerhaushalte, d. h. die Vorschläge kommen ausschließlich von den Bürger_innen und sind für Kommentare und/oder Bewertungen geöffnet, die Entscheidung wird im Rat der Stadt getroffen (vgl. Portal Bürgerhaushalt 2015, S. 13 f.). Andere Verfahren sind feedbackorientierte, bei denen Bürger_innen die Vorschläge der Stadtverwaltung diskutieren und damit zu einer Positionierung beitragen. Bei entscheidungsorientierten Verfahren entscheiden Bürger_innen tatsächlich über den kommunalen Haushalt bzw. Teile dessen (beide: 2 %), ansonsten bestehen Mischformen, insbesondere zwischen vorschlags- und feedbackorientierten Bürgerhaushalt.

Beim Beteiligungskanal dominiert das Internet, meist kombiniert mit Veranstaltungen vor Ort (40 % der Kommunen), 28 % der Kommunen nutzen ausschließlich das Internet (vgl. ebd., S. 14 f.). Eine neuere Methode ist die Multiplikatorenarbeit: In Stuttgart wurden bspw. ehrenamtliche Multiplikatoren an der Volkshochschule zu (Bürger-)Haushalt und Moderation ausgebildet, um dann bei Bezirksveranstaltungen in einem aufsuchenden Prozess unter Beteiligung der Bezirksvorsteher_innen möglichst viele Bürger_innen zu beteiligen (vgl. Neuntes bundesweites Netzwerktreffen Bürgerhaushalt 2013, S. 40). Um einer sozialen Selektion der Beteiligung entgegenzuwirken (bspw. durch wenig organisierte Bürger_innen, Schichtarbeiter_innen oder Alleinerziehende), bieten sich Öffentlichkeitsarbeit und die Kombination mehrerer Beteiligungskanäle an. Gezielte Beteiligungsangebote an wirtschaftlich schwächere gesellschaftliche Gruppen, empfehlen sich durch spezielle Angebote auf Stadtteil- oder Quartiersebene in unterprivilegierten Stadtteilen, zu ergänzen (vgl. ebd., S. 13).

Die Rechenschaft über den Umgang mit der Bürgerbeteiligung erfolgt meist gesammelt mit der Rechenschaft zum regulären Haushalt, ergänzt durch Rats-

---

5 Erfasst werden Kommunen mit mehr als 40 000 Einwohner_innen.

beschlüsse und Verwaltungsempfehlungen zu den Vorschlägen (30 %) bzw. detailliert (konkret für einzelne Vorschläge) mit Monitoring der Umsetzung (28 %) (vgl. Portal Bürgerhaushalt 2015, S. 16 f.). Eine innovative Methode ist die Bürgerjury, sie entscheidet selbständig und soll möglichst die sozial-demografische Struktur des Stadtteils widerspiegeln (Erfahrungen aus Berlin-Lichtenberg und Eberswalde, vgl. Neuntes bundesweites Netzwerktreffen Bürgerhaushalt 2013, S. 25).

Best Practice Beispiele für Bürgerhaushalte (u. a. zur Einbeziehung von Zielgruppen wie „Jugendhaushalt") finden sich unter: http://www.buergerhaushalt.org/de/best_practice. Eine Präsentation von der Stadt Köln als Beispiel für die Evaluation von Bürgerhaushalten findet sich unter: http://de.slideshare.net/Zebralog/evaluation-des-klner-brgerhaushalts

Literaturempfehlungen

Für allgemeine Informationen zum kommunalen Haushalt empfiehlt sich z. B. Rudel/Gack 2008 oder Promberger et al. 2004.

Für eine Kurzinformation zur Kameralistik (Bürokratiemodell) bietet sich: http://www.juraforum.de/lexikon/kameralistik an. Zudem König 2007, aber auch Bundesfinanzministerium (2015): Kapitel zur bisherigen Haushaltssystematik.

Einen guten Überblick über die Doppik (NSM) sowie weiterführende Informationen finden sich bei der Datenbank der KGST (https://www.kgst.de/rechnungswesen) sowie im Leitfaden Bilanzierung (2014). Der Integrative Produkthaushalt (KSM) wird im KGSt-Bericht 6/2015 als Teil einer kommunalen Gesamtstrategie dargelegt. Zum Bürgerhaushalt (Public Governance) empfehlen sich die entsprechenden Publikationen der Bertelsmann-Stiftung wie z. B. im vorliegenden Kapitel zitiert sowie das unter „weitere Informationen" aufgeführte Internet-Portal (s. u.).

Weitere Informationen

- *Doppik:* Datenbank www.doppikvergleich.de: Die Datenbank bietet einen bundesweiten Überblick über das Haushaltsrecht der Kommunen (Doppik), bietet Hinweise auf aktuelle Studien, den Themenbereich betreffend und an Themenschwerpunkten orientierte Informationen zu den International Public Sector Accounting Standards (IPSAS) und den EPSAS (European Public lic Sector Accounting Standards).

- *Integrativer Produkthaushalt:* Der Kämmerer der Stadt Laatzen Arne Schneider verdeutlicht den integrativen Produkthaushalt in einem Kurzfilm: http://kreative-kommune.de/der-film/.
- *Bürgerhaushalt:* Hier empfiehlt sich das Portal http://www.buergerhaushalt.org. Unter dem Reiter „Informationen" finden sich u.a. die Statusberichte. Unter dem Reiter „Debatte" lässt sich der Stand des aktuellen Diskurses aufrufen. Unter dem Reiter „Netzwerk" finden sich vor allem Praxisinformationen z. B. aus den Netzwerktreffen. Zum Einstieg empfehlen sich:
  - Kurzfilm: Erklärungsvideo: Was ist ein Bürgerhaushalt: http://www.buergerhaushalt.org/de/article/erklaervideo-was-ist-ein-buergerhaushalt.
  - Eine Landkarte über die Bürgerhaushalte in Deutschland mit Angaben zum Status (Diskussion, Beschluss, Vorform, Einführung, Fortführung, Abstellgleis, kein Status) findet sich unter: http://www.buergerhaushalt.org/de/map. Hier lassen sich auch einzelne Kommunen anzeigen.

2.5 Literatur Kapitel 2

Bertelsmann Stiftung (Hrsg.) (2015). *Kommunale Sozialausgaben. Wie der Bund sinnvoll helfen kann.* Gütersloh: Verlag Bertelsmann Stiftung.

Bertelsmann Stiftung Pressemeldung (2015). *Sozialausgaben belasten Haushalte der Kommunen mit bis zu 58 Prozent.* Pressemeldung, 05.06.2015. Einzelgrafik: Kommunale Sozialausgaben – Unterschiede nach Bundesländern. Online verfügbar unter: Kommunale_Sozialausgaben_Unterschiede_Laender.jpg.

Bertelsmann Stiftung (Hrsg.) (2013). *Kommunaler Finanzreport 2013. Einnahmen, Ausgaben und Verschuldung im Ländervergleich.* Gütersloh: Verlag Bertelsmann Stiftung.

Bertelsmann-Stiftung und Innenministerium des Landes Nordrhein-Westfahlen (Hrsg.) (2004). *Kommunaler Bürgerhaushalt. Ein Leitfaden für die Praxis.* Gütersloh: Bertelsmann-Stiftung.

Bertelsmann Stiftung, Hans-Böckler-Stiftung, KGSt (Hrsg.) (2002), *Der Bürgerhaushalt – Ein Handbuch für die Praxis. Netzwerk: Kommunen der Zukunft.* Gütersloh: TopPublishing, Digitaler Publikationsservice GmbH.

Budäus, Dietrich (2002). *Leistungsmessung und Leistungserfassung im öffentlichen Sektor.* 2. Norddeutsche Fachtagung zum New Public Management. Wiesbaden.

Bundesfinanzministerium für Finanzen (2016). *Öffentliche Finanzen. Beziehungen zwischen Bund und Ländern werden modernisiert.* Pressemitteilung vom 14.12.2016. Online verfügbar unter http://www.bundesfinanzministerium.de/Content/DE/Pressemitteilungen/Finanzpolitik/2016/12/2016-12-14-pm26-bundlaender-finanzbeziehungen.html.

Bundesfinanzministerium (2015). *Bund-Länder-Finanzbeziehungen auf der Grundlage der Finanzverfassung.* Berlin: Bundesministerium der Finanzen (Finanz- und Wirtschaftspolitik).
DIHK, Deutsche Industrie- und Handelskammertag (17.08.2015). *Rekordanstieg bei den Realsteuer-Hebesätzen – DIHK kritisiert „Spirale von Steuererhöhungen".* Online verfügbar unter http://www.dihk.de/presse/meldungen/2015-08-17-hebesaetze.
Der Spiegel (2013) *Finanzpolitik: Die Geldnot der Länder könnte zu einer grundlegenden Neuordnung führen.* Der Spiegel 34/2013 (S. 18–20). Redakteur: Sven Böll. Hamburg: Spiegel-Verlag.
Deutscher Städtetag (2016). *Deutscher Städtetag begrüßt Verabredungen zu Finanzbeziehungen. Einigung zwischen Bund und Ländern ist wichtiger Schritt – Länder sollten Kommunen nun finanziell besser ausstatten.* Pressemitteilung vom 14.10.2016. Online verfügbar unter: http://www.staedtetag.de/presse/mitteilungen/079308/index.html.
Ernst & Young Wirtschaftsprüfungsgesellschaft (2016). *EY Kommunalstudie 2016. Kommunen in der Finanzkrise: Status quo und Handlungsoptionen.*
Ernst & Young Wirtschaftsprüfungsgesellschaft (2015). *EY Kommunalstudie 2015. Kommunen in der Finanzkrise: Status quo und Handlungsoptionen.*
Herzberg, Carsten (2010). *Geschichte und Definition von Bürgerhaushalten,* Online verfügbar unter http://www.buergerhaushalt.org/article/geschichte-und-definition-von-bürgerhaushalten.
Holtkamp, Lars (2012). *Verwaltungsreformen. Problemorientierte Einführung in die Verwaltungswissenschaft.* Wiesbaden: Springer VS.
Hopp, Helmut, & Göbel, Astrid (2013). *Management in der öffentlichen Verwaltung- Organisations- und Personalarbeit in modernen Kommunalverwaltungen,* 4. überarbeitete Auflage. Stuttgart: Schäffer-Poeschel Verlag.
Innenministerium Baden-Württemberg (Hrsg.) (1996). *Kommunaler Produktplan Baden-Württemberg. Baden-Württemberg.* Stuttgart: Staatsanzeiger für Baden-Württemberg (Schriftenreihe des Innenministeriums Baden-Württemberg zum kommunalen Haushalts- und Rechnungswesen, H. 2).
KGSt-Bericht 10/1996. *Das Verhältnis von Politik und Verwaltung im Neuen Steuerungsmodell.* Köln.
KGSt-Bericht 15/2014. *Kommunalpolitisch steuern mit dem Haushalt – Ziele und Kennzahlen im Haushalt ausweisen.* Köln.
KGSt-Bericht 6/2015. *Wege zur kommunalen Gesamtstrategie – Sieben Schritte strategischer Steuerung.* Köln.
KGSt-BV 1/2009 *Familienfreundliche Stadt.* Bericht aus der Vergleichsarbeit. Köln.
KGSt-IKO-Netz (2008). *Nachhaltigkeitsindex Abschlußbericht.* Köln.
KGSt-Journal 2/2012. Köln.
KGSt-Materialen 2/2006. *Integrationsmonitoring.* Köln.
KGSt-Materialien 4/2009. *Sozialmonitoring.* Köln.
KGSt-Materialien 5/2010. *Demografiemonitoring.* Köln.
KGSt-Positionspapier 16/2014. *Kommunalpolitisch steuern mit dem (neuen) Haushalt.* Köln.

König, Armin (2007). *Das Ende der Kameralistik für die kommunale Kernverwaltung? Zur Praxistauglichkeit des neuen kommunalen Rechnungswesens. Perspektiven für einen Systemwechsel. Drei Vorträge.* Norderstedt: Books on Demand (Saar-Lor-Lux Public Management).

Kientz, Jürgen (2013). Vortrag: Landkreis Lörrach – Der Haushalt wird zum politischen Programm Prof. Jürgen Kientz, Hochschule Kehl (vorm. Dezernent Landkreis Lörrach) In: *KGSt Ziele – Steuern Sie schon oder rudern Sie immer noch? 7. und 8. März 2013 in Mannheim.* KGSt-Tagungsdokumentation.

Kolb, Meinulf (2010). *Personalmanagement. Grundlagen und Praxis des Human Resources Managements.* Wiesbaden: Gabler (Gabler-Lehrbuch).

Kolhoff, Ludger, & Vollmer, Michael (2001). *Organisation und Finanzierung sozialer Einrichtungen. Seminarunterlagen.* Braunschweig: Institut für Fort- und Weiterbildung Sozialer Berufe.

Krems, Burkhardt (2009): *Ein halber Schritt nach vorn: Bund schafft Rechtsgrundlage für modernes Haushalts- und Rechnungswesen – aber hält selbst an Kameralistik fest – Kommentar zur Novellierung des Haushaltsgrundsätze-Gesetzes.* Online verfügbar unter http//www. verwaltungsmanagement.info.

Landkreis Lörrach (2012). *Der Haushalt 2012. Gemeinsam Zukunft gestalten.* Landkreis Lörrach.

Leitfaden Bilanzierung (2014), *nach der Grundlage des Neuen Haushalts- und Rechnungswesens (NKHR) in Baden-Württemberg. 2. Auflage.*

Naßmacher, Hiltrud, & Naßmacher, Karl-Heinz (2007). *Kommunalpolitik in Deutschland.* Wiesbaden: VS Verl. für Sozialwissenschaften.

Neuntes bundesweites Netzwerktreffen Bürgerhaushalt 19. und 20. September 2013 Dokumentation (2013). *ENGAGEMENT GLOBAL.* Bonn: GmbH, Service für Entwicklungsinitiativen.

Portal Bürgerhaushalt.org (2015). *Achter Statusbericht des Portals Bürgerhaushalt.org.* Ein Kooperationsprojekt von Bundeszentrale für politische Bildung und Servicestelle Kommunen in der Einen Welt.

Promberger, Kurt, Früh, Günther, & Niederkofler, Rainer (2004). *Neues kommunales Haushalts- und Rechnungswesen in der Bundesrepublik Deutschland.* Working. Paper 14/2004. Europäische Akademie Bozen.

Rudel, Gerd, & Gack, Peter (2008). *Haushalt und Finanzen in der Kommune. Eine Einführung.* Bamberg und München: Petra-Kelly-Stiftung Bayrisches Bildungswerk für Demokratie und Ökologie.

Schedler, Kuno, & Proeller, Isabella (2011). *New Public Management.* Bern, Stuttgart & Wien: Haupt (UTB Public Management, Betriebswirtschaft).

Schwarting, Gunnar (2005). *Effizienz in der Kommunalverwaltung. Dezentrale Verantwortung, Produkte, Budgets und Controlling.* Berlin: Schmidt (Finanzwesen der Gemeinden, 7).

Staatliche und kommunale Finanzen (2002). *Ausgaben und Einnahmen des Landes, der Gemeinden, Samtgemeinden und Landkreise und der kommunalen Zweckverbände.* Hannover: Niedersächsisches Landesamt für Statistik.

Stiftung Jugend und Bildung, Wiesbaden, in Zusammenarbeit mit dem Bundesministerium der Finanzen (BMF) Berlin (2016). *Finanzen und Steuern,* aktualisierte Ausgabe. Wiesbaden: Eduversum GmbH.

Tabatt-Hirschfeldt, Andrea (2012). *Public Management. Schwerpunkt: Sozialverwaltung in Kommunen.* Augsburg: ZIEL (Theorie, Politik, Praxis).

Das Verhältnis zwischen Politik und Verwaltung 3

Zusammenfassung/Lernziele

Wesentlich für das Verständnis der Zusammenarbeit von Politik und Verwaltung ist ein grundlegendes Verständnis darüber, wie sich die Kommunalpolitik zusammensetzt (Organe), aufbaut und wie schließlich kommunalpolitische Entscheidungsprozesse ablaufen. Im Bürokratiemodell sind die Zuständigkeiten durchmischt. Daher hat die KGSt ein an die Wirtschaft angelehntes Modell entwickelt, bei dem die Politik als Management in Form eines strategisches Steuerungsorgan fungiert und der Verwaltung die operative Ausführung obliegt (Was-Wie-Modell). Das KSM kritisiert, dass diese Abgrenzung zwischen strategischer Steuerung und operativer Durchführung nicht trennscharf ist. Als Reformvorschlag wird daher das AKV-Prinzip unter Einbindung der kommunalen Stakeholder vorgestellt. Beim Public Governance wird die informelle Ebene der Zusammenarbeit von Politik und Verwaltung betont und durch strukturelle Verbesserungen ergänzt.

Keywords

AKV-Prinzip, Bürgerbeteiligung bei strategischer Entwicklung, Kommunalpolitik, Kontraktmanagement, Was-Wie-Modell, Vertrauensbildung

Die Organe der Kommunalpolitik sind der Rat, der Verwaltungsausschuss und die/ der Bürgermeister_in. Diese/r wird seit der Reform der Kommunalverfassungen 1991 in allen Bundesländern direkt gewählt. Der/die Bürgermeister_in ist Chef_in der Verwaltung (Dienstaufsicht), stimmberechtigtes Mitglied der Ratsversammlung und steht dem Verwaltungsausschuss vor. Ferner ist sie/er das alleinige Vollzugsorgan der Gemeinde, muss die Beschlüsse des Rates und seiner Ausschüsse vollziehen. In kreisfreien Städten und großen Kreisstädten wird sie/er als Oberbürgermeister_in bezeichnet. Bis zu 5 000 Einwohner_innen arbeitet sie/er ehrenamtlich.

Der Rat gilt als politische Vertretung der Bürger_innen, die ihn landesunterschiedlich für vier bis sechs Jahre wählen (gem. Kommunalwahlrecht). Die Bezeichnungen variieren: z. B. Abgeordnetenhaus (Berlin), Bürgerschaft (Hamburg), Gemeinderat (Bayern und Baden-Württemberg) oder Rat der Stadt (Nordrhein-Westfalen und Niedersachsen). Seine Aufgaben sind die Überwachung des/der Bürgermeisters_in, der Verwaltung und die Ausführung seiner Beschlüsse. Die Beschlüsse, die grundsätzlicher Art sind, werden in Sitzungen entschieden. In den jeweiligen Gemeindeordnungen bzw. durch die Kommunalverfassung, wird die Größe der Ausschüsse geregelt, sie variiert nach Einwohnerzahl stark (8–80 Mitglieder). Sie setzen sich aus ehrenamtlichen bzw. berufsmäßigen Mitgliedern (abhängig von der Einwohnerzahl) zusammen. Um Beschlüsse vorzubereiten kann der Rat vorbeschließende Ausschüsse zum Zweck wesentlicher politischer oder fachlicher Diskussionen einsetzen. Der Rat kann auch beschließende Ausschüsse einsetzen, denen aber bestimmte Angelegenheiten, insbesondere die, die der Kommunalaufsicht unterliegen, nicht übertragen werden dürfen (Satzungen, Verordnungen, Haushaltssatzung, Finanzplan). Welche Ausschüsse der Rat einsetzt ist frei, die Gemeindeordnungen sehen aber bestimmte Pflichtausschüsse wie den Finanzausschuss, vor. Andere Ausschüsse wie der Jugendhilfeausschuss sind bundesgesetzlich geregelt (kommunales Verfassungsorgan), die Zweigliedrigkeit seiner Besetzung fest geschrieben (SGB VIII) (vgl. Gack/Rudel 2007).

Wie kommunale Entscheidungen i. d. R. ablaufen und in welcher Reihenfolge die kommunalen Organe dabei involviert sind, lässt sich wie folgt verdeutlichen:

Abbildung 3.1 Entscheidungsablauf in Kommunen (© Seewald 2006, S. 66)

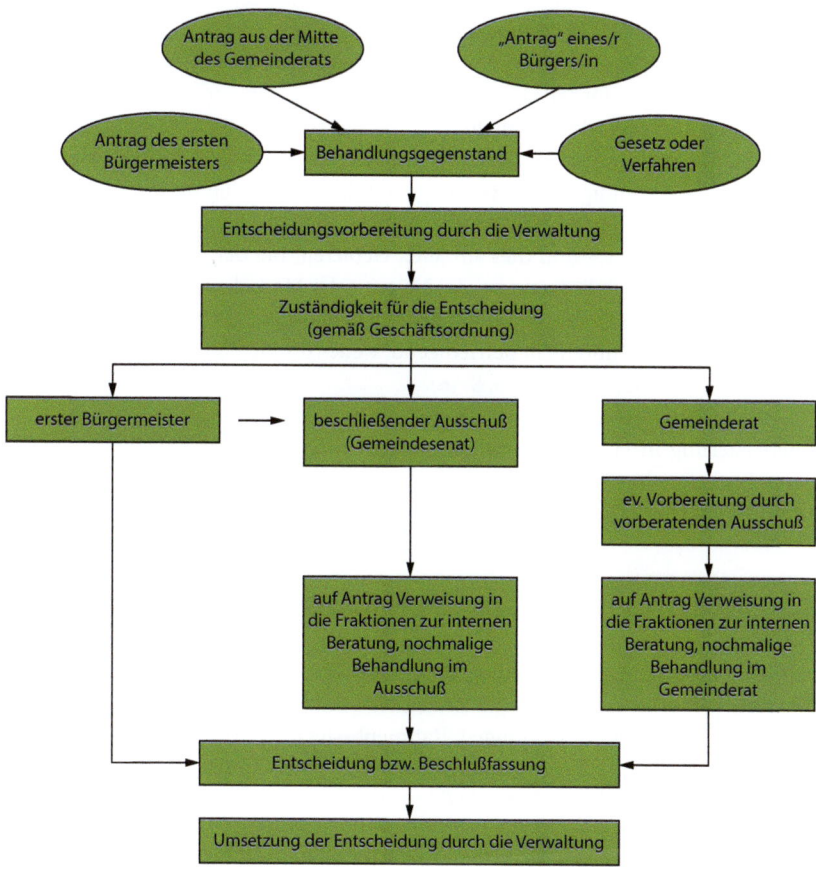

3.1 Bürokratiemodell: Verantwortungsdurchmischung

Der herkömmliche Verantwortungsmix zwischen Politik und Verwaltung führt zu einem Teufelskreis von Über- und Untersteuerung: Die Politik beschäftigt sich mit Einzelproblemen bestimmter Politikfelder, die Interessen variieren dabei je nach politischer Couleur. Mitunter werden beratende Ausschüsse gebildet (s. o.). Infolge wird die Verwaltung mit Detailnachfragen überhäuft (Übersteuerung bestimmter Politikbereiche). Eine gesamtstädtische, geschweige denn strategisch ausgerichtete Steuerung, verliert sich aus dem Blick (gesamtstädtische Untersteuerung). Die

Verwaltung muss ferner die Vorlagen dafür liefern, auf deren Grundlagen die Politik dann entscheidet. Dabei entsteht leicht ein Misstrauen der Kommunalpolitiker_innen gegenüber den Verwaltungsmitarbeitenden, inwiefern diese ihren Wissensvorsprung nutzen, und bestimmte Informationen gezielt weitergeben bzw. vorenthalten. Dies befördert die Praxis, Vertrauensleute in der Verwaltung zu platzieren, um die Kontrolle zu behalten (Ämterpatronage). Ein Oberbürgermeister verdeutlicht: „Im Moment ist die Politik für alles zuständig und die Verwaltung ist auch für alles zuständig. Die Verwaltung soll die Politik klug machen, möglichst noch klüger als die Verwaltung selber ist, damit die Politik der Verwaltung sagen kann, wo es langgeht – und dies auf allen Gebieten. Bei der außergewöhnlichen Kompliziertheit der Politik und bei der Neigung des Menschen, sich in Details festzubeißen und das Grundsätzliche fahren zu lassen, ist die gegenwärtige Praxis auf Dauer nicht effektiv und nicht befriedigend, weder für die Politik noch für die Verwaltung" (KGST-Bericht 10/1996, S. 16).

Der Verantwortungsmix zwischen Politik und Verwaltung führt demnach zu Übersteuerung in einigen Bereichen und gleichzeitig zu Untersteuerung in anderen kommunalen Feldern. Durch die Überlappung der Zuständigkeiten ergibt sich die Gefahr der Unverantwortlichkeit.

3.2 NSM: Das Was-Wie-Modell/Kontraktmanagement

Das NSM beabsichtigt die Verantwortungssphären von Politik und Verwaltung zu trennen. Während der Politik die strategische Steuerung obliegt (politische Programme, Grundsatzentscheidungen, Rahmenbedingungen) führt die Verwaltung die Aufgabenerledigung eigenständig aus.

Die Einteilung sieht konkret wie folgt aus:

- Die Politik:
  - „entwickelt kommunale Ziele und sagt, was davon von der Kommune selbst geleistet werden soll
  - Vereinbart Leistungs- und Finanzziele in unterschiedlicher Tiefenschärfe
  - Überträgt Budgets und gibt der Verwaltung Leistungsaufträge
  - Kontrolliert und passt ggf. die Leistungsaufträge an"
- Die Verwaltung:
  - „unterstützt die Politik bei ihren Aufgaben und bereitet die Beschlußfassung im Rat vor
  - Erfüllt die Leistungsaufträge
  - Informiert die Politik über den Vollzug und ggf. Abweichungen" (KGSt-Bericht 10/1996, S. 17)

Die Verbindung zwischen Politik und Verwaltung sind Kontrakte als politische Vorgaben in einem produktorientierten Haushaltsplan. Im Gegenzug wird seitens des Verwaltungshandelns Transparenz über den Grad der Zielerreichung mittels Controlling und Berichtwesen hergestellt. Wesentlich ist hierbei die Generierung aussagefähiger Kennzahlen und Indikatoren der Zielerreichung, im Gegensatz zu Generierung von „Zahlenfriedhöfen" (vgl. integrativer Produkthaushalt Kap. 2.3).

Die Verantwortungsteilung zwischen Politik und Verwaltung wird durch Leistungsvereinbarungen (Kontrakte[1]) in Form von Leistungs- und Finanzzielen (Budget) festgelegt. Wie die Verwaltung diese erreicht, obliegt ihrer Verantwortung. Die Kontrolle der Politik erfolgt durch die jeweiligen Fachausschüsse, denen die entsprechenden Verwaltungseinheiten berichten.

Ein Kontrakt erhält die folgenden Elemente:

- „Titel/Bezeichnung des Kontraktes
- Partner des Kontraktes
- Gegenstand des Kontraktes
- Produkte/Leistungen:
  - Meßgrößen
  - Finanzziele
- Leistungsziele (Effektivität, Wirtschaftlichkeit, Mitarbeiterzufriedenheit,
- Bürgerorientierung)
- Nebenziele
- Rahmenbedingungen
- Vereinbarung über Berichtswesen:
  - Berichtsinhalte
  - Berichtswege
  - Berichtsfrequenzen (KGSt-Bericht 10/1996, S. 23)

Die Umsetzung des Kontraktmanagements zwischen Politik und Verwaltung verlief jedoch schleppend. Die Bestandsaufnahme zur Verwaltungsmodernisierung des difu und DST (vgl. Kapitel 1.2) verdeutlicht: 47 % der Befragten stimmten der Aussage zu „Eingriffe der Rates in das Tagesgeschäft der Verwaltung" haben sich reduziert. 41 % der Befragten vertraten die Auffassung, dass „der Rat sich jetzt auf strategische Aufgaben konzentriert".

Den Studien zufolge haben nur ein Drittel der Kommunen auf die „Was-Wie-Steuerung" als neue Aufgabenteilung zwischen Politik und Verwaltung umgestellt,

---

1 „Kontrakte werden durch Rats-/Kreistags-Beschlüsse, ggf. auch durch Ausschußbeschlüsse konkretisiert. Diese Kontrakte haben den Rechtscharakter, den das Kommunalverfassungsrecht ihnen gibt" (KGSt-Bericht 10/1996, S. 20).

der Rest befindet sich im Aufbau bzw. in der Planung. *Der Hauptgrund der zögerlichen Umsetzung liegt darin, dass sich die Managementrationalität der Steuerung der freien Wirtschaft nicht auf die politische Steuerungsrationalität übertragen lässt:* Diese richtet sich auf den 5-Jahresrhythmus der Wiederwahl aus, der eher kurzfristig, als langfristig strategisch ausgerichtet ist. Zudem steht einem Einvernehmen in der Zielsetzung die parteipolitische Konkurrenz, insbesondere vor den Wahljahren, entgegen.

Innerhalb des Kontraktmanagements zeigt sich ein zwiespältiges Bild. Es steht zu befürchten, dass es sich um eine eher inputorientierte Umsetzung im Sinne einer Reformbürokratie handelt: Das kennzahlengestützte Berichtwesen ist nahezu flächendeckend umgesetzt, für die Mehrzahl der Kommunen haben sich die Kontrakte bewährt, die Hälfte der Kommunen arbeitet mit Ziel- und Servicevereinbarungen. Bei weniger als der Hälfte der Kommunen werden die Kontrakte allerdings überwacht, die Mehrzahl der Budgets ist nicht mit Ziel- und Leistungsvorgaben verknüpft (Stand der Studien: 2005[2], vgl. KGSt-Bericht 2/2007). Zudem ist die Was-Wie-Steuerung nicht trennscharf: „die Verwaltung bereitet die Beschlüsse des Rates vor und ist damit auch strategisch tätig, der Rat überwacht die Umsetzung von politischen Beschlüssen durch die Verwaltung und agiert dabei auch operativ, insbesondere wenn die Verantwortlichkeiten der Zielerreichung uneindeutig sind" (KGSt-Bericht 5/2013, S. 26). Umsetzungsprobleme des Kontraktmanagements ergeben sich zudem, wenn die politischen Ausschüsse und Organisationseinheiten der Verwaltung nicht komplementär strukturiert sind bzw. die Verwaltungseinheiten nicht mit der zur Zielerreichung notwendigen Ressourcen und Kompetenzen ausgestattet sind (vgl. KGSt-Bericht 6/2015).

Beispiel für Kontraktmanagement Leistungsvereinbarungen: Das Kontraktmanagement hat sich über die Binnensteuerung zwischen Politik und Verwaltung auf die gesamte Steuerung sozialer Dienste durch die Kommunalverwaltung ausgedehnt (SGB II, VII, XII). Leistungsvereinbarungen als Kontrakte zwischen den öffentlichen Auftraggebern und frei-gemeinnützigen sowie gewerblichen Trägern als Leistungserbringer sind seit 1999 fester Bestandteil der sozialwirtschaftlichen Dreiecksverhältnisse (vgl. Kolhoff 2017). Ziel ist eine effizientere und effektivere Leistungserbringung. Beobachtungen und Studien belegen jedoch die Problematik des Kontraktmanagements durch Leistungsvereinbarungen (vgl. Dahme 2012, S. 82 f.):

---

2   Die Evaluation des NSM wurde insbesondere zehn Jahre nach seiner Einführung gefördert. Die Weiterentwicklungen des KSM weisen darauf hin, dass die aufgezeigten Defizite behoben werden sollen. Evaluationen im Sinne von Längsschnittstudien stehen indes aus.

- Transformation des Subsidiaritätsprinzips: die partnerschaftliche Zusammenarbeit zwischen Kostenträgern und Leistungserbringern (§ 17 SGB I) wird durch die Einführung eines Quasi-Wettbewerbs im Sozialbereich unterminiert und folglich durch Auftraggeber-Auftragnehmer-Beziehungen ersetzt. Damit reduziert sich der Einfluss der frei-gemeinnützigen Träger in kommunalpolitischen Entscheidungsgremien.
- Verändertes Selbstverständnis frei-gemeinnütziger Träger: Durch Leistungsvereinbarungen konzentrieren sich die Träger zunehmend auf die in den Kontrakten vereinbarten Ziele. Damit rücken traditionelle Aufgaben der freien Wohlfahrtspflege (anwaltschaftliche und mitgliedschaftliche Funktionen, Werteorientierung [...] in den Hintergrund.
- Fokus Produktorientierung und Outputsteuerung: Das Kontraktmanagement soll nach dem Leitbild des NSM auch im Sozialsektor dem Paradigmenwechsel von der Input- zur Outputsteuerung folgen. Dies gelingt vor allem fiskalisch (Kosteneinsparungen, Fokus auf die Quantität der Leistungen). Der Qualitätsaspekt der Wirkungssteuerung wird indes vernachlässigt.
- Verschlechterte Beschäftigungsverhältnisse im Sozialbereich: atypische und prekäre Beschäftigungsverhältnisse nehmen zu, da Personal der Hauptkostenfaktor bei der Dienstleistungserbringung im Sozialbereich bedeutet. Das Einkommen der Fachkräfte ist rückläufig, differenziert sich zunehmend nach Anstellungsträger_in und Handlungsfeld. Auslagerungen (Outsourcings) in Verbindung mit Lohneinbußen nehmen zu (vgl. ebd., S. 83f.). Zudem geht mit der Reduzierung des Personals aus Kostengesichtspunkten eine Deprofessionalisierung einher (vgl. Seithe 2010).

Zusammenfassend ergibt sich folgendes Bild: *„Der durch das Kontraktmanagement eingeführte Wettbewerb [...] hat die Soziale Arbeit nicht nur in den Sozialverwaltungen, sondern mehr noch bei den externen Leistungserbringern verändert. Will man die Professionalität Sozialer Arbeit in Folge der Verwaltungsmodernisierung neu bestimmen, lässt sich dies nicht mehr ohne Rekurs auf die durch die Verwaltungsmodernisierung geschaffenen Finanzierungs- und Leistungsstrukturen sowie die im Rahmen des Kontraktmanagements eingeführten Steuerungsinstrumente leisten"* (Dahme 2012, S. 84).

3.3 KSM: AKV-Prinzip

Das KSM setzt auf eine gemeinsame Verantwortung von Kommunalpolitik und Verwaltung, das Was-Wie-Modell wird wegen der fehlenden Abgrenzbarkeit als falsch erachtet (KGSt-Bericht 5/2013, S. 26). *Als Gesamtmodell wird eine weit-*

gehende Deckung von Aufgabe, Kompetenz und Verantwortung (AKV-Prinzip) angestrebt. Dabei werden die Verantwortungssphären von Rat, HVB (Hauptverwaltungsbeamte: sind kommunale Wahlbeamte also (Ober-)Bürgermeister_innen, Landrät_innen, etc.) und Verwaltung beschrieben:

Abbildung 3.2 Ziele als Bindeglied zwischen Rat und Verwaltung (© KGSt-Bericht 5/2013, S. 27)

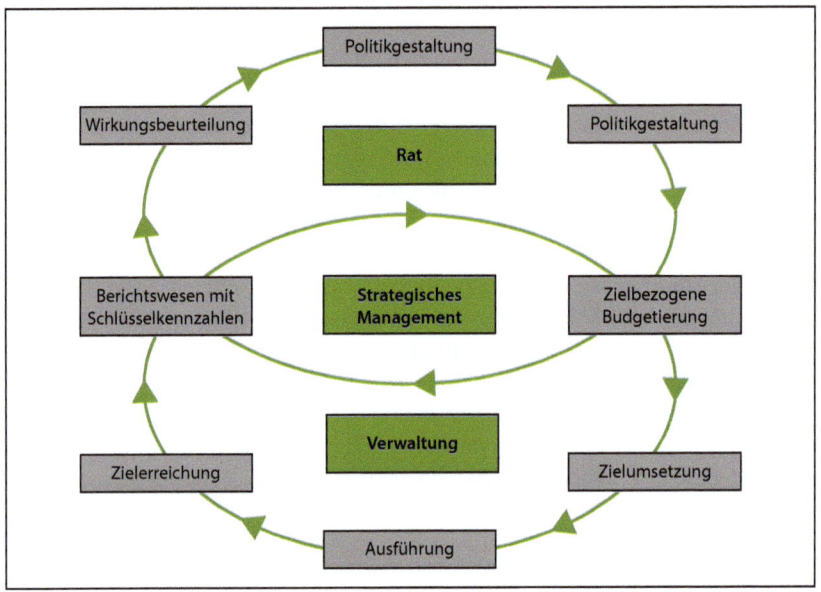

Ein besseres Gelingen gemeinschaftlicher der Gemeinschaftsaufgaben verspricht man sich durch den Einsatz verschiedener Instrumente:

Zur Verfolgung der Gesamtstrategie wird in einem partizipativen Prozess mit den kommunalen Stakeholdern eine Vision erarbeitet. Dabei werden politischen Programmen (z. B. demografischer Wandel) Richtungsziele zugeordnet (z. B. Familienfreundlichkeit). Ebenfalls soll in einem dialogorientierten Prozess das Leitbild entwickelt werden. Die Einbindung der Verwaltung soll durch Verantwortungsklärung für die Zielerreichung und Ausstattung der Organisationseinheiten mit Ressourcen und Kompetenzen gelingen. Die Gesamtstrategie umfasst:

- Zukunftsorientierung: systematische Berücksichtigung zukünftiger Entwicklungen für den langfristigen Erfolg.
- Handlungsorientierung: übergeordnete Ziele und Maßnahmen werden mit der täglichen Arbeit verbunden.
- Umfeldorientierung: Ermittlung des strategischen Potenzials im Verhältnis eigenen Stärken/Schwächen und denen externer Stakeholder.
- Wirkungsorientierung: kurz-, mittel- und langfristige angestrebte Wirkungen benennen und operationalisieren (KGSt-Bericht 5/2013, Kap. 4.6.1, für eine detaillierte Darstellung siehe: KGSt-Bericht Nr. 6/2015: Wege zur kommunalen Gesamtstrategie, sieben Schritte strategischer Steuerung).

Regelmäßiger Entwicklungsprozess der Gesamtstrategie unter Einbeziehung kommunaler Stakeholder:

- Ausgangspunkt: Bestandsaufnahme als SWOT (interne Stärken und Schwächen, externe Chancen und Risiken)
- Strategiekonferenz: Führungskräfte der Kommune entwickeln erste Strategieempfehlungen.
- Strategiekonferenz mit der Stadtgesellschaft: Verwaltungsvorstand und Ratsvertreter diskutieren die Strategieempfehlungen mit den kommunalen Stakeholdern. Die Verwaltung dokumentiert die Ergebnisse.
- Strategiekonferenz des Rates: Der Rat gleicht die Ergebnisse mit dem politischen Programmen ab, nimmt ggf. Anpassungen vor und formuliert einen Beschlussvorschlag, der in der Ratssitzung diskutiert und beschlossen wird.
- Operative Umsetzung in der Verwaltung: Der Verwaltungsvorstand vereinbart Ziele mit den Fachbereichsleitungen und plant Maßnahmen.
- Evaluation und Anpassung: nach „einem fest gelegten Zeitraum" werden Maßnahmen und Zielerreichung hinsichtlich der Gesamtstrategie überprüft (KGSt-Bericht 5/2013, Kap. 4.5.1).

Aufgabenzuschnitte:

- Rat: Der Rat ist allzuständig, diskutiert was politisch relevant ist, unabhängig davon, ob es sich um strategische oder operative Themen handelt. Dennoch gibt er politische Programme und Ziele vor, die die wesentliche Stellschraube zur Verwaltung bedeuten. Dies sind ein integrierter Produkthaushalt, zielbezogene Budgetierung und Berichtswesen mit Schlüsselkennzahlen (KGSt-Bericht 5/2013, Kap. 4.3.2.2).

- HVB: entscheidet über die Art des Steuerungsmodells, welches in der Verwaltung Umsetzung findet. Dieses unterliegt verschiedenen formalen und informellen sowie internen und externen Parametern: Modernisierungsstand und Ausmaß der Dezentralisierung, Personalentwicklung und Führungskultur, Organisationskultur, Beteiligungsmanagement, Einbindung kommunaler Stakeholder, Auswahl von Leitbildern und dem Ausmaß wirkungsorientierter Steuerung (KGSt-Bericht 5/2013, Kap. 4.3.2.2).
- Verwaltung: Das kommunale Personal setzt sich mit sehr unterschiedlichen fachlichen Hintergründen in den verschiedenen Fachbereichen zusammen. Ein Abgleich soll mittels E-Government, interkommunaler Zusammenarbeit sowie Prozessmanagement gelingen. Sie zeichnet damit eine „Managementrationalität" aus. Das Nebeneinander mit der „politischen Rationalität" sollte akzeptiert werden. Aber es sind „Wege einer effektiven Interaktion zu entwickeln" (KGSt-Bericht 5/2013, S. 29). Dazu dienen die Prozesse der Gesamtstrategie und strategischen Planung (s. o.) (KGSt-Bericht 5/2013, Kap. 4.3.3).

Für die Entwicklung von Leitbildern oder strategischer, längerfristiger Planungen lassen sich die folgenden Beteiligungsinstrumente nutzen:

Abbildung 3.3 Methodenraster zur Bürgerbeteiligung bei strategischer Entwicklung (in Anlehnung an © Landesregierung Vorarlberg S. 20).

Geeignete Beteiligungsmethode	Rahmenbedingungen der Beteiligung	Form der Beteiligung an strategischer Entwicklung
Arbeitsgruppe	für bis zu 15 Personen Dauer: 1–2 Tage, 1 Wochenende bis längerfristig	um strukturiert und meist in mehreren Treffen, um Ergebnisse zu erarbeiten, für besonders engagierte Bürger_innen
Bürger_innen-Rat	für bis zu 15 Personen Dauer: 1–2 Tage, 1 Wochenende bis längerfristig	um Schwerpunkte, Visionen, um Entwicklungsrichtungen zu definieren
Dynamic facilitation Workshop	für bis zu 15 Personen Dauer: ½ Tag, 1 Abend, 1–2 Tage, 1 Wochenende	um Ziele und Themen zu klären
Runder Tisch	bis zu 15 Personen in manchen Fällen: für bis zu 30 Personen Dauer: 1–2 Tage, 1 Wochenende, 1–2 Tage, 1 Wochenende bis längerfristig	um bei konfliktträchtigen Themen mit den Betroffenen gemeinsam getragene Lösungen zu erarbeiten

Näheres zu den einzelnen Beteiligungsmethoden bei der Leitbild- und Strategieentwicklung: siehe Anlage 1.

3.4 Public Governance: strukturelle und informelle Verbesserungen

Im Sinne von Public Governance richtet sich die Blickrichtung auch auf die informelle Ebene, um ein gutes Agieren zwischen Politik, Verwaltung und kommunalen Stakeholdern zu gewährleisten. „Öffentliche Verwaltungen sind [...] nicht nur durch formale Regeln strukturiert und gesteuert, sondern auch – und vielleicht in einigen Bereichen viel stärker – durch bestimmte kulturelle Mechanismen und Traditionen, und nicht zuletzt durch das, was allgemein für wahr und richtig gehalten wird" (Bogumil/Jann 2009, S. 53). Der Modernisierungsprozess muss auch innerhalb der Politik ankommen. Hiermit hat sich die Bertelsmann-Stiftung in dem Projekt POLIS (Politische Steuerung), gemeinsam mit kommunalpolitischen Vereinigungen von CDU, SPD und Bündnis 90/DIE GRÜNEN beschäftigt. Es geht darum, wie Verwaltung, Politik, Bürgerschaft und Wirtschaft gemeinsam die kommunale Zukunft gestalten können (vgl. Bertelsmann-Stiftung 2008). *Unter dem Motto „Ratsarbeit besser machen" wurden die Themenfelder „Verbesserung der Strukturen" und „Personalentwicklung in der Politik" erarbeitet:*

- Verbesserung der Strukturen:
  - Um eine höhere Transparenz der Zuständigkeiten und eine stärkere Durchgängigkeit zu erlangen, wird das Grundprinzip eingefordert: Ein Fachbereich, ein Fachausschuss, ein Budget, also eine klare Parallelität des Aufbaus von Verwaltung und Politik.
  - Ferner wird eine inhaltliche Zusammenlegung von Ausschüssen vorgeschlagen, um Synergieeffekte und Einsparungen zu erzielen. Schließlich sind gerade soziale Problemlagen i. d. R. multikomplex.

Dies wird an einem Beispiel der Zuständigkeitsüberschneidungen von Schul- und Jugendhilfeausschuss deutlich: „Kinder und Jugendliche werden durch verschiedene Brillen betrachtet: Morgens erscheinen sie als Bildungsempfänger, nachmittags als Problemfälle. Die Probleme sind jedoch nicht zu trennen. Jugendliche, die zu Hause oder auf der Straße Schwierigkeiten haben, bringen sie in die Schule mit – und umgekehrt. Eine künstliche Trennung dieser Einheit schafft nur mehr Arbeit und blockiert effiziente Lösungen" (Bertelsmann-Stiftung 2008, S. 10).

- Ratsinformationssysteme (RIS) unterstützen technologieorientiert einen verbesserten Informationsfluss und reduzieren Suchzeiten. RIS enthalten verschiedene Zugangsberechtigungen bzw. Vertrauensstufen.
- Gestaltung der Ratsunterlagen: inklusive Handlungsoptionen mit jeweiligen Vor- und Nachteilen (Beitrag zur Strategieumsetzung, vergleichbare Angebote am Markt, Bearbeitungsstand, Wirkung…).
- Qualifikation der Kommunalpolitiker_innen:
  - Um die Bereitschaft zur Qualifikation innerhalb der Fraktionen zu schaffen, bietet sich eine SWOT-Analyse als Bestandsaufnahme zukünftiger fachpolitischer und organisatorischer Aufgaben an. Hierbei sollten neben externen Fachleuten auch erfahrene Vertreter_innen anderer Fraktionen teilnehmen (vgl. Bertelsmann-Stiftung 2008, S. 12).
  - Qualifizierungspartnerschaft Politik und Verwaltung: gemeinsame Qualifikationen fördern gegenseitiges Verständnis. Die Personalentwicklung kann sich ebenso auf Grundlagenkurse zum Rechnungswesen oder den Einsatz neuer Medien in der Kommunalverwaltung, beziehen.
- Transparenzerhöhung:
  - Durchmischung von Entscheidungsgremien: gemeinsame Konferenzen von Verwaltungsvorstand und den Fraktionsvorsitzenden, um durch offenen Informationsaustausch gemeinsame Strategien abzustimmen und die Umsetzung kommunalpolitischer Anliegen gegenüber Landes- und Bundespolitik durchzusetzen. In temporären Arbeitskreisen sollten ferner Politiker_innen, Verwaltungsmitarbeitende und kommunale Stakeholder an aktuellen fachlichen Themen projektorientiert zusammen arbeiten (vgl. Pröhl/Osner 2004).
  - Informelle und formale Veränderungen von Ratssitzungen: Verbesserungen beziehen sich ebenso auf den politikinternen Umgang miteinander u. a. durch vertrauensbildende Spielregeln. In Bezug auf die Gestaltung der Ratssitzungen geht es um die frühzeitige Versendung von Tagesordnungen/Sitzungsunterlagen, zeitliche Reduzierungen durch Redezeitbegrenzung (Vermeidung von „Fensterreden") und dadurch, dass Inhalte schriftlicher Unterlagen nicht mehr mündlich vorgetragen werden. Ferner dem Einsatz moderne Formen der Visualisierung, zeitnahe Anfertigung von Sitzungsprotokollen, frühzeitige Terminplanung und -einhaltung, um die Sitzungen zu straffen und positiv auf die Sitzungsdisziplin einzuwirken. Eine verbesserte Gestaltung der Ratsvorlagen mit Reduzierung auf relevante Informationen, Übersichtlichkeit sowie Hinweisen auf Auswirkungen und Alternativen in Bezug auf den Beschlussvorschlag, helfen die Transparenz zu erhöhen (vgl. Pröhl/Osner 2004).

- Offenes Rathaus: Unter diesem Stichwort verstehen immer mehr Kommunen eine frühzeitige Einbeziehung der Stakeholder in die kommunalpolitische Willensbildung und Entscheidungsfindung. Schon zu den eher klassischen Elementen gehören Bürgermeistersprechstunden (Anregungen, Beschwerden, Anliegen etc.), Presse-Infos über alle Bürgeranhörungen (Termine und Planungshintergründe), verständliche Sprache und anschauliche Präsentationen bei Bürgeranhörungen, Veröffentlichungen, Protokollen etc. sowie die Veröffentlichung der Protokolle von Ratssitzungen inklusive Anregungen und Bedenken. Mit IT-Unterstützung erfolgt die Weiterentwicklung im Sinne des E-Governments durch Informationssysteme im Internet, eigene Foren für Jugendliche, Senior_innen oder Behinderte sowie der Einsatz von Apps für Smartphones und Tablets. Ein weiteres Beispiel ist das Ratsfernsehen bei dem die Ratssitzungen im Internet mitverfolgt werden können.

Literaturempfehlungen

Der Unterschied zwischen der Verantwortungsdurchmischung von Politik und Verwaltung (Bürokratiemodell) und der Verantwortungsteilung im „Was-Wie-Modell" (NSM) wird in KGSt-Bericht 10/1996 dargelegt. Das AKV-Prinzip (KSM) wird im KGSt-Bericht 5/2013 näher erläutert. Für Public Governance empfehlen sich die Publikationen aus dem Projekt „Kommunen der Zukunft" von der Bertelsmann-Stiftung (https://www.bertelsmann-stiftung.de/de/unsere-projekte/kommunen-der-zukunft/)

Weitere Informationen

Datenbank der KGSt (den Zugang haben nahezu alle Kommunalverwaltungen in Deutschland. Auch einige Hochschulen und Universitäten sind korrespondierende Mitglieder, siehe: www.kgst.de).

3.5 Literatur Kapitel 3

Bertelsmann Stiftung (Hrsg.) (2008). *Kommunen schaffen Zukunft. Reformimpulse für Entscheider*. Gütersloh: TopPublishing, Digitaler Publikationsservice GmbH, Verlag Bertelsmann-Stiftung.

Bogumil, Jörg, & Jann, Werner (2009). *Verwaltung und Verwaltungswissenschaft in Deutschland. Einführung in die Verwaltungswissenschaft*. Wiesbaden: VS Verl. für Sozialwissenschaften.

Dahme, Heinz-Jürgen (2012). Verwaltungsmodernisierung im Zeichen der KGSt. Voraussetzungen und Konsequenzen der neuen Steuerung in den kommunalen Sozialverwaltungen. In: Julia Hagn, Peter Hammerschmidt & Juliane Sagebiel (Hrsg.), *Modernisierung der kommunalen Sozialverwaltung: soziale Arbeit unter Reformdruck?* (S. 73–90). Neu-Ulm: AG-SPAK-Bücher.

Gack, Peter, & Rudel, Gerd (2007). *Kommunale Politik gestalten. Eine Einführung in die rechtlichen Rahmenbedingungen und politischen Handlungsmöglichkeiten.* Bamberg und München: Petra-Kelly-Stiftung Bayrisches Bildungswerk für Demokratie und Ökologie.

KGSt-Bericht 10/1996. *Das Verhältnis von Politik und Verwaltung im Neuen Steuerungsmodell.* Köln.

KGSt-Bericht 2/2007. *Das Neue Steuerungsmodell: Bilanz einer Umsetzung.* Köln.

KGSt-Bericht 5/2013. *Das Kommunale Steuerungsmodell (KSM).* Köln.

KGSt-Bericht 6/2015. *Wege zur kommunalen Gesamtstrategie – Sieben Schritte strategischer Steuerung.* Köln.

Kolhoff, Ludger (2017). *Finanzierung der Sozialwirtschaft – Eine Einführung.* 2. vollständig überarbeitete Auflage. Wiesbaden: Springer VS.

Pröhl, Marga, & Osner, Andreas (2004). *Ratsarbeit besser machen.* Gütersloh: Verl. Bertelsmann-Stiftung.

Seewald, Ottfried (2006), *Kommunalrecht,* Universität Passau. Online verfügbar unter http://www.Jura.uni-passau.de.

Organisationsstruktur 4

Zusammenfassung/Lernziele

Die Struktur der Kommunalverwaltung lässt nach dem Grad der Spezialisierung und Differenzierung unterscheiden. Das Bürokratiemodell zeichnet sich durch eine kleinteilige organisationale Differenzierung sowie Spezialisierung aus. Beim NSM sind die dezentrale Verantwortung als integrierte Fach- und Ressourcenverantwortung verbunden mit dem neuen Aufgabenzuschnitt zentraler Dienste sowie der Neuaufteilung in Front- und Back-Office konstitutiv. Das KSM behält die Unterteilung strategische und operative Steuerungsstruktur bei, findet jedoch Verbindungen und Schnittstellen zwischen Politik und Verwaltung. Das KSM unterscheidet dabei zwei Optionen: Das Vorstandsmodell (keine Unterstellung der Fachbereichsmanager unter Beigeordneten) und das Ressortmodell. Public Governance strukturiert die Kommunalverwaltung als Netzwerkorganisation um Funktions- und Hierarchiebarrieren zu überwinden.

Keywords

Aufbauorganisation, Back-Office, Dezentralisierung, Front-Office, Netzwerkorganisation, Ressortmodell, Sozialbürgerhäuser (SBH), Vorstandsmodell

Die Ablauforganisation wurde bereits in Kapitel 1.1 erläutert.

Zur Erläuterung der Aufbauorganisation verweise ich auf folgende Publikationen:

- Im Allgemeinen: Einführung in die Organisation, Modelle – Verfahren – Techniken (Schmidt 2002).
- Im Besonderen: Aufbauorganisation (Paulic 2014, S. 115–153).

Der Aufbau der Kommunalverwaltung lässt sich nach dem Grad ihrer Spezialisierung und Differenzierung bestimmen. Beide können sich wiederum organisationsintern (intra-organisatorisch) oder zwischen Organisationen (inter-organisatorisch) ausbilden. In der Weiterentwicklung ist an die Anbindung an das organisatorische Umfeld mit seinen Stakeholdern zu denken (extra-organisatorisch). Des Weiteren lässt sich zwischen horizontalen und vertikalen Differenzierungen unterscheiden:

Abbildung 4.1 Formen der Spezialisierung und Differenzierung (erweiterte Darstellung in Anlehnung an: © Bogumil/Jann 2009, S. 139)

	Intra-organisatorisch	Inter-organisatorisch	Extra-organisatorisch
Horizontal	mehr Abteilungen mehr Referate mehr Sachgebiete	mehr Ressorts mehr Ministerien mehr Dezernate	mehr organisierte Stakeholder mehr zivilgesellschaftliche Akteure
Vertikal	mehr Hierarchieebenen	mehr Dezentralisierung mehr nachgeordnete Behörden (Dekonzentration) mehr Auslagerungen, Outsourcing	mehr Netzwerkknoten mehr Koordinationsebenen

Zur Analyse der horizontalen Differenzierung wird nach verschiedenen Organisationsprinzipien differenziert:

- Nach Objekt *(divisional):* Personen, die an derselben Aufgabe arbeiten, werden als Einheit zusammengefasst (z. B. Jugendschutz).
- nach Verrichtung *(funktional):* Personen einer Berufsgruppe bzw. alle, die mit denselben Kenntnissen und Techniken arbeiten (z. B. Sozialforschung, Haushalt, Bibliothek etc.).
- Adressaten *(klientelistisch):* alle die mit denselben Personen- oder Sachgruppen arbeiten (z. B. Frauenministerium, Sozialamt).
- Nach Bezirk *(regional):* alle in einem abgegrenzten Bezirk bzw. Sozialraum (z. B. Bezirksamt, Sozialraumbüro, Quartiersmanagement). (vgl. Gullick/Urwick 1937 zitiert in: Bogumil/Jann 2009, S. 139).

Die kleinste organisatorische Einheit ist die Stelle. In ihr werden „Teilaufgaben so gebündelt, dass sie dem Umfang der durchschnittlichen Arbeitsleistung einer gedachten Person als Aufgabenträger entsprechen" (Paulic 2014, S. 122). Kennzeichen sind v. a. der Dienstweg, Aktenmäßigkeit und Regelgebundenheit die durch Geschäftsordnungen in Kommunalverwaltungen geregelt werden. Dazu muss geklärt werden, welche Kompetenzen (Befugnisse und Rechte) dem/ der Stelleninhabenden übertragen werden sollen und welcher Handlungsspielraum ihr/ihm damit eingeräumt wird. Die Kompetenzen unterteilen sich in:

- *Ausführungskompetenz:* befugt zur Bearbeitung übertragener Teilaufgaben. Ggf. können Spielräume in Bezug auf Reihenfolge oder Bearbeitungsdauer definiert werden.
- *Verfügungskompetenz:* Befugnis zur Beschaffung bestimmter Sach- und Finanzmittel für die eigene Arbeit. Synonym gilt dies für Informationen (Informationsrecht).
- *Entscheidungskompetenz:* Berechtigung eigenständig zwischen Entscheidungsalternativen abzuwägen und Entscheidungen in Bezug auf den eigenen Aufgabenbereich zu treffen (z. B. Unterschriftsbefugnis).
- *Weisungskompetenz:* Recht anderen Stelleninhabenden gegenüber Entscheidungskompetenzen sowie Aufgabendurchführungen anzuordnen. Dies soll der Orientierung dienen und Überschneidungen vermeiden. Eine Differenzierung in fachliche Weisungsbefugnisse (verbindliche Vorgaben zu den Aufgaben) und disziplinarischen Weisungsbefugnisse (formale Aspekte wie Genehmigung von Urlaubsanträgen, Festlegung von Leistungsprämien, Personalauswahl oder Versetzung) kann sinnvoll sein.
- *Vertretungskompetenz:* die Vertretung der Verwaltung gegenüber Dritten, wie die Befugnis verbindliche Rechtsgeschäfte abzuschließen. Sie muss ggf. auch bekannt gemacht werden (Prokura) (vgl. Paulic 2014, S. 123 f.).

Ein Vordruck für eine Stellenbeschreibung der KGSt ist unter der Kennung 20100127A0017 im KGSt®-Portal abzurufen.
Die KGSt hat auch Leitfäden zur Erstellung von Stellenbeschreibungen erstellt:

- Leitfaden für Führungskräfte: Kennung 20160816A0014
- Leitfaden für Mitarbeiter: Kennung 20160816A0025

4.1 Bürokratiemodell: kleinteilige Stab-Linien-Organisation

Im Bürokratiemodell herrscht ein hoher Grad an Spezialisierung und Differenzierung mit einer Vielzahl horizontaler und vertikaler Ausdifferenzierungen mit hoher Arbeitsteilung. Dies zeigt sich u. a. in Organigrammen mit kleinteiligen Stab-Linien-Strukturen mit vielen Hierarchieebenen (Aufbauorganisation) und einem hohen Detaillierungsgrad mit genau definierten Verfahrensweisen und Standardisierungen (Ablauforganisation). Aufbau- und Ablauforganisation wirken zusammen und weisen verschiedene Vor- und Nachteile der bürokratischen Organisation auf:

Abbildung 4.2 Vor- und Nachteile der bürokratischen Organisation (eigene Darstellung in Anlehnung an: © KGST-Handbuch Organisationsmanagement 1999, S. 1–10 bis 1.11)

Vorteile	Nachteile
Hierarchieprinzip	
Stabilität durch Verhinderung von Willkür Keine Entscheidungen nach „Nasenfaktor"	Verantwortungsscheu des Einzelnen Potenziale der Mitarbeitenden werden nicht genutzt Entscheidungsstaus bei Führungskräften → Auseinanderklaffen von Problemnähe und Entscheidungskompetenz
Regelgebundenheit	
Rechtsstaatlichkeit bedeutet Verlässlichkeit und verhindert Willkür Hohe Leistungsverlässlichkeit	Orientierung an Regeln statt am Ergebnis (Output bzw. Outcome) Zu starre Regeln verhindern situationsangepasstes Handeln und die Entwicklung situationsgerechter Problemlösungen
Spezialisierte Arbeitsteilung	
Hohe Fachlichkeit der einzelnen Bearbeitung und spezifischen Problemlösungen	Enges Zuständigkeitsdenken, Verantwortungsbereitschaft auf eigenes Sachgebiet beschränkt Verhindern resortübergreifenden und gesamtstrategisch ausgerichteten Denkens und Handelns Hoher Abstimmungs- und Koordinationsaufwand

Die Trennung von Verantwortlichkeiten und Zuordnung zu verschiedenen Verwaltungseinheiten erschwert eine fachliche Abstimmung und bedarf aufwendiger Koordinationsmechanismen. Dies lässt sich am Problem „Wohnungsnot" verdeutlichen, für das unterschiedliche Ämter zuständig sind.

Beispiel Problem Wohnungsnot:

- „für die Hilfen nach § 15a BSHG (Übernahme von Mietschulden) das Sozialamt,
- für den ausreichenden und effektiven Zugriff auf Wohnungen das Wohnungsförderungsamt,
- für die Unterbringung nach Landesgesetz und Beschlagnahme (Einweisung/Wiedereingliederung) das Ordnungsamt,
- für die Verwaltung von Wohnungslosenunterkünften das Liegenschaftsamt,
- für die Auslösung und Sicherstellung weiterführender Hilfen bspw. das Gesundheitsamt im Falle einer Suchtberatung.

„Die Konsequenz ist, dass die Wohnungsnot an sich – z. B. durch präventive Maßnahmen – *nicht zielgerichtet vermindert, sondern lediglich verwaltet* wird. Eine problemgerechtere Lösung wäre, die Verantwortung in einer ‚zentralen Fachstelle zur Hilfe von Wohnungsnotfällen' zusammenzufassen" (KGSt-Handbuch Organisationsmanagement 1999, S. 1–11).

4.2 NSM: Dezentralisierung und Neuzuschnitt der Zentrale, Unterteilung in Front- und Back-Office

Die Dezentralisierung als Verantwortungsübertragung in die Fachbereiche ist eines der wesentlichen Merkmale des NSM. Die dezentrale Fach- und Ressourcenverantwortung in den Fachbereichen umfasst: „Organisation- und Personaleinsatz, Informationsversorgung und Automatisierung, Haushalts- und Ressourcenplanung, Mittelbewirtschaftung, Vor- und Nachkalkulation der Leistungen, Kosten- und Leistungsrechnung, Kenn- und Richtzahlen, betriebswirtschaftliche Abweichungsanalyse sowie Berichterstattung" (KGSt-Bericht 5/1993, S. 18). Die Dezentralisierung wird unterteilt in:

- *Horizontale Dezentralisierung:* Aufteilung von Kompetenzen und Verantwortlichkeiten zwischen den Fachbereichen.
- *Vertikale Dezentralisierung:* Regelung der Verantwortlichkeiten und Entscheidungskompetenzen zwischen den Hierarchieebenen als Über- und Unterordnungsverhältnisse (vgl. KGSt-Bericht 5/2006 und KGSt-Handbuch Organisationsmanagement 1999).

Im Zuge der Dezentralisierung geht es auch um die Neuregelung der zentralen Dienste. Der zentrale Service umfasst Querschnittsaufgaben wie Personal-, Fi-

nanz-, Organisations-, IT-, Gebäude- und Grundstücks- sowie weitere infrastrukturelle Services (vgl. KGSt-Bericht 2/2012, S. 10).
Die zentralen Dienste weisen dabei verschiedene Chancen und Risiken auf:

Abbildung 4.3 Chancen und Risiken zentraler Dienste (eigene Darstellung in Anlehnung an S. 16–18 © KGSt-Bericht 2/2012)

Chancen	Risiken
Bündelung von *Fachwissen* und Professionalisierung durch hohe Qualität und Aktualität	Bei Zentralisierung von Aufgaben müssten in den Dezentralen entsprechende Stellenanteile weg fallen, ansonsten käme es zu einer *verdeckten Stellenvermehrung*
Einheitlichkeit und Standardisierung gewähren Durchgängigkeit und verhindern Amtsegoismen	Die Zentrale muss die auftraggebenden Fachbereiche *serviceorientiert als Kund_innen* begreifen und ihre Arbeit bedarfsgerecht ausrichten
Entlastung dezentraler Fachbereiche. Diese können sich auf ihre Kernaufgaben konzentrieren	Zentrale Dienste fördern die Sorge vor *Zentralismus und Machtfülle*, infolge könnten Fachbereiche eine Blockadehaltung einnehmen
Transparenz verwaltungsweit identischer Prozesse	Gemeinsam abgestimmte Planungen zwischen Auftraggeber_innen (Fachbereichen) und Auftragnehmer_innen (Zentrale) bedeuten einen *hohen Kommunikations- und Abstimmungsaufwand*
Durch die Spezialisierung gewährt die Zentrale *störungsfreie Abläufe* (z. B. bei IT oder Sicherung bei personellen Ausfällen)	*Schnittstellenproblematik* bei mangelnder Abstimmung mit den dezentralen Fachbereichen (Reibungsverluste, Störungen in den Prozessen)
Durch die Zusammenführung der Aufgaben erschließen sich *Synergieeffekte*, Doppelarbeiten werden vermieden. Daraus können sich Qualitätsverbesserungen und neue Möglichkeiten der Kombination der Leistungserbringung ergeben.	Gefahr der *Verlangsamung der Prozesse* durch Einschaltung der Zentrale
Synergien und Professionalisierung ermöglichen *höhere Effizienz* durch Bündelungen. Diese erleichtern interkommunale Zusammenarbeit und Vergabeentscheidungen (vgl. Outsourcing Kap. 3.2)	*Eigenleben* insbesondere bei IT-Services und „Fach-Chinesisch" blockieren die Zusammenarbeit
Steigerung des Kostenbewusstseins durch in Rechnung Stellung der internen Services	Unzufriedenheit mit der Zentrale und ihren Leistungen kann zu *Akzeptanzproblemen* führen. Dies kann zur Abwanderung zu externen Anbietern führen und den Fortbestand der Zentrale gefährden.

NSM: Dezentralisierung und Neuzuschnitt der Zentrale

Eine weitere Forderung im NSM ist die Trennung zwischen zentralen Steuerungsdienst und zentralen Diensten. Die operativen Aufgaben der zentralen Dienste wurden bereits erläutert. Der zentrale Steuerungs-Service unterstützt hingegen die Verwaltungsführung strategisch. Seine Aufgaben sind: Er informiert Verwaltungsführung und Fachbereiche in allen steuerungsrelevanten Angelegenheiten und unterstützt bei der Entwicklung fachbereichsübergreifender Leitbilder, Ziele, Konzepte und Programme. Außerdem unterstützt er die Verwaltungsführung bei Vereinbarung und Abwicklung von Kontrakten und Rahmenregelungen, auch dem fachbereichsübergreifenden Controlling. Er entlastet die Verwaltungsführung in ihren übrigen Managementfunktionen und berät die Fachbereiche in steuerungsrelevanten Angelegenheiten, arbeitet partnerschaftlich mit ihnen zusammen (vgl. KGSt-Bericht 2/2012, S. 31).

Abbildung 4.4 Unterteilung der Zentralen Dienste in Steuerungsunterstützung und Service (© KGST-Handbuch Organisationsmanagement 1999, S. 2–10)

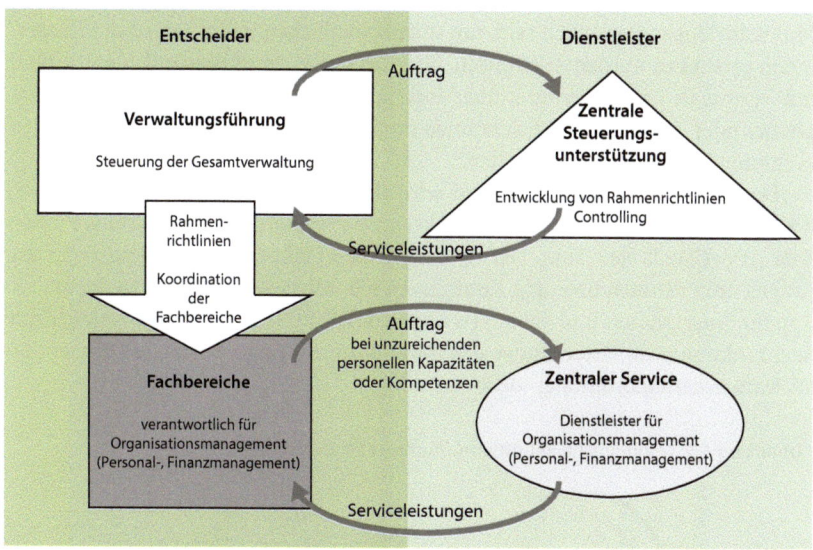

Die Unterteilung hat sich eher bei größeren Kommunen als praktikabel erwiesen. Zudem ist das Modell nicht trennscharf. So stellt sich z. B. bei Personal- oder Organisationsentwicklungskonzepten die Frage, inwieweit es sich um eine strategische Entscheidung handelt oder sie eine Dienstleistung für die Fachbereiche bedeuten (vgl. KGSt-Bericht 2/2012, S. 32, 34).

Die klassische Aufbauorganisation der Kommunalverwaltung ist fragmentiert und orientiert sich nach fachlich abgegrenzten Fachgebieten in Bezug auf die jeweiligen zugrundeliegenden Gesetze. Für die Bürger_innen bedeutet dies bei einem Anliegen häufig, verschiedene Ämter mit entsprechenden unterschiedlichen Ansprechpartner_innen aufzusuchen. *Eine Neuaufteilung der Aufgaben mit Trennung von Distribution und Konsum ist die Unterteilung in Front- und Back-Office.* Unter dem Leitgedanken „Dienstleistungen aus einer Hand" sollen in einer zentralen Anlaufstelle Anliegen der Bürger_innen entsprechend ihrer Lebenslagen, wie Umzug, Bauen, Unternehmensgründung, Feste und Veranstaltungen etc. gebündelt angeboten werden und einfache Anliegen sofort bearbeitet werden (Front-Office). Die Schnittstelle zu Bürger_innen ist diese zentrale Anlaufstelle. Meist wurden hier Einwohnermeldeämter zu Bürger_innenbüros mit Call-Centern ausgebaut. Von hier aus werden über eine/n Ansprechpartner_in komplexere Anliegen mit den einzelnen Ämtern koordiniert, die diese parallel abarbeiten (Produktionsstätte: Back-Office) (vgl. KGSt-Bericht 5/2002).

Der Zugang zum Front-Office sollte über möglichst vielfältige Kanäle (sog. Multikanalzugang) möglich sein, um unterschiedlichen Bedarfslagen der Bürger_innen gerecht zu werden: telefonisch, über das Call-Center, persönlich unterstützt mit Terminals im Bürgerbüro, über Internet und App-Installationen für Smartphones oder Tablets. Zusätzlich können mobile Bürgerdienste z. B. an Markttagen kommunale Leistungen anzubieten.

Der Zugang zu den Callcentern wird durch eine bundeseinheitliche Behördenrufnummer seit dem Jahr 2009 sukzessive erweitert. Vorbild war das Projekt Dial 311 der Stadt New York. Der 115-Service ist in allen Bundesländern vertreten. Anfang 2017 nehmen über 470 Kommunen teil. Mittlerweile gibt es auch eine 115-App für Smartphones und Tablets (www.115.de). Eine aktuelle Übersichtskarte mit Suchfunktion nach Orten findet sich unter: http://www.geoportal.de/DE/Geoportal/Karten/karten.html?lang=de&wmcid=83.

Abbildung 4.5 einheitliche Behördenrufnummer (© www.115.de)

„Die Verwaltung der Zukunft ist nach Vorstellung der KGSt an Ergebnissen und optimierten Prozessen ausgerichtet. Sie betreibt ein exzellentes, kundenorientiertes,

Verwaltungsebenen übergreifendes, multimediales Front-Office. Die eigentliche Produktion der Leistungen im Back-Office erfolgt zukünftig häufiger gemeinsam in Netzwerken und Verbünden – zum Beispiel interkommunal, unter Einbeziehung der Bürgerinnen und Bürgern, gemeinsam oder arbeitsteilig mit anderen Verwaltungsebenen oder privaten Partnern" (http://www.kgst.de/themenfelder/informationsmanagement/e-government/). Die einheitliche Behördenrufnummer ist nicht nur aus Gesichtspunkten der Bürgerfreundlichkeit (Effektivität) interessant, sondern auch aus wirtschaftlichen Gesichtspunkten (Effizienz): Einer aktuellen Wirtschaftlichkeitsbetrachtung im Auftrag der Geschäfts- und Koordinierungsstelle 115 im Bundesministerium des Innern zufolge, rechnet sich die Einführung eines Multicenters nach drei Jahren. Die Zeitersparnis und Kostensenkungen pro Anruf von Anrufen bei den Fachbehörden wird im Zeitraum 2011 bis 2021 im Fallbeispiel beim Stadt- und Landkreis Karlsruhe, auf insg. 18,7 Mio. Euro errechnet (vgl. BMI 2016, Download unter: http://www.115.de/SharedDocs/Publikationen/Service_Publikationen/Studien/wibe_der_115_langversion.html?nn=4236734).

Ein Beispiel, um die Bürger_innen im ländlichen oder strukturschwachen Räumen zu erreichen, ist das Modellkonzept „multifunktionale Serviceläden". Hier werden bspw. in Bürgerzentren kommunale Leistungen mit anderen Dienstleistungen wie Bank, Post, Lottoannahmestellen, Verkehrsunternehmen, Reiseveranstalter usw. gebündelt. „Dieses Konzept lässt sich einerseits mit mobilen Angeboten (Bürgerbus etc.) kombinieren und anderseits mit Maßnahmen zur Steigerung des Bürgerengagements verbinden." (http://www.kgst.de/ueber-uns/geschaefts-und-programmbereiche/projekte-loesungen/multifunktionale-servicelaeden.dot). Weil die Entwicklung multifunktionaler Nahversorgung komplex ist und an örtliche Rahmenbedingungen angepasst werden muss, hat die KGSt ein Phasenmodell entwickelt (Anschubphase, Analysephase, Priorisierungs- und Zielfindungsphase, Umsetzungsphase, Überprüfungsphase). Dabei ist zu beachten, dass die einzelnen Phasen sich zeitlich überlappen können, es Schleifen oder parallele Entwicklungen geben kann und die Phasen Wechselwirkungen unterliegen. Jedoch bietet das Modell eine gute Orientierung, um die wesentlichen Elemente zu berücksichtigen. Die Darstellung dieses komplexen Modells würde den Rahmen des Beispiels sprengen. Es ist nachzulesen in KGSt-Bericht 2/2016 (S. 9–27, Erfolgsfaktoren: S. 28–37).

Das Front-Office digitalisiert sich zunehmend und benötigt ein modernes Inputmanagement. Dabei werden alle Anfragen, egal über welchen Kanal sie Eingang in die Verwaltung finden, gebündelt und automatisiert. Damit ist eine gute Vorarbeit geleistet, um die nachgelagerten Prozesse im Back-Office transparenter zu gestalten und zu beschleunigen:

Abbildung 4.6 Modernes Inputmanagement (© Peters/Ehneß 2017)

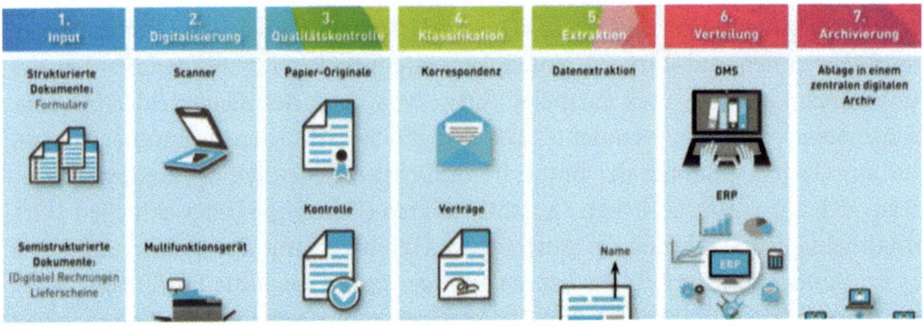

Im Vorfeld sollte die Kommunalverwaltung klären, über welche Kanäle, welche Dokumententypen regelmäßig eingehen. Zu differenzieren ist dabei zwischen strukturierten Anfragen (z. B. Formularen), halbstrukturierten Anfragen und Rechnungen sowie unstrukturierter Kommunikation (frei formulierte Briefe oder E-Mails). Dann sollte geklärt werden, nach welchen Kriterien welche Informationen gespeichert bzw. wann diese zu vernichten sind. Das Einscannen der Papierdokumente kann in der zentralen Poststelle oder dezentral erfolgen. Danach kann in der Software ein Klassifikationstool gestartet werden. In der zentralen Poststelle sollte ein Inputmanagement etabliert werden, dass auch auf digitale Zugangswege ausgerichtet ist. „Es liest textbasierte Nachrichten und E-Mail-Anhänge unabhängig von Struktur und Eingangskanal aus. Es vernetzt Poststelle und Bürgerservice miteinander und ermöglicht einen flexiblen, serviceorientierten Austausch – auch mit weiteren Akteuren der Wertschöpfungskette – über all jene Kanäle, die für Anfragen genutzt werden" (Peters/Ehneß 2017, S. 2). Die Software klassifiziert automatisch anhand der definierten Standards (z. B. Absenderadresse, Antragsnummer) sowie Keyword (z. B. Antrag, Vertrag). Je passgenauer die Klassifikation ist, desto schneller gelingt die Übermittlung zur/zum zuständigen Sachbearbeiter_in. „Abschließend werden die erfassten Dokumente automatisch als durchsuchbare PDF-, PDF/A-, oder TIF-Datei und die extrahierten Inhalte als XML- oder CSV-Datei am festgelegten Speicherort abgelegt. In dieser Form können sie in einem weiteren Schritt in relevante Drittsysteme zur Weiterverarbeitung exportiert werden, etwa in ein Dokumentenmanagementsystem (DMS), in eine ERP-, CRM- oder FiBu-Lösung" (Peters/Ehneß 2017, S. 3). Dies ermöglicht dezentral dann den direkten, medienbruchfreien Zugriff auf die jeweiligen Dokumente. Die digitale Archivierung erfolgt schließlich nach der gleichen Klassifizierung.

NSM: Dezentralisierung und Neuzuschnitt der Zentrale

Die Aufbauorganisation unterteilt sich in Front- und Back-Office:

- Infothek mit Bereitstellung einfacher Informationen (z. B. Anfragen-Datenbank, Formulare, Bürgerinformationssystem). Das Front-Office entlastet damit auch die dezentralen Ämter.
- Dienstleistungs-Supermarkt für einfache, standardisierte, wenig beratungsintensive Dienstleistungen ist ebenfalls größtenteils Teil des Front-Office (z. B. Wechsel der Mülltonne, Antrag für Personalausweis). Qualitätskriterien sind Freundlichkeit, Schnelligkeit und Verständlichkeit.
- Im Dienstleistungsfachgeschäft sind komplexe Leistungen in Leistungspaketen nach Zielgruppen bzw. Bedarfslagen (s. o.) gebündelt. Hier werden die Teil-Leistungen verschiedener Behörden integriert. Die Ursachen eines Problems sind bei diesen Leistungen nicht offensichtlich, sie unterliegen einer hohen Flexibilität und Variabilität, wie Einzelfallhilfen in der Jugend- und Sozialverwaltung. Die Schnittstelle zu den Back-Office-Bereichen ist ein/e Fallmanager_in, die/der die unterschiedlichen Fachleute koordiniert (vgl. KGSt-Berichte 5/2002, 1/2005, 8/2005).

Abbildung 4.7 Dienstleistungen aus einer Hand (© KGSt-Bericht 5/2002, S. 34)

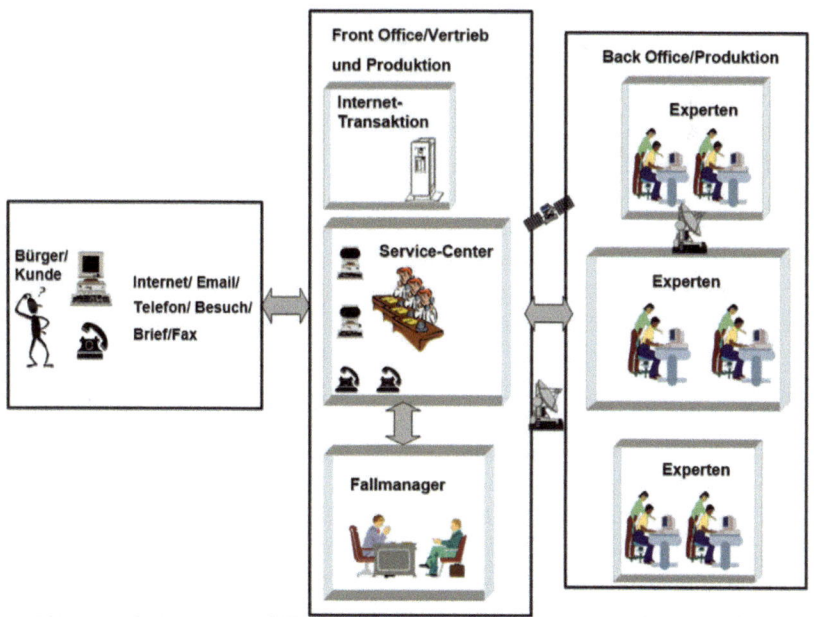

Über die/den koordinierende/n Fallmanager_in können gerade soziale Hilfen mit den unterschiedlichen kommunalen Stellen und weiterführenden Hilfen besser koordiniert werden. Die Herausforderung liegt darin den Koordinationsaufwand zu minimieren und den Nutzen aus Synergieeffekten zu maximieren.

Dies wird am **Beispiel einer Einzelfallbearbeitung „soziale Notlage"** deutlich:

Abbildung 4.8 Herkömmliche Fallbearbeitung einer sozialen Notlage (ergänzte Darstellung in Anlehnung an ©KGSt-Bericht 5/2002, S. 16)

Anbieter	Leistung
Kommunalverwaltung	
Sozialamt	Sozialhilfe
Agentur für Arbeit	Hilfe zur Arbeit
Wohnungsamt	Übernahme der Mietschulden
ASD	Hilfeplan für Hilfen zur Erziehung
Fachteam (ASD, Jugendamt, ggf. Lehrer)	Entscheidung über Erziehungshilfe
Sozialamt	Stellenvermittlung
Agentur für Arbeit	
Städtische Beschäftigungsgesellschaft	Stellenvermittlung
Andere (private, halböffentliche)	Leistung genehmigter Hilfen
Wohlfahrtsverbände	Beratung, materielle und immaterielle Leistungen, z. B. Bekleidung, Möbel

Szenario: Dienstleistungen „aus einer Hand":

„Strategisches Wirkungsziel ist es, die/den Bürger_in, die/der in diese soziale Notlage geraten, darin zu motivieren und zu unterstützen, dass sie/er innerhalb eines Jahres weitgehend ohne soziale Leistungen zurechtkommt. Dieses Ziel kann am ehesten erreicht werden, wenn die Leistungsentscheider und -erbringer, die zur Behebung der Notlage erforderlich sind, für die/den Bürger_in möglichst schnell ganzheitliche Lösungen erarbeiten und diese gemeinsam mit der/dem Bürger_in umsetzen. Die Distributionswege für die/den Bürger_in sind differenziert gestaltet:

Erste Informationen (Anspruchs- und Wegweiserinformationen) kann sie/er sich bei einer ersten Anlaufstelle beschaffen – elektronisch aus dem Internet, telefonisch (Call Center) oder im direkten Kontakt. Dort findet sie/er auch den richtigen Ansprechpartner_innen. Die weitere Klärung sowie die Leistungserstellung erfolgt in direkter Kommunikation. Ein/e „Fallmanager_in" übernimmt die Koordination und ist prozessverantwortlich. Komplexe Probleme wie in unserem Beispiel bearbeitet nach Einwilligung der/des Bürgers/in ein interdisziplinäres Team, das sachverhaltsbezogen zusammengesetzt ist. In das Team sind auch Externe eingebunden, z. B. Bewährungshelfer_innen oder ein/e Mitarbeiter_in der Agentur für Arbeit oder einer städtischen Beschäftigungsgesellschaft. Das Team arbeitet mit informationstechnischer Unterstützung: die Koordination erfolgt über elektronische Post; Berichte und Hilfepläne werden mit Hilfe von Telekooperationswerkzeugen, die den gleichzeitigen Zugriff auf Dokumente ermöglichen, gemeinsam bearbeitet. Ggf. erforderliche Experteninformationen, die während einer Teambesprechung mit der/dem Bürger_in erforderlich sind, kann das Team mit Hilfe eines Videokonferenz-Systems einholen, die die direkte Kommunikation mit dem zugeschalteten Experten ermöglicht. Das Team kann auf eine umfangreiche elektronische Wissensdatenbank zurückgreifen, die bereits bei der Teambildung wertvolle Dienste geleistet hat, da dort Informationen über alle internen und externen Leistungserbringer und über nachfragebezogen sinnvolle Teamzusammensetzungen gespeichert sind. Ferner enthält das System Gesetze und die dazugehörigen Kommentare und Qualitätsmaßstäbe. Bei der Fallbearbeitung ist die Lösungssammlung eine wertvolle Hilfe. Die/Der Fallmanager_in kann mit einem Softwarepaket zur Vorgangsbearbeitung den Stand des laufenden Prozesses abfragen und ist so der/dem Bürger_in gegenüber immer aussagefähig" (KGSt-Bericht 5/2001, S. 22 f.).

4.3 KSM: Vorstands- und Ressortmodell

Die Struktur des NSM ist Grundlage des KSM. Sie behält die Unterteilung in strategische und operative Steuerung bei, erfährt aber wesentliche Erweiterungen wie:

- *Die Stärkung der strategischen Steuerung:* die Zuständigkeit liegt auf der Außenvertretung der Kommune und der Verantwortung für den Rahmen, d. h. die Gesamtsteuerung, insbesondere für Gesamtstrategie, Organisation, Finanzen, IT, Personal und Marketing. Die Aufgaben innerhalb des Verwaltungsvorstands[1] orientieren sich nach fachlichen Ressorts wie Soziales, Bauen oder Kultur (Vorstandsmodell).
- *Höhere Verantwortung der operativen Steuerung:* die dezentrale Fach- und Ressourcenverantwortung betont die Ergebnisverantwortung über den integrativen Produkthaushalt.
- *Fachbereichsmanagerkonferenz:* Die Fachbereichsleiter (NSM) werden mit mehr Verantwortung ausgestattet, dies drückt sich auch in dem Begriff Fachbereichsmanager (KSM) aus. Sie stimmen sich regelmäßig zu einer gemein-

---

1 Der Verwaltungsvorstand setzt sich aus HVB und Beigeordneten zusammen.

samen Strategie ab, koordinieren die Leistungserstellung innerhalb der Fachbereiche und klären Überschneidungsprobleme bei Zuständigkeiten.
- *Parallele Strukturen:* Jedem Fachbereich wird ein Ausschuss zugeordnet. Um die Finanzverantwortung zu übernehmen, wird auch das zugehörige Budget synchronisiert (vgl. Kapitel 3.4: ein Fachbereich, ein Ausschuss, ein Budget) (vgl. KGSt-Bericht 5/2013, S. 29–34).

Abbildung 4.9 Struktur des KSM (© KGSt-Bericht 5/2013, S. 30)

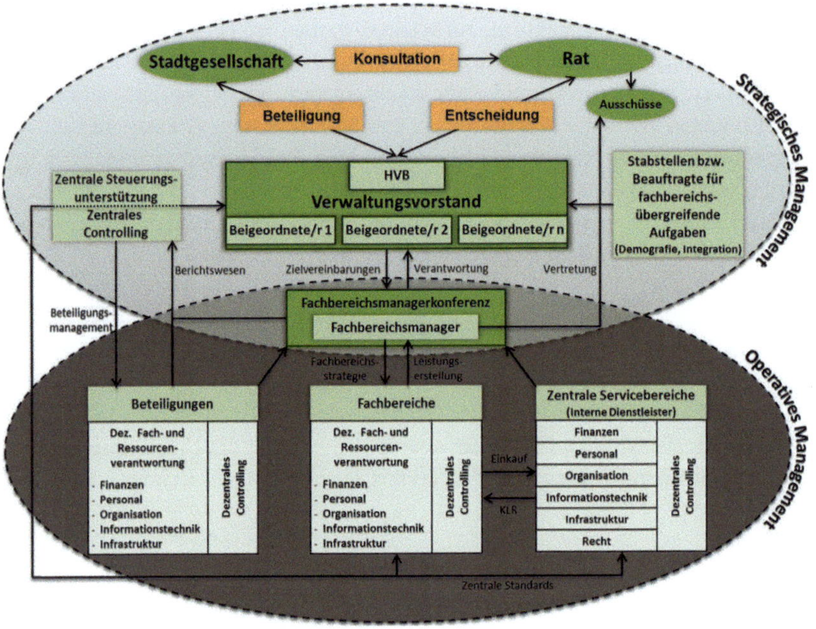

Die Beigeordneten als politische Wahlbeamt_innen (Dezernent_innen, Referent_innen) sind in manchen Gemeindeordnungen als oberste fachlich Verantwortliche gesetzt. Sie sind inhaltlich den Fachbereichen zugeordnet. Im Ressortmodell sind Beigeordnete den Fachbereichsmanager_innen gegenüber weisungsbefugt. Um die Gefahr der Splittung von Verantwortung und Entscheidung zu minimieren, empfiehlt die KGSt Regeln für das Zusammenwirken von Beigeordneten und Fachbereichsmanager_innen zu erarbeiten. Im Gegensatz dazu wird die Verantwortlichkeit der Fachbereichsmanager_innen im Vorstandsmodell dadurch gestärkt, dass sie den Beigeordneten nicht unmittelbar unterstellt sind, sondern die

Gesamtverantwortung des Verwaltungsvorstands betont wird, und er sich damit stärker den strategischen Aufgaben zuwenden kann. Die KGSt verdeutlicht die unterschiedlichen Rollen der Beigeordneten in den Modellen: „Die Mitglieder des Verwaltungsvorstands unterstützen im Vorstandsmodell die Fachbereichsmanager bei der Ausschussarbeit, im Ressortmodell übernehmen sie die Verantwortung für die Übersetzung politischer Beschlüsse in Vorgaben für das Handeln der Fachbereiche" (KGSt-Bericht 5/2013, S. 33).

Die KGSt warnt gerade in größeren Kommunen vor dysfunktionalen Effekten, wenn Fachbereichsmanager_innen den Beigeordneten weisungsabhängig unterstellt sind. Das Ressortmodell befördert damit Effekte wie „Überlastung, zu wenig Zeit für strategisches Handeln, Politisierung an sich unpolitischer Sachverhalte" oder „das Überschwappen" der politischen Rationalität auf die Verwaltung" (KGSt-Bericht 5/ 2013, S. 33). Die KGSt rät daher zum Vorstandsmodell, wofür ggf. Gemeindeordnungen angepasst werden müssen bzw. man Experimentierklauseln nutzt.

4.4 Public Governance: Netzwerkorganisation

Netzwerke sind Kooperationen jenseits von Markt und Staat, obgleich sie marktliche und hierarchische Elemente enthalten (vgl. Sydow 1993). Während im Markt der Preis die Interaktionen bestimmt, sind es bei Hierarchien die Über- und Unterordnungsverhältnisse und in Netzwerken das Vertrauen (vgl. Wald/Jansen 2007). Netzwerke setzen sich als neue Organisationsform seit den 1990er-Jahren durch (vgl. Schubert 2008). Als lose gekoppelte Systeme können sie flexibel auf veränderte Umweltanforderungen reagieren. Die Besonderheit besteht darin, dass sie Kooperationen über Organisationsgrenzen hinweg ermöglichen, ohne die Autonomie der einzelnen Akteure zu beschränken. „Netzwerke lassen sich durch diese doppelte Bindung an ihr Referenzsystem einerseits und an die Kooperationsbeziehungen andererseits" charakterisieren (Teubner 1992 zitiert in: Otto et al. 2015, S. 33).

Public Governance spricht sich klar für die Organisationsstruktur als Netzwerk aus (vgl. Benz 2010, Klenk/Nullmeier 2004, Pröhl 2002). Den Kern bildet die Netzwerkkooperation mit den Merkmalen:

- Auf Grundlage eines gemeinsamen Zieles werden die Koordination und die Inhalte informell oder vertraglich, für einen begrenzten oder unbegrenzten Zeitraum vereinbart.
- Die beteiligten Akteure bleiben rechtlich und wirtschaftlich selbständig. Ihre Autonomie besteht mindestens darin, ihren Ein- und Austritt freiwillig zu bestimmen.

- Die Kontrolle des Zusammenwirkens beinhaltet die dezentrale Verantwortung der Leistungsbeiträge der jeweiligen Akteure.
- Die Netzwerkorganisation erzeugt Sicherheit über die „Kommunikation von Entscheidungen" (vgl. Luhmann 1998, S. 833, zitiert in Schubert 2008, S. 10).

Die Chance von Netzwerken besteht darin, bessere Leistungen erzeugen zu können, ohne dass die jeweiligen Organisationen ihre Selbständigkeit aufgeben. Dennoch besteht immer das Risiko, dass ein Akteur nur einen kurzfristigen Nutzen aus dem Netzwerk zieht. Zudem können Synergieeffekte durch einen hohen Abstimmungs- und Koordinationsaufwand minimiert werden.

Kommunen nutzten Netzwerke zur Haushaltskonsolidierung bei gleichzeitigen Erhalt der Infrastruktur und um neue Aufgaben zu bewältigen. Dies erscheint gerade aufgrund seines hohen Budgetanteils im Politikfeld Soziales und Bildung attraktiv (vgl. Fischer 2014/15, S. 14).

Gerade in öffentlichen Verwaltungen werden Lebenswelten institutionell zerstückelt: In der Kommunalverwaltung wird die kommunale Daseinsvorsorge[2] in funktionale Teilaufgaben entlang verschiedener Rechtsbestimmungen zerlegt. In der Folge werden soziale Dienstleistungen nicht ganzheitlich erfahren, sondern funktions- und hierarchiebezogen in eine Vielzahl von Zuständigkeiten zerlegt. Ressortdenken führt durch fehlende Transparenz und zergliederte Abläufe in operative Inseln. Hier agieren professionelle Akteure der verschiedenen Fachbereiche isoliert, so dass gemeinsame Schnittstellen nicht wahrgenommen werden und Doppelstrukturen bzw. Redundanzen erzeugt werden (vgl. Schubert 2008 S. 21f. und 2013, S. 270f.).

---

2   Die kommunale Daseinsvorsorge bezeichnet lebenswichtige Güter und Dienstleistungen, die von gemeindlicher Seite bereitgestellt werden. Klassische Bereiche sind Abfallbeseitigung, Versorgung mit (Ab-)Wasser, Gas und Strom und öffentlichen Personennahverkehr. Im weiteren Sinne auch Sparkassen und Krankenhäuser, Schulen, Büchereien, Museen, Kinder- und Altenheime, Rettungsdienst u.a.m. Die Frage dabei ist, wie weit der Begriff gefasst wird. Dies ist Gegenstand rechtlicher und politischer Auseinandersetzung und kann sich auch auf Bereiche sozialer und kultureller Teilhabe beziehen (vgl. Schiller-Dickhut 2002). Wenn im Folgenden von kommunaler Daseinsvorsorge die Rede ist, wird sich auf die klassischen Bereiche bezogen.

Public Governance: Netzwerkorganisation 97

Abbildung 4.10 Funktions- und Hierarchiebarrieren erzeugen operative Inseln (erweiterte Darstellung in Anlehnung an: © Schubert 2008, S. 22 und © Schubert 2013 S. 271)

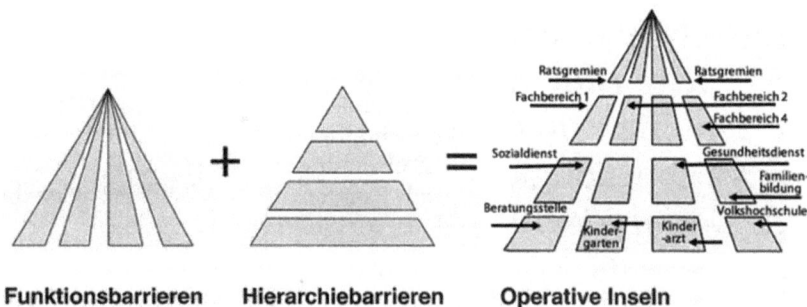

Die Herausforderung besteht darin, durch Netzwerkmanagement die Barrieren zu überwinden, um ein integratives Vorgehen der Akteure zu gewährleisten:

Abbildung 4.11 komplementäres Zusammenwirken der Steuerungsebenen (© Schubert 2013, S. 281)

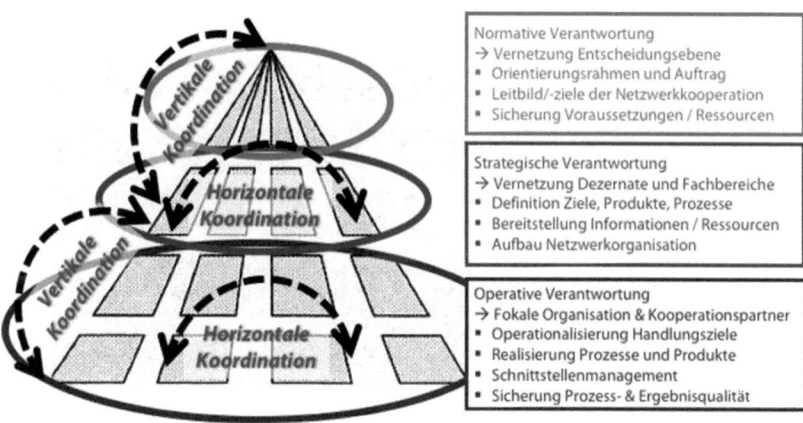

Dabei wirkt Netzwerkmanagement auf verschiedenen Ebene:

- *Normative Verantwortung:* auf der kommunalpolitischen Ebene geht es um die Konkretisierung des Leitbilds und um die Festlegung der generellen Zielrichtung in Abstimmung mit den kommunalen Stakeholder. Denn die Zusammenarbeit in Netzwerken ist ein fester Bestandteil einer kommunalen Gesamtstrategie, die gemeinsam mit der Stadtgesellschaft[3] erarbeitet wird (vgl. KGSt-Bericht 6/2015, S. 8).

- *Strategische Verantwortung:* In den Fachbereichen müssen mit den dezentralen Akteuren Ziele für die verschiedenen Zielfelder Ressourcen (Input), Produkte (Output), Wirkungen bzw. Ergebnisse (Outcome) vereinbart werden. Kooperationsvereinbarungen helfen dabei einerseits die Verbindlichkeit zu erhöhen, andererseits schaffen sie Klarheit und Transparenz. Die Abstimmung zwischen staatlichen Akteuren verschiedener Fachbereiche und nichtstaatlichen Stakeholdern bedeutet eine besondere Herausforderung: „Das bedeutet für die Entwicklung eines kommunalen Netzwerkmanagements zunächst die Klärung, welche Inhalte, Akteure und Steuerungsstrategien im Netzwerk zum Tragen kommen sollen. Das setzt auch die Überwindung der Denkweise in Fachzuständigkeiten und festen Hierarchien voraus. Aktives kommunales Netzwerkmanagement ist eine Querschnittsaufgabe. Sie verlangt von allen Beteiligten ein hohes Maß an Identifikation. Das ist nicht nur zeitlich, sondern auch inhaltlich eine Dauerherausforderung für die kommunale Ebene" (Fischer 2014/15, S. 14). Um die Strukturqualität zu gewährleisten werden Informationen bereitgestellt, erfolgt die Evaluation der Ergebnisse und die Verbindung zwischen den einzelnen Fachbereichen wird hergestellt (vgl. Schubert 2013, S. 281). Managementaufgabe ist dabei die verschiedenen Denkweisen der Akteure zu integrieren und eine inhaltliche Übereinkunft zu erzielen. Dazu gehört die „Etablierung von gemeinsamen, institutionsübergreifenden Arbeitsgruppen, die bis zu einer organisatorischen Zusammenlegung von Strukturen führen kann" (Fischer 2014/15, S. 14).
- *Operative Verantwortung:* wird dezentral in den Sozialräumen wahrgenommen. Hier sind die (räumliche) Querkoordination der Akteure verschiedener Ressorts, der Aufbau zielorientierter kleiner Handlungsnetze sowie die Produkt- und Ergebnisverantwortung anzusiedeln (Schubert 2008, S. 51).

Die Umstellung auf Netzwerke ist in Kommunalverwaltungen keineswegs nur eine Frage der Umstrukturierung, sondern vielmehr bedarf es eines neuen Steuerungsverständnisses, um im Sinne von Public Governance die verschiedenen Stakeholder einzubeziehen: „Die Etablierung eines indirekt angelegten Steuerungsverständnisses auf der Basis des Governance-Ansatzes hat bisher schon zu einer vielfältigen Umsetzung der Netzwerkidee geführt, die eine verbindliche

---

3   Die KGSt benutzt anstatt des Begriffs „Zivilgesellschaft" den Begriff „Stadtgesellschaft".

Qualität in der Kooperation zwischen verschiedenen Institutionen erzeugen kann. Der Netzwerkansatz ist auf kommunaler Ebene in einen umfassenden Wandel der Politikinhalte und Politikstile eingebettet. Diese Entwicklung ist noch nicht abgeschlossen, so dass sich für eine abgestimmte kommunale Bildungs- und Sozialpolitik weitere Vernetzungsbedarfe ergeben" (Fischer 2014/15, S. 14).

Ein Beispiel kommunaler Netzwerkorganisation sind die Sozialbürgerhäuser (SBH) in München. Als Reformperspektive der Träger Sozialen Arbeit wird die „Regionalisierung und regionale Vernetzung der sozialen Organisationen" gesehen, die sich in ihrer Organisationsstruktur am Sozialraum und der Lebenswelt der Klienten orientiert (Bödeke-Wolf/Schellberg 2010, S. 107). SBHs starteten in München bereits 1992 als Modellprojekt, seit 1997 ist die Struktur etabliert, aktuell gibt es 12 SBHs. Man wollte das Nebeneinander sozialer Dienste zugunsten abgestimmter bedarfsgerechter Angebote verändern (vgl. Graffe et al. 2004).

Kennzeichnend sind:

- Ressourcenorientierung vor Ort: SBHs sind in die Stadtbezirke integriert und dort erreichbar, wo die Menschen wohnen und ihre Ressourcen haben (Gemeinwesenansatz, Sozialraumorientierung).
- Ganzheitlichkeit: Nicht nur die individuellen Probleme der Menschen sind Anknüpfungspunkt für Hilfeleistungen, sondern die umfeldbezogenen, strukturellen Ursachen werden ebenfalls für die erforderlichen Lösungsstrategien herangezogen (Sozialplanung, Steuerung über Ressourcen im Sozialraum). Kennzeichnend ist eine prozessverantwortliche Fachkraft, die/der als Fallmanager_in Ansprechpartner_in für die Bürger_innen ist, und die Hilfen koordiniert.
- Interdisziplinarität: Gesamtleitung der SBHs und Führung der Teams sind paritätisch zwischen Verwaltungsmitarbeiter_innen und Sozialarbeiter_innen geteilt. Aufgaben und Dienstleistungen werden in interdisziplinären Arbeitsgruppen ämter- und bereichsübergreifend organisiert. Die Schnittstellen des tradierten Hilfesystems werden durch interdisziplinäre Zusammenarbeit, Prozess- und Fallmanagement überwunden. Durch inhaltliche und organisationale Anbindung an gemeinnützige Leistungserbringer werden die Hilfen auch organisationsübergreifend vernetzt.
- Bürgerbeteiligung: aktive Einbeziehung in die vereinbarten Lösungsschritte und Differenzierung von Kund_innengruppen sowie ihrer spezifischen Ziele unter Anerkennung und Berücksichtigung ihrer unterschiedlichen Bedürfnisse, Ressourcen und Kompetenzen (vgl. Graffe et al. 2004, S. 30–32 und KGSt-Materialien 5/1999).

Nähere Informationen finden sich unter: http://www.muenchen.de/rathaus/ Stadtverwaltung/Sozialreferat/Sozialbuergerhaeuser.html. Die Koordination und Steuerung der Dienste wirft jedoch das Problem auf, dass die jeweiligen SBHs ihre Leistungen an den Bedarf und die Ressourcen des jeweiligen Sozialraums anpassen. Dies steht im Spannungsfeld zu zentralen Standards, zudem lassen sich Konzepte, Standards und Formulare nur bedingt von Sozialraum zu Sozialraum übertragen (vgl. Bödeke-Wolf/Schellberg 2010, S. 108 f.). Nach 15 Jahren SBHs wirft die Dezentralisierung der sozialen Dienste immer noch Probleme auf:[4] Seit 2014 bis voraussichtlich Mitte 2016 läuft bei der Stadt München eine Organisationsuntersuchung (Kienbaum), die sich auch mit der Problematik der Steuerung der SBHs befasst. Denn für die operativen dezentralen SBHs sind drei Fachämter verantwortlich: das Jugendamt für erzieherische Hilfen, Familien- und Partnerkonflikte etc., das Wohnungsamt bei drohende Wohnungslosigkeit und die Sozial Sicherung bei wirtschaftlichen Notsituationen, Überschuldung etc. Die koordinierende Fachkraft im SBH trifft mitunter auf divergente Zielvorgaben, was die Koordination der Hilfen vor Ort erschwert. D. h. es fehlt an einer Abstimmung zwischen den Fachämtern, um die Ganzheitlichkeit der Hilfegewährung auch auf strategischer Ebene abzubilden. Aufgrund der Schwierigkeiten der Koordination der kommunalen sozialen Dienste, wurde von der konzeptionellen Idee auch die Leistungserbringer in den SBHs zu integrieren Abstand genommen. Der Aufwand zwei Steuerungslogiken zu bedienen wird derzeit noch als zu hoch eingeschätzt.

Die Koordination der Hilfen innerhalb der SBHs läuft über eine/n Erstansprechpartner_in: Die sogenannte Orientierungsberatung wird halbtags rotierend von eine/m Bezirkssozialarbeiter_in besetzt. Im Notfall werden Hilfen sofort eingeleitet, ansonsten über ein Fallbearbeitungsteam nach Belastung und Neigung an die/den verantwortlichen Fallmanager_in delegiert. Die Koordination der unterschiedlichen Hilfen durch diese prozessverantwortlichen Fachkräfte stellt eine hohe Verantwortung dar. Sie erfahren durch verschiedene Instrumente Unterstützung:

- Halbjährige Einarbeitung: Diese ist aufgeteilt in ein Viertel Jahr Theorie in der Zentrale mit Reflexion sowie ein Viertel Jahr innerhalb eines Patensystems vor Ort.
- Supervisionsangebot als Standard auch schon in der Einarbeitungszeit.

---

4   Die Recherche zu den SBHs erfolgte auf Grundlage von Telefonaten vom 13.08.2015 mit der stellvertretenden Leiterin der SBHs in München, Frau Hupfauf sowie am 16.09.15 mit der Leiterin der Bezirkssozialarbeit und Sozialbürgerhäuser/Soziales (LBS), Frau Elbert.

- Fortbildungen für Fallmanager_in und Führungskräfte.
- Der psychologische Dienst wird auch intern genutzt als Ansprechpartner für die Mitarbeitenden.
- Unterstützung bei Krisenfällen: Erfahrene Sozialarbeiter_innen können bei Bedarf hinzugezogen werden. Sie begleiten persönlich, es herrscht das Vier-Augen-Prinzip.

Literaturempfehlungen

Die Vor- und Nachteile der bürokratischen Organisation werden in den einschlägigen Lehrbüchern über Organisationstheorien dargestellt (z.B. Kieser/Ebers 2014 oder Sanders/Kianty 2006). Im KGSt-Handbuch Organisationsmanagement 1999 werden sie speziell für die öffentliche Verwaltung dargelegt.

Die Dezentralisierung der Fachbereiche mit dem neuen Zuschnitt der Zentrale im NSM werden in den KGSt-Berichten 5/1993, 2/2012 und dem KGSt-Handbuch Organisationsmanagement 1999 erläutert. Für die Unterteilung in Front- und Back-Office ist KGSt-Bericht 5/2002 konstitutiv.

Das Vorstands- und Ressortmodel (KSM) werden in KGSt-Bericht 5/2013 dargelegt.

Die Netzwerkorganisation im Governance wird in verschiedenen Governance-Publikationen aufgezeigt aus (z.B. Benz 2010, Klenk/Nullmeier 2004, Pröhl 2002) Für die kommunale Sozialverwaltung empfehlen sich besonders die Publikationen von Schubert.

Weitere Informationen

- Checkliste zur Entwicklung und Umsetzung eines multifunktionalen Nahversorgungsangebotes: Anlage 6.1 KGSt-Bericht 2/2016
- Exemplarischer Fragebogen für die Bedarfsanalyse mit Bürger_innen für eine zukunftsfähigen Nahversorgung: Anlage 6.2 KGSt-Bericht 2/2016
- einheitliche Behördennummer: 10 Schritte Programm zur Einführung: Broschüre BMI 2016, Download unter: http://www.bmi.bund.de/SharedDocs/Downloads/DE/Broschueren/2016/flyer-115-10-schritte.html

4.5 Literatur Kapitel 4

Benz, Arthur (2010). *Governance – Regieren in komplexen Regelsystemen. Eine Einführung.* Wiesbaden: VS Verlag für Sozialwissenschaften.
BMI, Bundesministerium des Inneren (Hrsg.) (2016). *Wirtschaftlichkeitsbetrachtung der Behördennummer 115 am Fallbeispiel Multicenter Stadt- und Landkreis Karlsruhe. Qualitative und quantitative Bewertung.* Berlin und Karlsruhe.
Bödege-Wolf, Johanna, & Schellberg, Klaus (Hrsg.) (2010). *Organisationen der Sozialwirtschaft.* Baden-Baden: Nomos.
Bogumil, Jörg, & Jann, Werner (2009). *Verwaltung und Verwaltungswissenschaft in Deutschland. Einführung in die Verwaltungswissenschaft.* Wiesbaden: Verl. für Sozialwissenschaften.
Fischer, Jörg (2014/2015). Bedingt kooperationsfähig? Netzwerksteuerung erfordert einen kulturellen Wandel und eine offene Diskussionskultur. *360° Magazin für das Management im öffentlichen Sektor* (15), S. 14–16.
Graffe, Friedrich et al. (2004). *Fit für die Zukunft/Landeshauptstadt München, Sozialreferat. Kommunale Sozialpolitik im Wandel; die Neuorganisation des Sozialreferates der Landeshauptstadt München.* München: Landeshauptstadt München, Sozialreferat.
KGSt-Bericht 5/1993. *Das Neue Steuerungsmodell.* Köln.
KGSt-Bericht 5/2002. *„Lebenslagen": Verwaltungsorganisation aus Bürger- und Kundensicht.* Köln.
KGSt-Bericht 1/2005. *Call-Center-Lösung in Kommunen: Beispiele aus der Praxis.* Köln.
KGSt-Bericht 8/2005. *Bürgerkontakte – mit Wissensmanagement kompetent und effizient gemacht.* Köln.
KGSt-Bericht 5/2006. *Das Verhältnis von zentralen und dezentralen Einheiten in der Kommunalverwaltung – Zwischenbilanz und Anregungen zur Umsetzung eines Kernelements des Neuen Steuerungsmodells.* Köln.
KGSt-Bericht 2/2012. *Organisationsmodell für Kommunen der Größenklasse 5 und 6 (Teil 2), zentrale Dienste.* Köln.
KGSt-Bericht 5/2013. *Das Kommunale Steuerungsmodell (KSM).* Köln.
KGSt-Bericht 6/2015. *Wege zur kommunalen Gesamtstrategie – Sieben Schritte strategischer Steuerung.* Köln.
KGSt-Bericht 2/2016. *Nahversorgung in kleinen Kommunen. Standort- und Lebensqualität erhalten.* Köln.
KGSt-Handbuch Organisationsmanagement Teil 1–4 (1999). Köln.
Klenk, Tanja, & Nullmeier, Frank (2004). *Public Governance als Reformstrategie.* Düsseldorf: Hans-Böckler-Stiftung.
Kieser, Alfred, & Ebers, Mark (Hrsg.) (2014). *Organisationstheorien.* Stuttgart: Verlag W. Kohlhammer.
Mroß, Michael (2015): *Betriebswirtschaft im öffentlichen Sektor. Eine Einführung.* Wiesbaden: Springer VS.
Otto, Johanna, Sendzik, Norbert, Järvinen, Hanna, Berkemeyer, Nils, & Bos, Wilfried (2015). *Kommunales Netzwerkmanagement. Forschung, Praxis, Perspektiven.* Münster: Waxmann.

Peters, Sander, & Ehneß, Susanne (2017). Cloud & mobiles Arbeiten. Modernes Input Management in Behörden. *eGovernment Computing* 28.02.2017.

Pröhl, Marga (Hrsg.) (2002). *Good Governance für Lebensqualität vor Ort. Internationale Praxisbeispiele für Kommunen.* Gütersloh: Verl. Bertelsmann Stiftung.

Sanders, Karin, & Kianty, Andrea (2006). *Organisationstheorien. Eine Einführung.* Wiesbaden: VS Verlag für Sozialwissenschaften.

Schmidt, Götz (2002). *Einführung in die Organisation, Modelle – Verfahren – Techniken.* Wiesbaden: VS Verlag für Sozialwissenschaften.

Schubert, Herbert (2013). Netzwerkmanagement in der Sozialen Arbeit. In: Jörg Fischer & Tobias Kosellek (Hrsg.), *Netzwerke und Soziale Arbeit, Theorien, Methoden Anwendungen,* (S. 267–286). Weinheim und Basel: Beltz Juventa.

Schubert, Herbert (Hrsg.) (2008). *Netzwerkmanagement. Koordination von professionellen Vernetzungen – Grundlagen und Praxisbeispiele.* Wiesbaden: VS Verlag für Sozialwissenschaften.

Wald, Andreas, & Jansen, Dorothea (2007). Netzwerke. In: Arthur Benz, Susanne Lütz, Uwe Schimank & Georg Simonis (Hrsg.), *Handbuch Governance* (S. 93–105). Wiesbaden: VS Verlag für Sozialwissenschaften.

5 Stellung zu und Zusammenarbeit mit anderen Organisationen

> **Zusammenfassung/Lernziele**
>
> Ziel dieses Kapitels ist, Chancen und Risiken der Zusammenarbeit der Kommunalverwaltung mit externen Dritten/Stakeholdern kennen zu lernen und Arbeitsweisen im Umgang mit dieser Zusammenarbeit und Koordination aufzuzeigen. Die unterschiedlichen Formen der öffentlich-privaten Zusammenarbeit haben verschiedenen Vor- und Nachteile. Die Privatisierung als solche wird kritisch betrachtet und den Gegentrend der Rekommunalisierung/des Insourcings dargelegt. Die Einbindung der Stakeholder bei der Leistungserbringung wird detailliert aufgezeigt (organisationspolitischen Entscheidungsprozesses, KSM). Die Entscheidung über die Einbindung Dritter sollte sowohl aus kommunaler, wie auch aus bürgerlicher Perspektive anhand verschiedener Zielfelder erfolgen. Die Netzwerksteuerung stellt aufgrund der diversen Spannungsfelder, denen sie unterliegt, eine besondere Herausforderung im Public Governance dar.

> **Keywords**
>
> Netzwerksteuerung, Organisationspolitik, Privatisierung, Public-Private-Partnership, Rekommunalisierung, Stakeholder

Wie in Kapitel 2 (Der kommunale Haushalt) aufgezeigt, wird anhand der Aufgabenaufteilung (vgl. Abbildung 2.4) auch der Autonomiegrad der Kommunen, ihrer Ausgestaltung, bis hin zur Frage der Wahrnehmung an sich, deutlich. Während es bei den Aufgaben des übertragenen Wirkungskreises weder bezüglich der Frage der Wahrnehmung, noch in Bezug auf die Ausgestaltung Gestaltungsfreiräume gibt, kann bei Selbstverwaltungsaufgaben über die Art und Weise der Aufgabenwahrnehmung entschieden werden – bei den freiwilligen Aufgaben zudem auch darüber, ob sie überhaupt angeboten werden. Dies eröffnet entsprechende Spielräume in der Ausgestaltung der Zusammenarbeit mit externen Leistungserbringern. Ferner wird hierdurch die Frage des Aufwands deutlich: Bei Aufgaben des übertragenen Wirkungskreises müssten die Aufgabenerledigung vertraglich genau festgelegt und entsprechend kontrolliert werden.

5.1 Bürokratiemodell: Information

Die bürokratische Verwaltung hat sich mit ihren klassischen Steuerungsinstrumenten Gesetzmäßigkeit, Gemeinwohlorientierung und politischer Steuerung bewusst von der profit- und wettbewerbsorientierten Wirtschaft abgegrenzt. Sie agiert hoheitlich in einem Monopolmarkt. Dies hat den Vorteil, dass die Umsetzung einheitlich geschieht und es keine Abstimmungsprobleme mit Externen gibt. Allerdings können Preis und Güte der einzelnen Leistungen bzw. Prozesse nicht eingeschätzt werden. Folglich agiert die bürokratische Verwaltung zu langsam und erstellt schlechte und/oder nicht preisgerechte Leistungen (vgl. KGSt-Materialien 1/2003). Allenfalls geht es um eine gute Information für die Leistungsabnehmenden zu Inhalten, Ansprechpartnern, Öffnungszeiten, Zugangswegen, Formularen etc. in verständlicher Form.

5.2 NSM: Wettbewerb und Public Privat Partnership

In Kooperation erbringen öffentliche und private Leistungserbringer in verschiedenen Erscheinungsformen gemeinsam eine öffentliche Aufgabe. *Mit den umgangssprachlich als „PPP" (Public Private Partnership) bzw. „ÖPR" (Öffentlich Private Partnerschaften) bezeichneten Kooperationen, vergleichen Kommunen ihre Preise und Leistungen am Markt und versuchen, das jeweils günstigste und beste Angebot durch „Outsourcing" bzw. „Aktivierung durch Wettbewerb",* zu verwirklichen (vgl. Gourmelon et al. 2014a, Projektgruppe PPP 2003). Der „schlanke Staat" setzt dabei schwerpunktmäßig auf Kostenersparnis. Damit ergibt sich eine Win-Win-Konstellation für Kommune wie Unternehmen: „Die Verwaltung kann ihren Haushalt durch (Teil-)Auslagerung der Leistungserbringung entlasten und sich dadurch auf öffentliche Aufgaben als ihre Kernkompetenzen konzentrieren" (Naßmacher 2011, S. 8). Unternehmen erschließen sich neue, rentable Geschäftsfelder.

Im Wesentlichen lassen sich drei Formen der öffentlich-privaten Zusammenarbeit unterscheiden:

Abbildung 5.1 Vergleich verschiedener Privatisierungsformen (eigene Darstellung)

PPP-Form	Formale Privatisierung	Funktionale Privatisierung	Materielle Privatisierung
Bedeutung	Verwaltung behält Verantwortung für Aufgabe und Durchführung. Lediglich die Rechtsform ändert sich.	Kommune und Unternehmen bilden ein Gemeinschaftsunternehmen. Verwaltung zieht sich auf Gewährleistungsverantwortung zurück.	Echte Aufgabenprivatisierung: Ganze oder Teilbereiche werden aus der Verwaltung herausgelöst.
Beispiel	Krankenhaus als 100 % GmbH	Privat betriebener Hort in öffentlicher KiTa	Privatisierung eines städtischen Altenheimes
Vorteile	Bessere Vergleichbarkeit mit eigener Leistungserbringung	Kontrolle durch Verwaltung (Letztverantwortung), Verschlankung der Verwaltung, effizientere Aufgabenerledigung durch Dritte. Langfristige Haushaltseinsparungen und Qualitätsverbesserungen	Volle Übertragung der Risiken auf Dritte, Einbindung des (regionalen) Mittelstandes
Nachteile	Keine Möglichkeit direkter Mitarbeit	Abstimmungs- und Koordinations- und Kontrollaufwand	Kurzfristige Haushaltssanierung Übertragung der Steuerung auf Dritte: vollständige Verantwortungsabgabe, eigene Gestaltungsrichtlinien (Gefahr: Profit statt Gemeinwohl)

Die Finanz- und Wirtschaftskrise hat die kommunalen Privatisierungsbestrebungen forciert. Aus diesem Grund wurde besonders die öffentliche Daseinsvorsorge wie Müllabfuhr und Straßenreinigung, Energie-, Wasser- und Abwasserversorgung ausgelagert (zwischen 8 und 11 %). Im sozialen Bereich sind hauptsächlich der soziale Wohnungsbau (6 %) sowie Gesundheitswesen und Wohlfahrtspflege (4 %) betroffen (vgl. E&Y Kommunalstudie 2010). In den Nachfolgestudien wurde die Privatisierung nicht thematisiert (E&Y Kommunalstudien) bzw. die Ausdifferenzierung ist weniger differenziert (forsa Bürgerbefragungen).

Allerdings sind Privatisierungen in der öffentlichen Meinung in den letzten Jahren zusehends umstritten:

Abbildung 5.2 forsa Bürgerbefragung: Erledigung öffentlicher Aufgaben durch den Staat oder durch Privatfirmen? (© forsa 2014, S. 36)

	Die Aufgaben bzw. Dienstleistungen			
	sollten unbedingt im öffentlichen Dienst bleiben		könnten ebenso gut von Privatfirmen erledigt werden	sollten unbedingt privatisiert werden
	2007	2014		
Polizei	97 %	98 %	1 %	0 %
Gerichtswesen	96 %	96 %	3 %	0 %
Strafvollzug	92 %	90 %	7 %	1 %
Finanzverwaltung	85 %	88 %	9 %	2 %
Feuerwehr	83 %	88 %	11 %	1 %
Schulen	76 %	83 %	15 %	1 %
Rentenversicherung	70 %	78 %	17 %	3 %
Hochschulen	66 %	74 %	23 %	2 %
Krankenhäuser	61 %	71 %	25 %	4 %
Arbeitsvermittlung/-ämter	40 %	55 %	35 %	9 %
Müllentsorgung	41 %	54 %	39 %	7 %
Energieversorgung	40 %	55 %	37 %	7 %
öffentlicher Nahverkehr	39 %	47 %	45 %	7 %
Theater, Museen	33 %	34 %	56 %	10 %

Bei den meisten Leistungen, insbesondere der öffentlichen Daseinsvorsorge, wird keine Leistungsverbesserung durch Privatisierungen gesehen. Lediglich bei Telekommunikation und Paketdiensten sehen die Befragten Verbesserungen, dagegen stehen beim Wohnungsangebot und der Bahn deutliche Verschlechterungen gegenüber. In den meisten Bereichen sind die Befragten der Meinung, dass sich die Kosten durch die Privatisierungen erhöht haben, insbesondere bei Wohnungen, Bahn, Energieversorgung und ÖPNV. Die öffentliche Meinung zu Privatisierungen hat sich zwischen 2007 und 2014 verschlechtert: 2007 waren 24 % der Ansicht dass öffentliche Dienstleistungen privatisiert werden sollen, 2014 halbierte sich der Anteil auf 12 %. Indes ist der Anteil derjenigen, die der Meinung sind, private

Leistungen sollten wieder in den öffentlichen Dienst überführt werden, von 19 auf 28 % gestiegen, (vgl. forsa 2014 S. 36–39).

Seit einigen Jahren ist ein Gegentrend zur Privatisierung in Form von Insourcing bzw. Rekommunalisierung erkennbar. Im Jahr 2008 unterschrieben verschiedene Initiativen aus der ganzen Bundesrepublik die sogenannte „Leipziger Erklärung", damit wurde eine gemeinschaftliche Antiprivatisierungsinitiative (APRI) gestartet. Unter der Prämisse „Demokratie statt Privatisierung" finden regelmäßig Konferenzen statt, Forderungen an Kommunalpolitiker_innen werden erhoben geplante PPP abzulehnen bzw. Transparenz bei bestehenden PPP zu gewährleisten etc. (vgl. www.mbi-mh.de). Stand die Kostenersparnis bei den Privatisierungen im Vordergrund, plant fast die Hälfte der Kommunen einer Studie zur Rekommunalisierung der Universität Leipzig[1] zufolge, das Haushaltsdefizit jetzt durch Rekommunalisierung zu senken. Gründe für die Rekommunalisierung sind vielfältig:

Abbildung 5.3 Gründe der Rekommunalisierung (© Universität Leipzig 2011, S. 13)

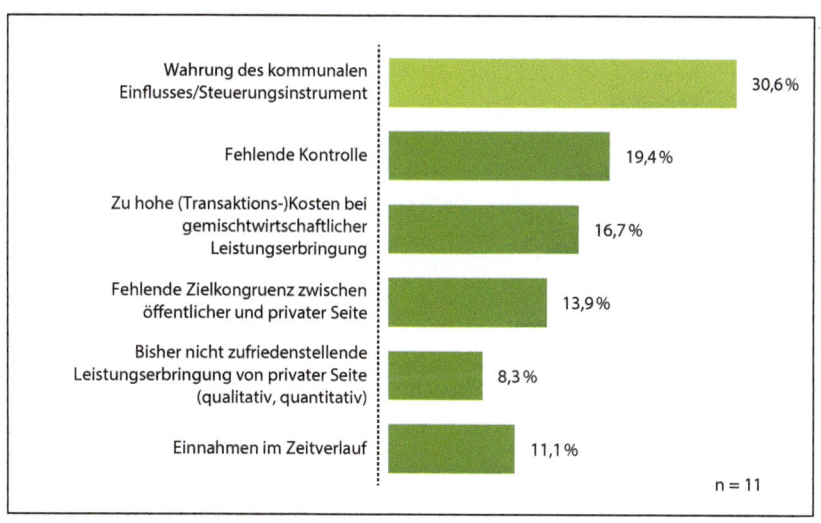

---

[1] An der Studie beteiligten sich in erster Linie jene Gemeinden mit über 20 000 Einwohner_innen, die ihre Kommunalwirtschaft im Zeitverlauf (teil-)privatisiert haben und gegenwärtig über eine Rückübertragung nachdenken. Vor diesem Hintergrund wird der Rücklauf mit 102 teilnehmenden Kommunen als hoch eingeschätzt (Rücklaufquote 14,59 %).

Auch das Deutsche Institut für Urbanistik (Difu) sieht den Hauptgrund des politischen Umdenkens im strategischen Steuerungsgewinn und führt als weitere Gründe an:

- „In Regionen mit einer ohnehin schwachen Wirtschaftsstruktur werden öffentliche Unternehmen wieder vermehrt als ein Instrument angesehen, mit dem sich der regionale Arbeitsmarkt und die lokale Wirtschaft durch Vermeidung von Lohndumping stärken lassen.
- Andernorts wird der Wille, politischen Einfluss auf die Qualität und Sicherung der Leistungserstellung zurückzugewinnen, ausdrücklich betont.
- Auch Ökologie- und Ressourcenargumente werden angeführt, etwa der Wunsch, atom- und kohlekraftfreien Strom zu handeln und zu produzieren oder perspektivisch getrennte Infrastrukturbereiche stärker zu integrieren.
- Vor allem aber geht es darum, die strategische Position der Kommunalwirtschaft gerade dort zu stärken, wo die Liberalisierung des Marktes weit vorangeschritten ist" (Difu-Berichte 3/2011).

Es gibt sektorale Unterschiede der Rekommunalisierung: Im Fokus steht die insbesondere materiell privatisierte Energieversorgung, was auch mit derzeit auslaufenden Konzessionsverträgen zu tun hat. Beim ÖPNV, Abfallentsorgung, Wasserver- und -entsorgung waren die Kommunen über Kooperationen stärker eingebunden. Bei Krankenhäusern erfolgt ein Umdenken, weil der Betrieb lange Zeit defizitär war, infolge Modernisierungen sich jetzt aber Gewinne abzeichnen (vgl. Difu-Berichte 3/2011).

Als Gründe für die nicht erfüllten Erwartungen der Privatisierung werden „die häufig unzureichende Abwägung von Privatisierungsentscheidungen seitens der Politik" und „Enttäuschungen hinsichtlich der Entwicklung von Qualität und Preisen" durch die Privaten genannt (Difu-Berichte 3/2011).

Eine schwierige Finanzlage erschwert die Gründung eigener kommunaler Unternehmen bzw. die Rückübertragung der Aufgaben. Für entscheidend hält das Difu die Regulierung der Dienstleistungen im Sinne der Sicherung des öffentlichen Interesses, womit der Beteiligungssteuerung eine entscheidende Bedeutung beizumessen ist (vgl. Difu-Berichte 3/2011). Die KGSt warnt zudem davor, dass vor dem Hintergrund des demografischen Wandels künftig nicht „ausreichend qualifiziertes Personal in ausreichender Anzahl für die Erledigung kommunaler Aufgaben zu gewinnen" ist (KGST-Gutachten 1/2010, S. 16). Auch hier besteht beim Insourcing also Handlungsbedarf.

5.3 KSM: Organisationspolitik und Kooperationen

Unter dem Begriff Organisationspolitik versteht die KGSt „den Spielraum bewusster Entscheidungen zur Gestaltung der Aufgabenträgerschaft und – daraus folgend – zur Gestaltung der Steuerungsprozesse bei kommunalen Dienstleistungen" (KGSt-Gutachten 1/2010 Teil 1, S. 21). Dabei erfolgt eine bewusste Weiterentwicklung vom NSM, indem die Grenzen der Kernverwaltung überwunden werden und die kommunalen Stakeholder einbezogen werden (vgl. KGSt-Bericht 5/2013):

Abbildung 5.4 Kooperationsformen im KSM (© KGSt-Gutachten 1/2010 Teil 1, S. 54)

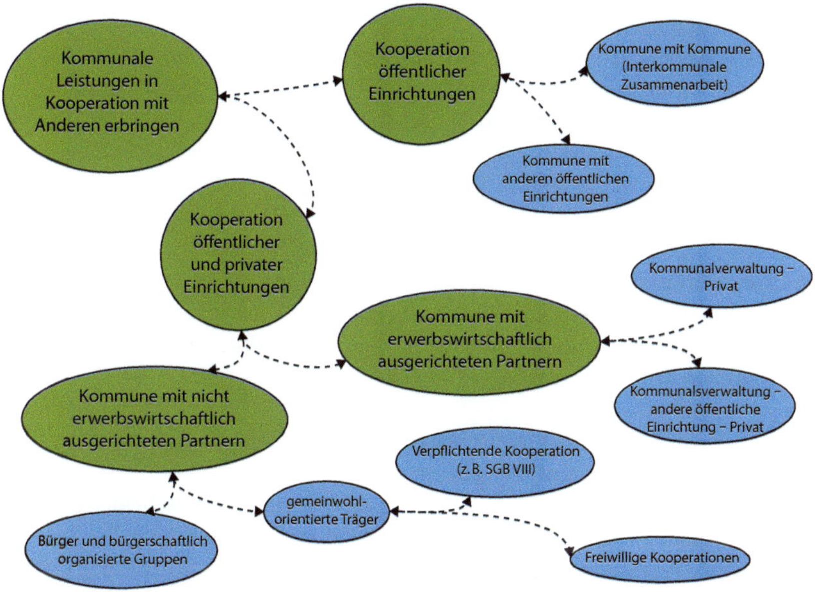

Grundsätzlich können dabei alle denkbaren Leistungserbringer einzeln oder im Verbund miteinander kooperieren, um kommunale Leistungen zu erbringen. Die Stakeholderbeteiligung gestaltet sich vielfältig und wird unter Schritt drei des organisationspolitischen Entscheidungsprozesses näher erläutert.

Vor dem Hintergrund der Aufrechterhaltung der Daseinsvorsorge in strukturschwachen Räumen, gewinnt dabei auch die *interkommunale Zusammenarbeit* zunehmend an Bedeutung. Hierbei sind vier Formen denkbar:

- *Koordination der Aufgabenerfüllung zwischen selbstständigen Partnern:* hierbei handelt es sich um eher informelle Kooperationen. In Shared-Service-Centern (SSC) werden in eigenständigen Organisationseinheiten Prozesse des Kerngeschäfts zusammengefasst (z. B. IT, Personalverwaltung, Buchhaltung).
- *Contracting:* Ein Partner erbringt die Leistungen für alle anderen auf der Grundlage eines Vertrages. Dies ist vergleichbar mit der materiellen Privatisierung, nur eben nicht allein auf ein Wirtschaftsunternehmen bezogen.
- *Fusionen:* Zusammenlegung von Organisationseinheiten oder ganzen Verwaltungen.
- *Gründung eines besonderen Trägers:* institutionell verankerte Kooperation mit der Zusammenlegung von Verwaltungseinheiten, ohne, dass die Gebietskörperschaft aufgelöst wird.
- *Regionalisierung:* ist im weiteren Sinne auch der interkommunalen Zusammenarbeit zuzuordnen. Es geht darum, die Wechselwirkungen zwischen kommunaler Identität und regionalen Denken und Handeln zu gestalten. Dies geschieht häufig projektbezogen in thematisch orientierter Zusammenarbeit (vgl. KGSt-Gutachten 1/2010 Teil 1).

Das Vorgehen wird im Public Governance als „Open Choice" beschrieben (vgl. Brüggemeier 2006), synonym im KSM als „Organisationspolitischer Entscheidungsprozess". Die Dienstleistungserbringung wird dabei aufgeteilt und bezüglich der einzelnen Module über die Art der (gemeinschaftlichen) Leistungserbringung entschieden (siehe Abb. 5.5).

Erster Schritt: Entscheidung zur organisationspolitischen Orientierung und Strategie der Gesamtverwaltung

Bei der grundlegenden Ausrichtung der Organisationspolitik entscheiden sich die meisten Kommunen für differenzierte Entscheidungen je nach Aufgabenbereich, weniger für eine gesamtstädtische Leitidee. Die strategische Positionierung erfolgt anhand verschiedener Fragestellungen:

- Selbstverständnis? Politische Orientierung z. B. am Leitbild Bürger- oder Dienstleistungskommune führt zu unterschiedlichen Trägerentscheidungen.
- Aktuelle Herausforderungen und Entwicklungen? Unterschiedliche wesentliche Anforderungen (z. B. Haushaltssicherung, kulturelles Oberzentrum) entscheiden über den institutionellen Rahmen.
- Zentrale Verantwortung oder dezentrale Befugnisse? Je dezentraler Entscheidungen getroffen werden können, desto aufwendiger ist die gesamtstädtische Steuerung. Entsprechend muss auf das zielgenaue Verhalten von externen Akteuren geachtet werden.

KSM: Organisationspolitik und Kooperationen 113

Abbildung 5.5 Organisationspolitischer Entscheidungsprozess (© KGSt-Gutachten 1/2010, Teil 2, S. 4)

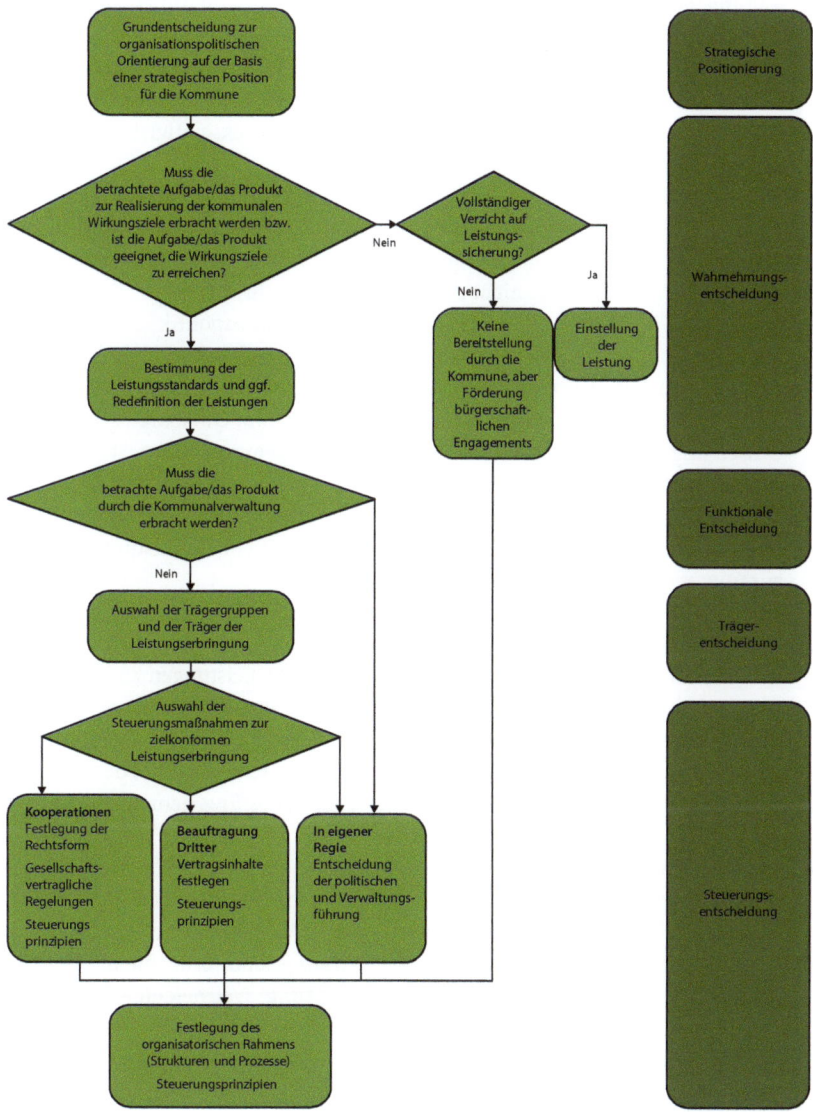

- Akzeptanzprobleme? Es muss überprüft werden, ob, aufgrund bestimmter Stimmungen oder negativer Erfahrungen, Unterstützung durch Politik, Verwaltung, gesellschaftlich relevanten Gruppen bzw. Bürgern_innen abgesichert werden muss.
- Kulturelle Barrieren? Change-Prozesse sind mit Unsicherheiten und ggf. Abwehrverhalten verbunden. Daher sind strukturelle und personelle Voraussetzungen zu schaffen und kulturelle Aspekte zu berücksichtigen (vgl. Public Change Management: Speier-Werner 2006).
- Strategische Relevanz? Festlegung des Kerngeschäfts (Welche Leistungen sind für die mittel- und langfristige Orientierung der Kommune in Bezug auf Bevölkerungszahl und -struktur, räumlicher und finanziellen Entwicklung entscheidend?). Dieses sollte nicht durch andere erbracht werden.
- Finanzielle Relevanz? Eine veränderte Organisationspolitik zieht ebenso Folgekosten durch gravierende Strukturveränderungen, wie auch hohe Anforderungen an Mitarbeitende nach sich.
- Größe der Kommune? Mit externer Beteiligungen bzw. Outsourcing steigt der Umsetzungs-, Planungs- und Kontrollaufwand. Demgegenüber ist abhängig von den regionalen Rahmenbedingungen zu prüfen, inwiefern eine Umstrukturierung mithilfe zentraler Steuerungsunterstützung nicht sinnvoller ist. Alternativ können sich kleinere Kommunen auch mit einem Leistungsanbieter zusammenschließen.

Zweiter Schritt: Wahrnehmungsentscheidung

- Aufgabenkritik: Hierbei kommen alle kommunalen Leistungen auf den Prüfstand – zunächst, ob Rechtsverbindlichkeit besteht und sie überhaupt erbracht werden müssen. Besteht keine Rechtsverbindlichkeit, stellt sich alternativ zur Einstellung der Leistung die Frage, ob sie aus politischem Kalkül dennoch erbracht werden soll, bzw. inwiefern bürgerschaftliches Engagement zur Bereitstellung der Leistung gefördert werden soll.
- Produktkritik: Sodann erfolgt die Produktkritik in Bezug auf den Outcome. Hierbei geht es darum, „welche gesellschaftlichen Ziele bzw. welche Ziele für bestimmte Personen oder Personengruppen (Wirkungen) erreicht werden sollen. Beispielhaft für eine angestrebte Wirkung kann etwa für die Dienstleistung/Aufgabe „Seniorenarbeit" die Zielsetzung „Vermeiden von Vereinsamungssituationen" genannt werden" (KGSt-Gutachten 1/2010, Teil 2, S. 28). Hierbei besteht die anspruchsvolle Aufgabe, Ergebnisziele (Output) und Wirkungsziele (Outcome) getrennt zu erfassen und Zielkonflikten durch Priorisierungen bzw. Gewichtungen in einem gemeinsam abgestimmten Prozess zu begegnen. Dadurch müssen sich Politik und Verwaltung mit den Kernzielen des Handelns im jeweiligen Handlungsfeld auseinander setzen.

- Wie bei der Aufgabenkritik, wird auch hier mit Leistungen, die für die zu erzielenden Wirkungen nicht relevant sind, verfahren. Wirkungsrelevante Leistungen werden auf ihre Standards überprüft und an aktuelle bzw. künftige Rahmenbedingungen angepasst. Ferner werden die Leistungsbeschreibungen präzisiert. Erst auf dieser Grundlage können geeignete externe Leistungserbringer gesucht werden (Voraussetzung für Schritt 4).

Dritter Schritt: Funktionale Entscheidung
Hierbei geht es um die Rolle und Funktion der Kommune bei der Leistungsentscheidung. Der funktionalen Entscheidung liegen folgende Kriterien zugrunde: Gestaltung der Aufgabenverteilung bezüglich Steuerungs-, Produktions- und Supportprozessen, vorzuhaltende Strukturen in der Verwaltung (Ansprechpartner, Steuerungseinheit), Kompetenzen und Verantwortlichkeiten der Akteure sowie Verfahren bei Regelverletzungen. Auf der Grundlage erfolgt die Ausgestaltung der Leistungserbringung mit den unterschiedlichen Optionen:

- Eigenerbringung der Leistung durch eine Verwaltungseinheit: Steuerungssysteme und -regelungen müssen auf ihre Zweckmäßigkeit geprüft werden.
- Leistungserbringung in kommunaler Eigengesellschaft: der Gesellschaftervertrag muss kommunalen Zielsetzungen und örtlichen Rahmenbedingungen entsprechen. Bei der Steuerung der Produktions- und Supportfunktionen ist zwischen operativer und strategischer Steuerung zu unterscheiden. Die Gesellschaft bedarf eines Beteiligungsmanagements, das strategische Aufgaben wahrnimmt und nicht nur die Beteiligung verwaltet und Mandatsträger_innen betreut.
- Interkommunale Zusammenarbeit: bei der gemeinsamen Leistungserbringung mehrerer Kommunen geht es neben der rechtlichen Absicherung (z. B. Zweckverband) um strukturelle Regelungen wie Aufgabenverteilung oder Festlegung von Rechten und Pflichten. Verträge sichern die Auftraggeber-/Auftragnehmerbeziehungen zwischen Kommunen ab. Zu den vier Formen der interkommunalen Zusammenarbeit: s. o.
- Kommunale Beteiligungsgesellschaft: bei der Kooperation der Kommune mit privaten Unternehmen ist die Gestaltung des Gesellschaftervertrages wesentlich. Die Herausforderung besteht darin, die strategische Steuerung am Gemeinwohl zu orientieren, denen die kommerziellen Interessen des Wirtschaftsunternehmens gegenüber stehen. Gerade bei Minderheitsbeteiligungen liegt die Machtkonzentration beim finanzstärkeren, privaten Akteur (vgl. Kapitel 5.2).
- Kooperationen mit gemeinnützigen Trägern, bürgerschaftlich organisierte Gruppen und Bürger_innen: Hier gelten die gleichen Grundsätze der Gestaltung wie bei der Kooperation mit Wirtschaftsunternehmen. Allerdings geht

es hier eher um die Frage was Gemeinwohl im jeweiligen Politikfeld bedeutet, und wie ein höchst mögliches Gemeinwohl zu erreichen ist.
- Zusammenarbeit in IT-unterstützten öffentlichen Leistungsnetzwerken: bietet neue Potenziale der interkommunalen wie ebenenübergreifenden Kooperation. Der Bedarf besteht darin, „wirksamere Formen der Governance zu entwickeln, die nicht mehr allein auf hierarchischer und prozessualer Steuerung basieren, sondern auch vertragliche, marktmäßige sowie auf Vertrauen" (KGSt-Gutachten 1/2010, Teil 2, S. 34).
- Aufgabenerledigung durch Dritte: dies bezeichnet die materielle Privatisierung durch vollständige Aufgabenübertragung an Wirtschaftsunternehmen oder gemeinnützige Träger (vgl. Kapitel 5.2). Hierbei muss sichergestellt werden, dass die Leistung langfristig in der gewünschten Qualität, zum angemessenen Preis und verlässlich erbracht wird, was mitunter einen hohen Überwachungsaufwand und die Vorhaltung entsprechenden Know-hows in der Kommune bedeutet. Ferner müssen die Befugnisse und Kompetenzen zur Gestaltung der Leistungen in der Kommune verbleiben, weshalb Kommunen wieder zunehmend dazu übergehen die Leistungen selber zu erbringen (vgl. Insourcing Kapitel 5.2).

Vierter Schritt: Trägerentscheidung
Auf Basis der funktionalen Entscheidung (Schritt 2) müssen geeignete Leistungserbringer gefunden werden. Dafür sind die Nähe zum Leistungsbereich, das Know-how in diesem, die erforderliche kommunale Steuerungsintensität sowie rechtliche Regelungen entscheidend. Daraus ergeben sich die zwei Optionen:

- Eigenregie: damit ist der eigentliche organisationspolitische Prozess abgeschlossen. Dennoch sollten die internen Strukturen und Prozesse auf eine bessere Qualität und Wirkung der Leistung angepasst werden.
- Fremdvergabe: hier sind die definierten Output- und Outcomeziele entscheidend. Durch aktive Suchprozesse oder Ausschreibungen werden konkrete Träger ermittelt. Gerade was die Wirkung sozialer Leistungen angeht, muss dies immer wieder auf den Prüfstand gestellt und an veränderte Rahmenbedingungen angepasst werden. Es bedarf hier eines dauerhaften Prozesses, in den die Sozialverwaltung eingebunden ist.

Fünfter Schritt: Steuerungsentscheidung
Zuletzt geht es um die detaillierte Gestaltung der Strukturen und Verfahren für den ausgewählten institutionellen Rahmen. Da die Auswirkungen der gewählten Form der Leistungserstellung weitreichende Folgen haben und sich die Kommune mitunter über lange Zeit vertraglich bindet, ist es notwendig:

KSM: Organisationspolitik und Kooperationen

- Abbildung der die Konsequenzen organisationspolitischer Alternativen möglichst umfassend abzubilden,
- die Konsequenzen mittels aussagekräftiger Kriterien zu erfassen und
- alle zielrelevanten Aspekte bei der Entscheidungsfindung zu würdigen.

Wesentlich im Entscheidungsprozess sind die übergeordneten kommunalen Zielsetzungen sowie die örtlichen Gegebenheiten. Die KGSt empfiehlt den kommunalen Entscheidungsträgern die Bewertung aus den beiden Perspektiven: bürgerliche Perspektive (welche Leistungsvariante bietet den Bürgern eine finanziell akzeptable, dauerhafte und universell zugängliche Leistungserbringung?) und die kommunale Perspektive (welche Risiken ergeben sich aus Sicht der Verwaltungs- und politischen Führung aus den organisationspolitischen Alternativen?). Beide Perspektiven sollten nach den Zielfeldern Wirkungen/Ergebnisse, Produktinhalt/-qualität, Prozesse und Strukturen sowie Ressourcen betrachtet werden (vgl. KGSt-Gutachten 1/2010, Teil 2, S. 21–43):

Abbildung 5.6 Beurteilungskriterien organisationspolitischer Lösungen (in Anlehnung an © KGSt-Gutachten 1/2010, Teil 2, S. 43)

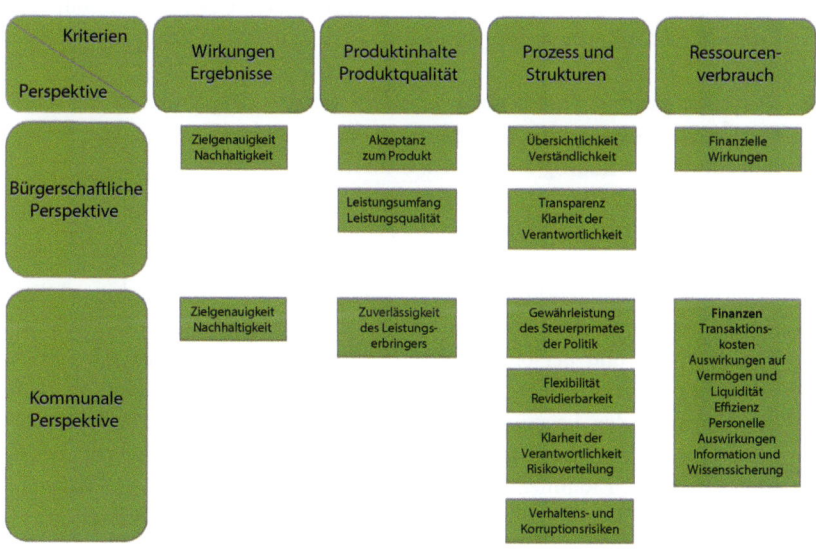

Die Leistungsbewertung aus bürgerschaftlicher Perspektive betrachtet:

- Kriterium Wirkungen/Ergebnisse: die unterschiedlichen Interessenslagen von Bürger_innen sollten durch Prozesse Berücksichtigung finden, in dessen Zentrum die Wirkungen der Dienstleistungen stehen. Dabei sind die Prozesse transparent und nachhaltig zu gestalten sowie die Mitwirkung unterschiedlicher Leistungserbringer zu ermöglichen.
- Kriterium Produktinhalte/-qualität: Das Image kommunaler Produkte ist von subjektiven Größen bestimmt (Emotionen, Wertungen, Präferenzen etc.). Bei der gemeinsamen Leistungserbringung stellt sich in diesem Kontext die Frage, inwieweit externe Leistungserbringer (Dritte) die Produktakzeptanz durch einen Vertrauensverlust negativ beeinflussen (z. B. Aufsichtsfunktionen durch einen privaten Unternehmer). Der Leistungsumfang bedeutet z. B. auch, dass Bürger_innen nicht aufgrund der Lage ihres Wohnsitzes oder ihrer Einkommenssituation durch die Leistungsbeteiligung Dritter von Leistungen ausgeschlossen sind.
- Kriterium Prozess und Strukturen: gerade bei der Leistungsbeteiligung durch Dritte ist es wesentlich, das Bürger_innen ohne größeren Aufwand die/den richtigen Ansprechpartner_in für ihr Anliegen finden. Des Weiteren sollte die Kompetenz des Leistungserbringers für die Aufgabenwahrnehmung deutlich sein.
- Kriterium Ressourcenverbrauch: bei der organisationspolitischen Entscheidung sind Preissteigerungen und mögliche Arbeitsplatzverluste von Bedeutung, die zudem künftig die sozialen Sicherheitssysteme belasten.

Die Leistungsbewertung aus kommunaler Perspektive betrachtet:

- Kriterium Wirkungen/Ergebnisse: Leistungserbringer werden hinsichtlich der Zielgenauigkeit aus kommunaler Sicht eingeschätzt. Kriterien hierbei sind die finanzielle und personelle Leistungsfähigkeit, die Bewertung des Kerngeschäftes sowie die Referenzen des Leistungserbringers, die Definierbarkeit der übertragenden Leistung sowie die Risiken der Zieltreue. Die Wirksamkeit kommunaler Steuerung erhöht sich durch rechtliche Absicherung, Schaffung struktureller Rahmenbedingungen sowie der Qualifikation des Personals.
- Kriterium Produktinhalte/-qualität: Kommunen sollten ihren Bürger_innen mengen- wie qualitative festgelegte Leistungen garantieren. Bei der (Teil-)Leistungsübertragung sind dabei Ausfallrisiken zu berücksichtigen, z. B. durch Schließung sozialer Einrichtungen eines frei-gemeinnützigen Trägers, fragliche Qualitätseinhaltung bei vermehrter Einbeziehung ehrenamtlicher Mitarbeitender etc. Insbesondere bei Pflichtaufgaben müssen Kommunalverwal-

tungen in der Lage sein unverzüglich Ersatzangebote zu schaffen. Bis ein anderer Leistungserbringer unter Vertrag genommen werden kann, müssen die Leistungen zumindest über einen begrenzten Zeitraum, selber erbracht werden.
- Kriterium Prozess und Strukturen: Ausgliederungen und Kooperationen bergen das Risiko, dass die verschiedenen kommunalen Leistungsbereiche schwieriger in ihrer Gesamtverantwortung gesteuert werden können. Um die Prozesse verlässlich sicher zu stellen, hilft die Bewertung auf drei Ebenen:
  - „Welche objektiven Einschränkungen der politischen Steuerbarkeit sind mit dem jeweiligen institutionellen Rahmen verbunden (z.B. bei der Förderung und Unterstützung des Bürgerengagements)?
  - Mit welchem zusätzlichen Aufwand ist die Wahrnehmung der Steuerungsfunktionen verbunden (siehe Transaktionskosten)?
  - Mit welchen Risiken sind die Maßnahmen zur Sicherung der Steuerungskompetenz verbunden (z.B. Risiken bei der Rekrutierung ausreichend qualifizierten Personals für die Wahrnehmung der Steuerungsunterstützung)?" (KGSt-Gutachten 1/2010, Teil 2, S. 47)
- Organisationspolitik ist schließlich eine Daueraufgabe, insofern die Leistungserbringung durch externe Leistungserbringer an geänderte Rahmenbedingungen anzupassen ist, bzw. auf ihre Ausrichtung an der kommunalen Zielrichtung überprüft werden muss.
- Den Kommunalverwaltungen obliegt, auch bei Auslagerungen, die Letztverantwortung, sie stehen vor der Politik in Verantwortung. Dennoch werden mit Einbindung Dritter in die Leistungserstellung auch Steuerungskompetenzen abgegeben. Dadurch wird die Verantwortung fragmentiert. Andererseits werden durch externe Leistungserbringungen auch die Risiken geteilt.
- Mit Ökonomisierung und Manageralisierung des öffentlichen Sektors, können ferner die Werte und Verhaltensweisen der öffentlich Beschäftigten beeinflusst werden. Hier müssen Fragen der öffentlichen Akzeptanz diskutiert werden und Strategien der Risikominderung bzw. -vermeidung entwickelt werden.
- Kriterium Ressourcenverbrauch: Der Finanzmittelbedarf lässt sich anhand folgender **Checkliste** beurteilen:
  - „Sind einmalige Investitionen notwendig? Wenn ja: In welchem Umfang? Können die erforderlichen finanziellen Mittel aufgebracht werden?
  - Höhe und zeitliche Verteilung von Zahlungsströmen. Welche Mittelzu- bzw. -abflüsse sind in der Zukunft zu erwarten? Ist ein eventueller negativer Zahlungssaldo in den jeweiligen Perioden gedeckt?
  - Welche steuerlichen Effekte werden durch die organisationspolitische Variante ausgelöst?

- Welche Auswirkungen hat die Entscheidung auf die kommunale Kapitalausstattung?
- Interne/Externe Transaktionskosten? Transaktionskosten umfassen den in Geld bewerteten Verbrauch für die Abwicklung und die Organisation – in diesem Falle – einer organisationspolitischen Veränderung. Klassischerweise unterscheidet man bei den Transaktionskosten zwischen
- Ex ante Kosten:
  - Informationskosten (z. B. Kosten für die Suche eines Kooperationspartners).
  - Einigungskosten (z. B. für die Verhandlung und den Vertragsabschluss).
- Ex post Kosten:
  - Steuerungs- und Kontrollkosten (z. B. Kosten für das Auftragsmanagement, Kosten für Leistungsabnahmen).
  - Kosten für die Konfliktlösung und ggf. Anpassung oder Beendigung eines institutionellen Rahmens).
- Gesamtwirkung auf den Kommunalen Haushalt". (KGSt-Gutachten 1/2010, Teil 2, S. 50 f.)
- Der Ressourcenverbrauch befasst sich ferner mit der Frage, inwiefern kommunale Vermögen (z. B. Grundtücke) betroffen sind, den personellen Konsequenzen (z. B. Personalfreisetzungen in der Verwaltung? Aufgabenverschiebungen? Kompetenzen für Steuerungsaufgaben? Auswirkungen auf Motivation der mitarbeitenden?) sowie des Wissens- und Informationsmanagements (z. B. Art und Umfang benötigter Informationen, Anforderungen des Informationsbedarfs in organisatorischer, personeller und informationstechnologischer Hinsicht, Einbringung des Wissens Dritter, Sicherung des Kow-how-Transfers) (vgl. KGSt-Gutachten 1/2010, Teil 2, S. 51).

5.4 Public Governance: Stakeholderorientierung und Netzwerksteuerung

Netzwerksteuerung wird als eine Form von Meta-Governance[2]-Strategien bezeichnet. Als Meta-Governance-Strategien werden die Steuerung im New Public Management (NSM), zivilgesellschaftliche Partizipation und eben Netzwerksteuerung diskutiert. Letztere bildet den Rahmen für die beiden ersten Strategien:

---

2 Meta-Governance „wird in einem Kontext der Behauptung und der Kritik sowie des (Re-)Designs politischer Institutionen im Zuge widersprüchlicher Integrationsanforderungen und konkurrierender Demokratieperspektiven betrachtet." (Haus 2007, S. 68).

Netzwerksteuerung („democratic network governance") grenzt sich zu den anderen Strategien ab, weil sie die vertikale Arbeitsteilung zwischen den Sektoren (Staat, Markt, dritter Sektor und informelle Netze) auflöst und auf Prozessen der Gegenseitigkeit beruht. Die Netzwerkstrategie verbindet dabei die positiven Aspekte des NSM (Flexibilität) und der Partizipation (kollektive Konsensfindung). Die negativen Aspekte des NSM (Entpolitisierung des Verwaltungshandelns) und der Partizipation („totalisierende Fassung des Gemeinwohls") werden dabei vermieden (Sørensen 2005: 47 f. zitiert in: Haus 2007, S. 83).

Kommunen nutzen Netzwerke, „um die Zielkonflikte zwischen Haushaltskonsolidierung, gleichzeitigem Erhalt der Infrastruktur und der Bewältigung immer neuer Aufgaben zu überwinden" (Fischer 2014/15, S. 12). Netzwerksteuerung beginnt bei der Klärung über die Inhalte, Auswahl der beteiligten Akteure und Steuerungsstrategien. Die Abstimmung zwischen staatlichen und nichtstaatlichen Akteuren bedeutet eine besondere Herausforderung im Netzwerkmanagement (vgl. ebd. und Kapitel 4.4). Netzwerksteuerung sollte daher bereits bei der Entwicklung eines gemeinsamen Leitbildes ansetzen, um grundlegende Zielvorstellungen abzustimmen und in konkreten Handlungsspielräume formuliert werden. Darüber hinaus sollte durch die Netzwerksteuerung eine öffentliche Debatte in der (Stadt-)Gesellschaft angeregt werden, um die aktive Teilhabe von Bürger_innen zu ermöglichen. Die Netzwerksteuerung orientiert sich dabei innerhalb des jeweiligen Politikfeldes an den institutionellen Stakeholdern, wobei Entscheidungsträger der Netzwerkbeteiligten in Verhandlung treten. Der Netzwerksteuerung obliegt dabei die Etablierung klarer Verantwortlichkeiten durch verbindliche Vereinbarungen (vgl. Fischer 2014/15, S. 15).

Interorganisationale Netzwerke bedürfen eines reflexiven Managements von Netzwerken (Netzwerksteuerung), die über die betrieblichen Managementfunktionen (Planung, Organisation, Personal, Führung und Kontrolle) hinausgehen. Bei der Steuerung interorganisationaler Netzwerke gewinnt das prozesshafte Vorgehen an Bedeutung, weil zahlreiche Interdependenzen, bedingt durch unterschiedliche Spannungsfelder, berücksichtigt werden müssen.

Die Netzwerksteuerung agiert dabei in verschiedenen Spannungsfeldern:

Abbildung 5.7 Netzwerksteuerung in verschiedenen Spannungsfeldern (© Sydow/Lerch 2013, S. 11).

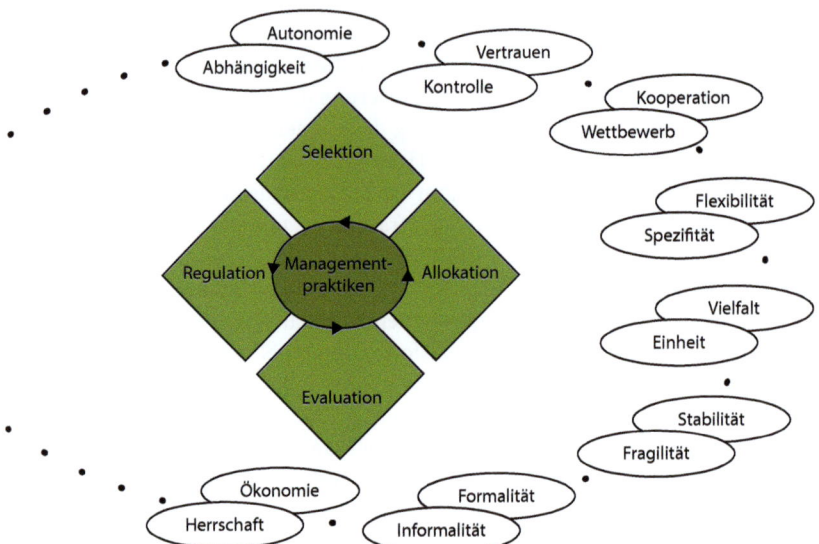

„Dabei sind diese Spannungsverhältnisse, zum Beispiel jenes von Kooperation vs. Konkurrenz oder von Vertrauen vs. Kontrolle (vgl. dazu Sydow 2010, S. 404 ff.; Wilhelm 2009; für ein Beispiel vgl. Lerch et al. 2007), aus einer Praxisperspektive nicht nur Bedingung reflexiver Netzwerksteuerung, sondern immer auch durch Netzwerkmanagement mit beeinflusst. Netzwerkmanagement ist in diesem Sinne ein Management von Spannungsverhältnissen (vgl. auch De Rond und Bouchikhi 2004)" (Sydow/Lerch 2013, S. 11). Daher braucht Netzwerksteuerung Funktionen bzw. Praktiken, die sowohl die verschiedenen Spannungsverhältnisse auch als Wechselwirkung zwischen Netzwerksteuerung und Einfluss auf diese Spannungsverhältnisse berücksichtigen.

Vier Funktionen bzw. Praktiken befassen sich mit diesen Spannungsverhältnissen und der Wechselwirkung mit der Netzwerksteuerung:

- *Selektionsfunktion:* Auswahl potentieller Netzwerkpartner nach ihren Kompetenzen und gemeinsamen Zielen sowie Festlegung des Zuschnitts der Zusammenarbeit. Die Auswahl kann nonformal auf der Grundlage von Erfahrungen oder anhand von Kriterienkatalogen stattfinden. Diese Vorsteuerfunktion

ist wesentlich, weil die Wahl der Netzwerkpartner gleichsam den Spielraum des künftigen Netzwerkes determiniert. Daher sollte die Selektion und De-Selektion von Netzwerkpartnern kontinuierlich vorgenommen werden.
- *Allokationsfunktion:* Bei der Aufgaben- und Ressourcenverteilung im Netzwerk sind die Fähigkeiten und Kapazitäten der Netzwerkpartner entscheidend. Damit das Netzwerk flexibel an veränderte Rahmenbedingungen sowie Situationen der einzelnen Akteure bleibt, ist auch dies eine Daueraufgabe.
- *Regulationsfunktion:* formelle wie informelle Regeln der Zusammenarbeit sind wesentlich für die Koordination der Netzwerkbeziehungen. Konkrete Spielregeln sollten vereinbart und ggf. angepasst werden.
- *Evaluationsfunktion:* Fragen der Kosten und des Nutzens der Zusammenarbeit sind ebenfalls auf formaler wie informeller Ebene zu stellen. Beispiele sind die jeweiligen Leistungsbeiträge oder einzelne Beziehungen im Netzwerk (vgl. Sydow/Lerch 2013, S. 3 f.).

Netzwerkzeuge sollten an diesen Funktionen ansetzen.

Als Handreichung zur Stakeholderbeteiligung in Kommunalverwaltungen bilden folgende Fragen eine Leitschnur:

- „Beschreiben Sie, wie Ihre" Kommunalverwaltung „die wichtigsten internen und externen Anspruchsgruppen identifiziert. Betreiben Sie den Dialog mit Anspruchsgruppen systematisch oder anlassbezogen? Nennen Sie die Gruppen, mit denen Sie in regelmäßigem Austausch stehen. Üblicherweise gibt es deutlich mehr externe als interne Anspruchsgruppen.
- Beschreiben Sie, auf welche Weise Sie mit Ihren unterschiedlichen Anspruchsgruppen in Dialog treten:
  - Führen Sie Mitarbeiterbefragungen durch? Haben Ihre Mitarbeiter_innen andere Möglichkeiten, ihre Beschwerden, Anregungen und Verbesserungsvorschläge zu äußern?
  - Über welche Kommunikationskanäle nehmen Sie Anliegen der Bürgerinnen und Bürger und andere Stakeholder sowie externe Leistungserbringer auf? Haben Sie ein Info-Center, eine Kunden-Hotline, führen Sie Kundenzufriedenheitsbefragungen durch? Wie werten Sie Beschwerden Ihrer Kunden" und Stakeholder „aus – zum Beispiel über ein Beschwerdemanagement oder die systematische Auswertung von lokalen Medienberichten? Veranstalten Sie „Runde Tische" mit Interessengruppen? Welchen Einfluss hat die Kommunalpolitik auf Ihre" Prozesse?
- Hier sind zwei Dinge ausschlaggebend:

- In welcher Form treten Sie in den Dialog mit Ihren wichtigsten Anspruchsgruppen" (Mitarbeiter_innen, Bürger_innen, Stakeholder, externe Leistungserbringer, ...).
- "und inwiefern nehmen Sie deren Kritik, Anregungen und Hinweise auf? Werden Maßnahmen abgeleitet? Erhalten die Gesprächspartner eine Antwort auf ihre Vorschläge? (VKU 2016, S. 41)

Als Beispiel für die Stakeholderbeteiligung wird das Flüchtlingsmanagement auf kommunaler Ebene als Netzwerksteuerung aufgezeigt:
Dem Leitfaden Flüchtlingsmanagement liegt eine Befragung vielzähliger Kommunen, Landkreise sowie weiteren öffentlichen Aufgabenträger zugrunde[3]. Diese haben 30 Risiken für das kommunale Handeln identifiziert, was eine besondere Brisanz bezüglich der o. g. Spannungsfelder bedeutet. Als besonders relevant haben sie 10 Risiken erkannt:

- "Flüchtlinge haben keine Beschäftigungs-/Arbeitsmöglichkeit.
- Es entsteht eine ablehnende Haltung gegenüber Flüchtlingen in der Bevölkerung.
- Kinder/Jugendliche haben erschwerte Bedingungen für den Bildungserwerb.
- Kernprozesse des Flüchtlingsmanagements sind zu komplex und zeitaufwändig.
- Belastungsgrenze der Aufgabenträger ist erreicht bzw. überschritten; die Einschränkungen treffen weite Teile der Handlungsfelder.
- Grundbedürfnisse (Privatsphäre, Schlafen, Sanitär) der Flüchtlinge können nicht mehr ausreichend sichergestellt werden.
- Es stehen nicht ausreichend Unterbringungsmöglichkeiten bzw. Wohnraum für Anschlussunterbringung zur Verfügung.
- Zusatzbelastungen schränken die finanziellen Möglichkeiten der Kommunen erheblich ein.
- Komplexe Rechtslage der unterschiedlichen Regulierungsbereiche führt zu Unsicherheit und Handlungserschwernissen bei allen beteiligten Akteuren (Verwaltung, ehrenamtliche Helfer, Partnerorganisationen, Flüchtlinge, ...).
- Soziale Segregationsprozesse in Stadtteilen nehmen zu (Ghettoisierung, Parallelgesellschaft)" (KGSt Flüchtlingsmanagement 2016, S. 3 f.).

---

3 Dreischrittiges methodisches Vorgehen (Oktober bis Dezember 2015): Identifizierung der Handlungsfelder und Akteure (ca. 40 telefonische Interviews), Identifizierung der Risiken (ca. 2000 Fragebögen versandt), Bewertung der Risiken und Erarbeitung von Steuerungsmaßnahmen (Workshop).

Für die Netzwerksteuerung wurde ein schrittweises Vorgehen als Risikomanagement entwickelt:

- Schritt 1: Maßgebliche Handlungsfelder und Akteure identifizieren: zur Identifizierung der Stakeholder und deren Beitrag in der Flüchtlingssituation sollte eine Prozesslandkarte erstellt werden[4]. „Dabei ist es wichtig, den Akteurskreis möglichst weit zu fassen, um nicht nur die auf den ersten Blick Beteiligten einzubeziehen. Die Beteiligten sind wichtige Teilnehmer in den folgenden Workshops. Auch dies sollte bedacht werden" (KGSt Flüchtlingsmanagement 2016, S. 8).
- Schritt 2: Risiken inventarisieren: Einschätzung der Risiken durch maßgebliche Stakeholder (Kommunalverwaltung, sonstige Behörden, Kirchen, Wohlfahrtsverbände etc.). Hier empfiehlt sich der Einsatz eines Fragebogens:
  - „Welche Rolle spielt Ihrer Meinung nach die Kommune bei der aktuellen Flüchtlingssituation? (Was sind die Aufgabenbereiche der Kommune? Und welche Rolle sollte die Kommune nicht übernehmen?)
  - In Bezug auf die aktuelle Flüchtlingssituation, mit welchen Problemen bzw. Herausforderungen ist Ihre Kommune momentan konfrontiert?
  - Welche Fragen stellen die Bürger_innen?
  - Welche Herausforderungen werden verwaltungsintern – etwa in Form von Arbeitsgruppen etc. – besprochen?
  - Welche Ereignisse mit gravierenden Auswirkungen auf die Kommune sind bereits eingetreten?
  - Welche zwei größten Risiken bestehen aus Ihrer Sicht für die Kommunen? (Bitte nennen Sie auch Ursache und Folgen des Risikos)" (KGSt Flüchtlingsmanagement 2016, S. 8 f.).

  Dadurch werden konkrete Spannungsfelder und Risiken erfasst. Diese können tabellarisch geordnet werden in Ursachen („Aufgrund von..."), Spannungsfelder/Risiken („...besteht die Möglichkeit, das...") und Folgen („...wodurch...").
- Schritt 3: Risiken priorisieren und Steuerungsmaßnahmen erarbeiten: Die Kommunalverwaltung und ihre Stakeholder nehmen in einem ersten Workshop eine Priorisierung der Spannungsfelder und Risiken aus ihrer jeweiligen Perspektive vor. Hierbei sollten alle beteiligten Akteure einbezogen werden, evtl. auch sonstige Stakeholder. Für die wichtigsten Spannungsfelder und Risiken werden anschließend Steuerungsmaßnahmen entwickelt. Aufgrund der unterschiedlichen beruflichen Sozialisierungen sowie institutionellen Zielset-

---

4 Die Prozesslandkarten können im Anhang des Leitfadens eingesehen werden, KGST Kennung: 20160223A0018.

zungen unterscheiden sich die Priorisierungen der Stakeholder. Daher ist eine ausgewogene Zusammensetzung wesentlich. Die Steuerungsmaßnahmen werden jeweils nach den Kategorien „Größenordnung der zu erwartenden Kosten, der wahrscheinlichen Umsetzungsdauer, der einzubeziehenden Akteure und möglicher Hindernisse bei der Umsetzung beschrieben [...] Hinsichtlich der Steuerungsmaßnahmen lautet die Empfehlung möglichst schnell möglichst konkret zu werden. Zudem sollten in diesem Schritt auch die Verantwortlichkeiten und eventuelle Zeitpläne zu den Maßnahmen geklärt werden, um möglichst schnell in eine Umsetzungsphase zu gelangen" (KGSt Flüchtlingsmanagement 2016, S. 10).

Literaturempfehlungen

Im Bürokratiemodell geschieht die Leistungserstellung primär intern, weshalb es um die Güte von Informationen geht. In der Weiterentwicklung gewinnt Informationsmanagement an Bedeutung. Hier empfiehlt sich KGSt-Bericht 7/2001.

Beim NSM soll Wettbewerb die Leistungsqualität steigern und gleichzeitig Kosten reduzieren. Dies geschieht in Form von PPP. Als Literatur sind beispielsweise Gourmelon et al. 2014a oder Projektgruppe PPP 2003 zu nennen.

Die Organisationspolitik des KSM wird ausführlich in KGSt-Gutachten 1/2010, Teil 2 dargelegt.

Im Public Governance gewinnen Stakeholderorientierung und Netzwerksteuerung an Bedeutung. Hierzu sind Sydow/Lerch 2013 zu empfehlen.

Weitere Informationen

Videos zur Rekommunalisierung:
- Zum Wandel zur Einstellung zu Privatisierungen empfiehlt sich dieses Video der Pressekonferenz des Verbandes kommunaler Unternehmen, des Deutschen Städte- und Gemeindebundes sowie des Deutschen Stadtetages am 19. August 2009 in Berlin: https://www.youtube.com/watch?v=EdVbeEEoK4s.
- Zurück zum produzierenden Wohlfahrtsstaat? von Prof. Dr. Reichard (Universität Potsdam): https://www.youtube.com/watch?v=EdVbeEEoK4s.

Netzwerksteuerung/Flüchtlingsmanagement: zu den 10 Risiken wurden über 90 Steuerungsmaßnahmen erarbeitet und in eine webbasierte Datenbank eingepflegt. Sie kann zur Steuerung der Flüchtlingssituation unter Stakeholderbeteiligung genutzt, auf den Bedarf vor Ort angepasst und individuell erweitert werden (kostenfreier Zugang für KGSt-Mitglieder). Um Informationen zur Risikomanagement-Software mit den entwickelten Risiken und Steuerungsmaßnahmen zu erhalten, kann Kontakt mit der „Weisse und Kollegen (W&K)" aufgenommen werden (Telefon: 07243/2058-969, E-Mail: Szenario2016@wundk. de (Hier bitte unter Angabe von Kommune, Name, Funktion) https://de.naris. eu/risk.map

5.5 Literatur Kapitel 5

Brüggemeier, Martin (2006). Electronic Government als Katalysator für öffentliche Leistungsnetzwerke. Gestaltungsoptionen für den kooperativen und gewährleistenden Staat. In: *Public Management – Grundlagen, Wirkungen, Kritik. Festschrift für Christoph Reichard zum 65. Geburtstag* (S. 303–320).

Difu-Berichte 3/2011. Deutsches Institut für Urbanistik *Standpunkt: Rekommunalisierung als Trend und Chance für Kommunen?*. Berlin: Verlag Difu.

Ernst & Young Wirtschaftsprüfungsgesellschaft (2010). *EY Kommunalstudie 2010. Kommunen in der Finanzkrise: Status Quo und Handlungsoptionen – Ergebnisse einer Befragung von 300 deutschen Kommunen.*

Fischer, Jörg (2014/2015). Bedingt kooperationsfähig? Netzwerksteuerung erfordert einen kulturellen Wandel und eine offene Diskussionskultur. *360° Magazin für das Management im öffentlichen Sektor* (15), S. 14–16.

forsa Gesellschaft für Sozialforschung und statistische Analysen mbH/Bundesleitung des dbb beamtenbund und tarifunion (Hrsg.) (2014). *Die Wende in der bundesrepublikanischen Bildungsdiskussion.* Berlin: dbb Verlag.

Gourmelon, Andrea, Seidel, Sabine, & Treier, Michael (2014b). *Personalmanagement im öffentlichen Sektor. Grundlagen und Herausforderungen.* Heidelberg, Hamburg: Rehm Verl.-Gruppe Hüthig Jehle Rehm.

Haus, Michael (2007). Governance, Meta-Governance und die Transformation lokaler Institutionen. In: Lilian Schwalb & Heike Walk (Hrsg.), *Local Governance – mehr Transparenz und Bürgernähe?* (S. 67–93). Wiesbaden: VS Verlag für Sozialwissenschaften..

KGSt-Bericht 7/2001. *Wissensmanagement in Kommunalverwaltungen.* Köln.

KGSt-Bericht 5/2013. *Das Kommunale Steuerungsmodell (KSM).* Köln.

KGSt-Gutachten 1/2010. *Kommunale Organisationspolitik: Teil 1: Entwicklungslinien, Konzepte, Erscheinungsformen.* Köln.

KGSt-Gutachten 1/2010. *Kommunale Organisationspolitik: Teil 2: Auswahl, Gestaltung und Einführung organisationspolitischer Lösungen.* Köln.

KGSt Flüchtlingsmanagement (2016). *Kommunale Steuerungsmaßnahmen durch Risikomanagement entwickeln.* KGSt in Kooperation mit Weisse & Kollegen, Naris GRC. Köln.

KGSt-Materialien 1/2003. *Kommunen im Wettbewerb – Wettbewerb gestalten, Leistungen verbessern.* Köln.

Naßmacher, Hiltrud (2011). Kommunalpolitik in Deutschland. *Aus Politik und Zeitgeschichte (APuZ 7-8/2011)*. Bonn: Bundeszentrale für politische Bildung.

Projektgruppe PPP (2003), Bertelsmann-Stiftung/Clifford Chance Pünder/Initiative D21 (Hrsg.). *Prozessleitfaden Public Private Partnership* – eine Publikation aus der Reihe PPP für die Praxis.

Sydow, Jörg, & Duschek, Stephan (Hrsg.) (2013). *Netzwerkzeuge – Tools für das Netzwerkmanagement*. Wiesbaden: Springer Gabler.

Universität Leipzig, Institut für Öffentliche Finanzen und Public Management (2011), *Renaissance der Kommunalwirtschaft – Rekommunalisierung öffentlicher Dienstleistungen*. Eine intersektorale Studie. Leipzig.

VKU (Verband kommunaler Unternehmen e. V.) (2016). *Branchenleitfaden zum Deutschen Nachhaltigkeitsindex*. Berlin/München: VKU Verlag GmbH.

Selbstverständnis gegenüber Bürger_innen 6

Zusammenfassung/Lernziele

Einleitend wird Bürgerbeteiligung, ihre Funktionen sowie die formalen Verfahren der direkten Demokratie (Bürgerbegehren und Bürgerentscheid) und die informellen Beteiligungsverfahren der kooperativer Demokratie dargelegt. Mit verändertem Selbstbild und Steuerungsverständnis ändert sich auch der Blick auf die Bürger_innen. Dieser ist im Bürokratiemodell statisch/passiv (Bürger_innen als „Bittsteller" oder „betreute Verwaltungssubjekte"). Im NSM-Verständnis als Dienstleistungsunternehmen werden Bürger_innen als Kund_innen betrachtet und bedürfen damit anderer verwaltungsinterner Prozesse (Nachfrageprozess). Im KSM und Public Governance gewinnen – gemäß des Leitbilds Bürgerkommune – Beteiligungsorientierung und Mitbestimmung an Bedeutung. E-Partizipation spielt eine zunehmend große Rolle.

Keywords

Bürgerentscheid, Bürgerbegehren, Bürgerbeteiligung, Bürgerkommune, direkte Demokratie, E-Partizipation, kooperative Demokratie

Die Bedeutung des Begriffs Bürgerbeteiligung ist nicht eindeutig. Entweder geht es um politische Beteiligung im Sinne aktiver Beteiligung durch Bürger_innen bei der gemeinsamen Aufgabenerledigung oder Bürgerbeteiligung ist ein Teilbereich unter dem Oberbegriff Partizipation. Im engeren Sinne *ist Bürgerbeteiligung die „unmittelbare Einbeziehung von Bürgern als Mitglieder eines Gemeinwesens in kommunale Entscheidungen. Bürgerbeteiligung bedeutet folglich, die Öffnung von Planungs- und Politikprozessen für eine bürgerschaftliche Mitwirkung"* (Storl 2009, S. 10).

Detjen differenziert fünf Funktionen von Bürgerbeteiligung:

- *Transmission bürgerschaftlicher Interessen in politische Entscheidungen:* Hier finden Beteiligungsinstrumente ihren Einsatz, die Partikularinteressen einzelner Bevölkerungsteile zusammenführen und den kommunalpolitischen Entscheidungsträgern nahe bringen.
- *Integrationsleistung:* Der Gebrauch von Partizipationsinstrumenten kann den Zusammenhalt in der Bevölkerung stärken.
- *Beitrag zur politischen Sozialisierung bzw. politischen Erziehung:* Die Wirkung ist bei denjenigen am größten, die Instrumente direkter Demokratie (Bürgerbegehren, Bürgerentscheid) initiieren, da sie sich besonders in eine kommunale Problemlage einarbeiten. Weiterhin befördert die Mitarbeit in Verbänden oder Parteien das politische Verständnis.
- *Vorbereitung auf zukünftige politische Aufgaben:* das zeitlich begrenzte politische Engagement bereitet auf die Übernahme fester politischer Verantwortungsübernahme vor und ist insofern ein Personalentwicklungsinstrument für politisches Personal.
- *Politische Legitimation:* politisch engagierte Menschen arbeiten sich in die politische Ordnung ein, nutzen politische Instrumente um sich einzumischen und lernen so auch die politische Ordnung zu akzeptieren (vgl. Detjen 2000, S. 55 f.).

Neben der repräsentativen Demokratie, als Ausübung des Wahlrechts, wird zwischen direkter Demokratie (auf kommunaler Ebene: Bürgerbegehren und Bürgerentscheid, auf Landesebene: Volksbegehen und Volksentscheid) sowie Beteiligungsverfahren kooperativer Demokratie unterschieden. Im Folgenden werden die Verfahren der direkten und kooperativen Demokratie näher erläutert.

Die Bürgerbeteiligung in der direkten Demokratie (auch formale Bürgerbeteiligung) im Überblick:

Abbildung 6.1 Instrumente und Verfahren direkter Demokratie auf kommunaler Ebene (ergänzte Darstellung: © https://www.piratenpartei-kassel.de/print/656

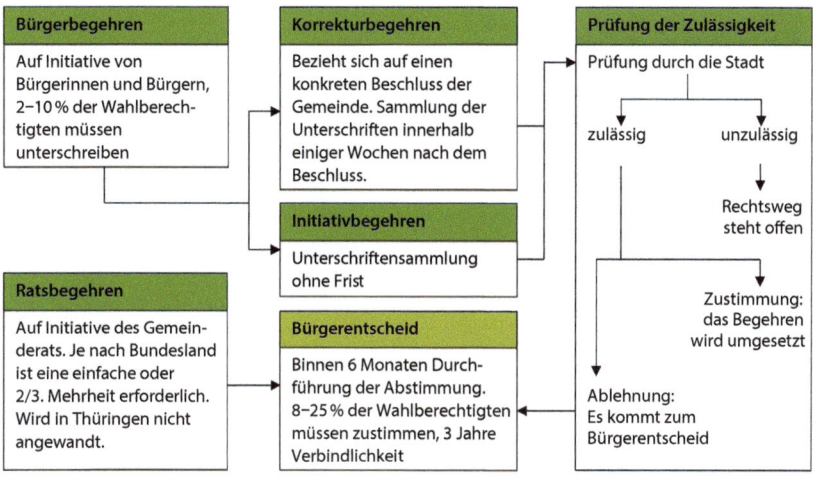

Damit ein Bürgerbegehren initiiert werden kann, ist zunächst die Zulässigkeit des Themas zu prüfen. Die Bundesländer haben dazu unterschiedliche Negativkataloge. Auf kommunaler Ebene haben die Gemeindeordnungen Negativkataloge mit dem „Schwerpunkt im Bereich der Finanz-, Haushalts- und Personalangelegenheiten" (www.buergergesellschaft.de). Das Bürgerbegehren ist ein „Antrag auf Bürgerentscheid aus den Reihen der Bürgerschaft. Eine Mindestzahl von Bürger/innen muss ihn per Unterschrift unterstützen, damit es zum Bürgerentscheid kommt" (Bürgerbegehrensbericht 2016, S. 10). Das Unterschriftenquorum entscheidet darüber, ob das Verfahren weiter bearbeitet wird, mit dem Ziel einen Bürgerentscheid zu erwirken. Erst durch einen Bürgerentscheid wird eine verbindliche Entscheidung der Stimmberechtigten über Sachfragen erwirkt. Durch ein Ratsbegehren (synonym: Ratsreferendum oder Ratsbürgerentscheid) kann ein Bürgerentscheid auch durch den Kommunalrat initiiert werden.

Abbildung 6.2 Überblick über die Verfahrensregeln zur direkten Demokratie im Vergleich der Bundesländer (© Bürgerbegehrensbericht 2016, S. 12).

Bundesland	zulässige Themen[1]	Bürgerbegehren (Unterschriftenquorum)	Bürgerentscheid (Zustimmungsquorum)	Ratsmehrheit zur Einleitung eines Ratsreferendums
Baden-Württemberg	4+	4,5–7 %	20 %	2/3-Mehrheit
Bayern	2+	3–10 %	10–20 %	Einfache Mehrheit
Berlin (Bezirke)	1	3 %	10 %	2/3-Mehrheit
Brandenburg	5	10 %	25 %	Einfache Mehrheit[2]
Bremen (Stadt)	2+	5 %	20 %	Einfache Mehrheit
Stadt Bremerhaven	3	5 %	20 %	2/3-Mehrheit
Hamburg (Bezirke)	1+	2–3 %	kein Quorum	Einfache Mehrheit[3]
Hessen	3	3–10 %	15–25 %	2/3-Mehrheit[2]
Mecklenburg-Vorpommern	5+	2,5–10 %	25 %	Einfache Mehrheit
Niedersachsen	5+	10 %	25 %	Einfache Mehrheit[4]
Nordrhein-Westfalen	4	3–10 %	10–20 %	2/3-Mehrheit
Rheinland-Pfalz	5+	6–10 %	20 %	Einfache Mehrheit
Saarland	5+	5–15 %	30 %	nicht vorhanden
Sachsen	2	5–10 %[5]	25 %	2/3-Mehrheit
Sachsen-Anhalt	5+	4,5–10 %	25 %	2/3-Mehrheit
Schleswig-Holstein	3+	4–10 %	8–20 %	Einfache Mehrheit
Thüringen	2	4,5–7 %[6]	10–20 %	nicht vorhanden

Anmerkungen:
[1] 1 = sehr viele, 6 = sehr wenige
[2] In Hessen und Brandenburg nur bei Gemeindefusionen möglich.
[3] In Hamburg beschränkt auf eine Alternativvorlage zu einem bürgerinitiierten Bürgerentscheid.
[4] In Niedersachsen beschränkt auf den Sonderfall, dass der Rat einen Bürgerentscheid innerhalb der Sperrfrist von zwei Jahren aufheben will.
[5] In Sachsen kann das Unterschriftenquorum für ein Bürgerbegehren von den Gemeinden auf ein Minimum von fünf Prozent gesenkt werden.
[6] In Thüringen beträgt das Unterschriftenquorum bei Amtseintragung sechs Prozent.

Selbstverständnis gegenüber Bürger_innen

Direkte Beteiligungsverfahren haben verschiedene Vor- und Nachteile:

Abbildung 6.3 Argumente für und gegen direkte Bürgerbeteiligung (© Bundeszentrale für politische Bildung 2013, S. 5)

Für direkte Demokratie	Gegen direkte Demokratie
Belebung der öffentlichen Debatte aller Staatsgewaöt soll vom Volk ausgehen (Regierende sind zugleich Regierte)	notwendige, aber unpopuläre Entscheidungen können blockiert werden
	Bürger_innen fehlt die fachliche Kompetenz
höhere Legitimation von Entscheidungen, wenn sie direkt vom Volk getroffen wurden	Beeinflussung (Manipulation) des Volkes durch mächtige Interessengruppen oder Demagog_innen
bessere Beteiligung der Bürger_innen an politischen Entscheidungen	Bürgerentscheidungen führen zu Verzögerungen
Betroffene sollen selbst über Maßnahmen/ Beschlüsse entscheiden	Minderheiten und ihre Interessen können nicht geschützt werden
beugt Machtmissbrauch durch politische Repräsentant_innen vor	eine Versammlung aller Bürger_innen ist in einem großen Land nicht möglich
neue Aspekte (Innovationen) werden in die Diskussion eingebracht	Interessengruppen mobilisieren egoistisch für eigene Zwecke
bei entsprechenden Quoren (Abstimmungshürden; Erfolgsbedingungen) Schutz vor Erfolg von Minderheiteninteressen	direkt betroffene oder gut informierte Bürger_innen haben Vorteile gegenüber uninteressierten, nicht betroffenen bzw. schlecht informierten
besondere Form der Kontrolle von Politiker_innen	
hoher Informationsgrad der Bevölkerung (gute Informationsmöglichkeiten durch Fernsehen, Zeitung oder Internet)	komplizierte Sachverhalte können nur schwer auf Ja/Nein-Abstimmungen reduziert werden
	kann zur Spaltung der Gesellschaft führen

Die Verfahren der kooperativen Demokratie (auch: informelle Bürgerbeteiligung) unterscheiden sich nach

- Dialogorientierung: Dialogische Verfahren beginnen zu einem früheren Zeitpunkt des Planungsprozesses und haben i. d. R. weniger Beteiligte und eine intensivere inhaltliche Einbindung als nicht dialogorientierte Verfahren.
- Dauerhaftigkeit: Kurzfristige oder tiefgreifende Veränderungen lassen sich durch punktuelle Beteiligungsverfahren erreichen. Dauerhafte Beteiligung zeichnet dahingegen eine hohe Mitwirkungsqualität in einen längeren Prozess aus und lässt auch Engagementverschiebungen und veränderte Bedarfslagen zu.

Abbildung 6.4 Einteilung der informellen Bürgerbeteiligungsverfahren erweiterte Darstellung in Anlehnung an © Bogumil/Holtmann/Schwarz 2003, S. 39 und © Klages et al. 2004, S. 97)

	Punktuelle Beteiligung	Dauerhafte Beteiligung
Dialogorientiert	Anwaltsplanung (als Beratung) Arbeitsbuchmethode Bürgerforen E-Democracy Mediationsverfahren Open Space Perspektivenwerkstatt Planungszelle Runde Tische Zukunftskonferenz/-werkstatt	Anwaltsplanung (kontinuierlich) Beiräte (Ausländer-, Senioren-, Behindertenbeiräte) Bürgerpanels Community Organizing
Nicht dialog-orientiert	Bürgerbegehren/-entscheid	„Klassische" turnusmäßig wiederholte Bürgerbefragung aktives Beschwerdemanagement

Das Netzwerk Bürgerbeteiligung hat **Empfehlungen für eine verlässliche und wirksame kommunale Beteiligungspolitik** entwickelt:

- *„Eine verlässliche kommunale Beteiligungspolitik braucht einen verbindlichen Rahmen für Bürgerbeteiligung, der gemeinsam mit allen Akteuren erarbeitet wird".* Zu Beginn steht die „klare politische Willensbekundung in Form eines Ratsbeschlusses. Hilfreich ist ein breiter, parteiübergreifender Konsens auf dessen Basis verbindliche Rahmenbedingungen geschaffen werden." Für die Entwicklung der Leitlinien „ist der gemeinsame Weg – ein Lern- und Aushandlungsprozess zwischen Einwohner/innen, Politik und Verwaltung, der in alle Akteursgruppen hineinwirkt und der zu einer gemeinsamen ‚Identitätsbildung' und Selbstbindung beiträgt."
- *„Eine verlässliche kommunale Bürgerbeteiligung braucht eine beteiligungsorientierte Verwaltung und Politik".* Für eine „wirksame kommunale Beteiligungspolitik muss Bürgerbeteiligung als Querschnittsaufgabe in der Verwaltung verankert werden. Dies kann in Form eines verwaltungsinternen Netzwerks, einer Koordinationsstelle und/oder eines eigenen Büros für Bürgerbeteiligung in der Verwaltung gelingen." Ferner bedarf es der Qualifizierung der Mitarbeitenden.
- *„Eine verlässliche kommunale Bürgerbeteiligungspolitik stärkt die repräsentative Demokratie.* Sie ist dialogorientiert und sorgt für das konstruktive Zusammenwirken von dialogischen Beteiligungsverfahren und direktdemokratischen

Instrumenten [...] Dialogorientierte Beteiligungsverfahren und die direktdemokratischen Instrumente der Kommunalverfassungen (Bürgerentscheide, Ratsbürgerentscheide) sollten in ihren jeweiligen Stärken genutzt werden und sich wechselseitig sinnvoll ergänzen. An erster Stelle steht dabei in jedem Beteiligungsverfahren die Suche nach einem konstruktiven gemeinsamen Weg und einer konsensorientierten Problemlösung, die den vielfältigen, oft auch widersprüchlichen Interessen in einer Stadtgesellschaft gerecht wird."

- *„Eine verlässliche kommunale Bürgerbeteiligung bezieht sich auf alle kommunalen Handlungsfelder und Entscheidungsprozesse.* Eine beteiligungsorientierte Kommune zeichnet sich dadurch aus, dass möglichst alle (wesentlichen) kommunalen Handlungsfelder und Entscheidungen partizipativ gestaltet werden. Hierzu gehören z. B. die Stadt- und Regionalentwicklung, die kommunale Infrastruktur, die Energiewende, kommunale Finanzen, Bildung und Kultur, Klimaschutz und -wandel, Kinder- und Jugendbeteiligung und die Wirtschaftsförderung."
- *„Eine verlässliche kommunale Beteiligungspolitik benötigt eine regelmäßige Evaluation und Bestandsaufnahme der lokalen Beteiligungsaktivitäten* [...] Ein erprobtes Verfahren ist hierbei die ‚lokale Demokratiebilanz', bei der Einwohner/innen und Verwaltung zum Zustand der lokalen Demokratie befragt werden. Mit Hilfe von ‚Demokratiebilanzen' lassen sich die Aktivitäten und die (Fort-)Schritte hin zur ‚beteiligungsorientierten Kommune' beurteilen und optimieren. Wichtig ist zudem, die kommunale Beteiligungspraxis immer wieder an die jeweilige Situation und veränderte Bedingungen anzupassen [...] Für die Rückkopplung und Reflexion der Akteure im Beteiligungsprozess bietet die kontinuierliche Selbstevaluation z. B. in Form von Qualitätsdialogen eine gute Basis".
- *„Eine verlässliche kommunale Bürgerbeteiligung braucht Transparenz* [...] Die Einwohner/innen müssen über die relevanten Vorhaben und (Beteiligungs-)Aktivitäten in einer Kommune frühzeitig und kontinuierlich informiert werden. Dies kann beispielsweise mit einer Vorhabenliste, einem Partizipationsportal und regelmäßigen (Stadtteil-)Informationsveranstaltungen gelingen [...] Initiativen aus der Bürgerschaft wie lokale (Bürger-)Medien oder unabhängige Bürgerportale unterstützen den Aufbau einer lokalen Beteiligungsöffentlichkeit."
- *„Eine verlässliche kommunale Bürgerbeteiligung ermöglicht die Mitwirkung aller. Mehr Beteiligung stärkt nur dann die lokale Demokratie, wenn sich alle Einwohnerinnen und Einwohner – unabhängig von ihrem Alter, ihrem Bildungshintergrund, ihrer sozialen Lage und ihrer Staatszugehörigkeit – beteiligen und einbringen können* [...] Eine inklusive Bürgerbeteiligung zu verwirklichen, ist eine besondere Herausforderung für die lokale Beteiligungspolitik. Niedrig-

schwellige Zugänge, aufsuchende Beteiligungsformate und per Zufallsauswahl beteiligte Einwohner/innen tragen dazu bei, dass alle Bevölkerungsgruppen (z. B. Kinder und Jugendliche, Zugewanderte, sozial Benachteiligte) die gleichen Beteiligungschancen bekommen" (s. u.).

- „*Eine verlässliche kommunale Bürgerbeteiligung braucht Unterstützung und Infrastruktur für eine gute Beteiligungspraxis.* Die Einwohner/innen, der Rat und die Verwaltung benötigen auf der Suche nach angemessenen und wirksamen Formen der Beteiligung Unterstützung – zum Beispiel durch Kompetenzzentren in der Verwaltung und durch die Einrichtung von Beteiligungsbüros, die an vorhandene lokale Zentren (z. B. Freiwilligenagenturen, Stadtteilzentren, Mehrgenerationenhäuser, Mütterzentren, Bürgerbüros) angebunden sind. Alle Akteure werden dabei unterstützt, sich in kommunale Entscheidungsprozesse einzubringen. Beteiligungshaushalte, Bürgerhaushalte, Quartiersfonds und Budgets für Kinder- und Jugendräte können hierzu einen wichtigen Beitrag leisten und für garantierte finanzielle Gestaltungsspielräume in Beteiligungsprozessen sorgen [...]."
- „*Eine verlässliche kommunale Bürgerbeteiligung stärkt die demokratische Praxis in den lokalen Institutionen und Organisationen* [...] Lern- und Beteiligungsangebote in Kitas, Schulen und Volkshochschulen helfen, bei allen Beteiligten demokratische Handlungs- und Beteiligungskompetenzen und Fähigkeiten der Selbstorganisation zu entwickeln. Sie vermitteln Respekt vor der Meinung Andersdenkender und machen sensibel für die vielfältigen Interessen und Orientierungen in einer Stadtgesellschaft [...]."
- *Eine verlässliche kommunale Bürgerbeteiligung braucht starke Kommunen und ausreichende Ressourcen.* Es bedarf „einer ausreichenden und gesicherten finanziellen und personellen Ausstattung, wenn eine verlässliche kommunale Bürgerbeteiligung ernsthaft umgesetzt werden soll. Es gehört zu den wesentlichen Rahmenbedingungen kommunaler Beteiligungspolitik, starke Kommunen zu schaffen und zu erhalten, die über die erforderlichen finanziellen, rechtlichen und institutionellen Gestaltungsspielräume im bundesstaatlichen Gefüge verfügen." (http://www.netzwerk-buergerbeteiligung.de/fileadmin/Inhalte/PDF-Dokumente/nbb_empfehlungen_kom_beteiligungspolitik_endfassung_juni2015.pdf)

Ein besonderes Problem der Bürgerbeteiligung, der direkten oder kooperativen Demokratie, ist die soziale Exklusion: „Gerade bildungsferne Menschen und solche, die sich von einer politischen Beteiligung zurückgezogen haben, nehmen politische Entscheidungen „von denen da oben" so wahr, als gingen diese grundsätzlich an ihren Interessen vorbei. Sie misstrauen den politischen Institutionen, Entscheidungsprozessen – und vor allem ihrem eigenen Einfluss. Gefragt ist deshalb eine Beteiligungskultur, bei der die Menschen mit ihren (kritischen) Anregungen willkommen geheißen und nicht wie Störenfriede behandelt werden" (Beck 2013, S. 3f.). Um diese Menschen zu erreichen, reichen formale Aufrufe zur Beteiligung oft nicht aus. Es benötigt niederschwellige Teilhabeangebote, die lebensweltlich orientiert sind und sich einer einfachen Sprache bedienen. Ferner sollte verdeutlicht werden, „wie sehr Planung und Umsetzung von Vorhaben auf die kritische Begleitung aller Bürgerinnen und Bürger, nicht nur der Eliten, angewiesen sind. Und Vorsicht: Vorschnell wird den Menschen aus einkommensschwachen und bildungsfernen Schichten abgesprochen, dass sie für das Gemeinwohl denken und entscheiden könnten. Neueste Forschungsergebnisse weisen jedoch nach, dass Menschen aus unteren Schichten eher für andere denken und zur Unterstützung bereit sind als die aus oberen Schichten[1]" (Beck 2013, S. 4). Ferner muss Demokratie auch geübt werden und ist daher eine Bildungsaufgabe (Klassensprecher, Schulprojekte etc.). Letztendlich sollte die Politik selber stärker in die Pflicht genommen werden, denn „Wer aus den Reihen der offiziellen Politik vor einem Ausbau der direkten Demokratie warnt, weil sie die Kluft zwischen Arm und Reich verschärfen könnte, der sollte sich zunächst für eine sozial verträglichere Politik einsetzen, anstatt den Menschen ihre Beteiligungsrechte vorenthalten zu wollen" (Beck 2013, S. 4).

6.1 Bürokratiemodell: „Bittsteller" oder „betreute Verwaltungssubjekte"

Die Betrachtung der Bürger_innen ist im Bürokratiemodell klar von der Vollzugsverwaltung mit ihren entsprechenden Merkmalen geprägt (vgl. Strukturmerkmale Kapitel 1.1):

- *Die Durchführung ist gesetzlich und durch Verfahrensanweisungen bestimmt, statt nach Rang oder Ansehen der Person.*
- *Der klar geregelte Dienstweg steht Willkür und Vetternwirtschaft entgegen.*
- *Kleinzellige Arbeitsteilung sichert eine hohe Fachlichkeit der Entscheidungen ab und damit eine gewisse Unabhängigkeit von der/vom jeweiligen Sachbearbeiter_in, dadurch eine hohe Verlässlichkeit für Bürger_innen.*

---

1 Studien von Dacher Keltner, Psychologie der University of California in Berkeley: http://www.fr-online.de/wissenschaft/studie-zur-spendenbereitschaft-die-kleinen-leute-spenden-mehr,1472788,11130090.html

Nachteilig wirken sich lange Bearbeitungs- und Wartezeiten, unklare Zuständigkeiten oder unverständliche Sprache („Behördendeutsch") aus. Bürger_innen fühlen sich als „störende Bittsteller_innen" missverstanden, wobei es ja um ihr Recht geht oder ausgeliefert als „betreute Verwaltungssubjekte".

Dabei haben Kommunen und KGSt bereits in den 70er-Jahren Bürgernähe diskutiert, allerdings mit instrumentellen Konstrukten (KGSt-Bericht 10/1974, KGSt-Bericht 20/1974). Bereits 1979 wurden Bürgerwünsche verfahrenstechnisch abgebildet und damit das Verwaltungsumfeld in die Arbeit der Kommunen einbezogen (KGSt-Bericht 4/1979). *In der weiteren Entwicklung wurde Bürgernähe zu einem Gesamtkonzept ausgebaut, in die Verantwortung der Führungskräfte gestellt und durch Personalentwicklungsmaßnahmen flankiert, u. a. zur Verbesserung des Verhandlungsgeschicks.* Multiplikatoren sollten zudem als „Agenten des Wandels" die Bedürfnisse von Bürger_innen und Mitarbeiter_innen einbeziehen (vgl. KGSt-Bericht 6/1995). 1992 publizierte die KGSt das Leitbild Bürgernähe auf der Grundlage von Leitbildern einiger engagierter Kommunen. Hierdurch sollte auch den ostdeutschen Verwaltungen Anschluss an den Prozess ermöglicht werden (KGSt-Bericht 2/1992). Bürgernähe wird dabei verstanden als „Dienstleistungsorientierung der Verwaltung, die im Gleichgewicht steht zu den Werten Rechtmäßigkeit, Wirtschaftlichkeit und Sozialverträglichkeit" (KGSt-Bericht 2/1992, S. 11). Bürgerorientierung beschäftigt sich neben dem Bild von Bürger_innen mit dem Verständnis und Verhalten der Mitarbeitenden gegenüber Bürger_innen, einer dienstleistungsorientierten Haltung, Anreizen für Bürgernähe, Arbeitsorganisation und -abläufen sowie Politik und Bürgernähe (vgl. KGSt-Bericht 2/1992, S. 14–20).

Anhand eines Fallbeispiels werden die Wechselwirkungen der verschiedenen Elemente, die eine bürgerfreundliche Verwaltung befördern würden deutlich, sowie die Notwendigkeit einer ganzheitlichen Konzeption:

Abbildung 6.5   Bürger_in und Behörde (in Anlehnung an © KGSt-Bericht 10/1981, S. 7–9)

Ereignisse	Psychologische Wirkung
Frau W. ist umgezogen und muss einen neuen Kindergarten-Platz suchen. Sie beschließt, am nächsten Morgen das Jugendamt aufzusuchen und bittet ihren Vorgesetzten, morgen etwas später zur Arbeit kommen zu dürfen.	Behördenbesuch drängt.
„Na gut, aber müssen denn Behördengänge immer während der Arbeitszeit erfolgen? Vergessen Sie nur nicht den Termin um 10.00 Uhr mit dem Prokuristen der Firma XY. Es hängt viel für uns von diesem Gespräch ab!"	Einschätzung eines Behördenbesuches durch die Umwelt. Zwang zur Eile.

Bürokratiemodell: „Bittsteller" oder „betreute Verwaltungssubjekte" 139

Ereignisse	Psychologische Wirkung
Frau W. hält diese Bemerkung ausgerechnet bei sich für völlig verfehlt, denn sie fühlt sich der Firma sehr verpflichtet.	Ärger über die Äußerung des Chefs, Stress für den Behördengang vorprogrammiert.
Frau W. verlässt das Haus gegen 8.00 Uhr, auf dem Weg zum Amt gerät sie in einen Stau. Um 8.40 Uhr trifft sie im Jugendamt ein, sämtliche Besucherparkplätze sind bereits belegt.	Ärger über die allgemeine Verkehrssituation und die Parkmöglichkeiten.
Nach längerem Suchen findet sie einen Parkplatz in der Kurzparkzone. Frau W. beeilt sich. Auf dem Weg fängt es an zu regnen, der Schirm liegt im Auto.	Kleinigkeiten kommen hinzu, die den Ärger verstärken.
Im Amt missversteht sie die Beschilderung. Daher wartet sie geraume Zeit vor einem falschen Zimmer.	Stress verstärkt sich.
Beim Zimmer des zuständigen Sachbearbeiters (Kitabelegung, Platzvermittlung) angekommen, muss sie sich in eine lange Schlange anreihen.	W. denkt an den Termin um 10.00 Uhr und wird nervös.
Der Sachbearbeiter Herr S. muss einen kranken Kollegen wiederholt vertreten, er stöhnt.	S. fühlt sich überlastet.
Frau W. denkt an die abgelaufene Kurzparkzeit. Um 9.30 Uhr kommt sie endlich an die Reihe.	W.s Nervosität steigert sich.
Frau W. sieht eine Tasse Tee auf dem Schreibtisch von Herrn S. Wegen der Vertretung kommt Herr S. heute nicht dazu zu frühstücken.	Teetasse als Bestätigung über das Vorurteil des „Arbeitseifers" von Verwaltungskräften.
W.: „Kein Wunder, dass sich hier Schlangen bilden, wenn Sie in Ruhe Tee trinken. Zeit spielt bei Ihnen wohl keine Rolle!"	Angestauter Ärger entlädt sich.
Herr S. reagiert nicht auf die Bemerkung. Er fragt Frau W. nach ihrem Anliegen, legt ihr das Platzvermittlungsformular vor und bittet, es auszufüllen.	S. versucht sich zu beherrschen; weiterer Reiz für W.
Frau W.: „Sie können das doch besser, das kostet ja noch mehr Zeit."	S. fühlt sich als „Büttel" ausgenutzt.
Herr S.: „Wenn es Ihnen wirklich auf Zeitersparnis ankommt, hätten Sie den Vordruck vorher besorgt und ausgefüllt mitgebracht!"	W. fühlt sich zurecht gewiesen.
Frau W.: „Ich verbitte mir diesen Ton. Über Sie werde ich mich beschweren!"	Erregungszustand. Gespräch über die Sache selbst nicht mehr möglich.
Frau W. begibt sich geradewegs zur Abteilungsleiterin B. Kindertagesstätten und beschwert sich lautstark über den rüden Ton „der Sachbearbeiter". B. hört sich die Vorwürfe an und bedeutet Frau W., sie wolle „die Sache" in die Hand nehmen.	verschoben und dadurch zusätzlich brisant.
Frau B. bittet Herrn S. zu sich. „Ich will mich jetzt gar nicht um die Details kümmern. Herr S. sie sollten einmal an unserem Seminar „Umgang mit Bürgern" teilnehmen."	stereotypes Führungsverhalten. Kein Mitarbeitergespräch. S. fühlt sich ungerecht behandelt.

Ereignisse	Psychologische Wirkung
Herr S. hatte bisher mäßiges Interesse an dem Seminar. Jetzt ist ihm alle Lust vergangen. Bisher galt er immer als unabkömmlich.	Verstärkte Unlust gegenüber etwas früher Gewollten.
Jetzt zum Seminar zu gehen ist nur ein Eingeständnis von Fehlern, denkt S.	Furcht vor Ansehensverlust bei Kollegen.
Ein Kollege der kürzlich trotz bekannt unfreundlichen Verhaltens gegenüber BürgerInnen auch noch befördert wurde, hat nie an diesem Training teilgenommen.	Stellenwert des Trainings wird gering eingeschätzt. Bürgernähe wird nicht systematisch berücksichtigt.
Nachdem Frau B. ihn noch einmal aufgefordert hat, nimmt S. an dem Seminar teil, letztlich jedoch mit großem Widerwillen.	Seminar wird als Maßregelung, nicht als Hilfe empfunden.
Nach dem Besuch des Trainings berichtet S. seiner Frau: „Das ist alles was die machen. Einen auf Seminare schicken, wo man sich die Sprüche von Theoretikern anhören muss, und im Büro bleibt alles beim Alten, nichts aber auch gar nichts wird da getan..."	Herr S. verschärft seine ablehnende Haltung gegenüber Fortbildungen.

Die Umsetzung der Bürgerfreundlichkeit ist davon abhängig, inwieweit sie in ein ganzheitliches Konzept eingebunden ist. Dies ist wiederum auf begünstigende Rahmenbedingungen angewiesen. Zwänge und Anreize sind im Vergleich zur freien Wirtschaft allerdings eher schwach ausgeprägt und vom politischen Willen sowie Einsichten von Führungskräften wie Mitarbeitenden abhängig. Schließlich spielt auch die Erwartungshaltung der Bürger_innen eine nicht unbedeutende Rolle.

6.2 NSM: Kund_innen

Die Kritik an der Binnenorientierung der Verwaltung nimmt die KGSt auch in Bezug auf Bürger_innen auf. Die Dienstleistungskommune ist kundenorientiert, d. h. sie organisiert sich von außen nach innen und passt ihre Leistungen laufend der veränderten Nachfrage an (vgl. KGSt-Bericht 2/2007, S. 22). „Kundenorientierung der öffentlichen Verwaltung bedeutet, die Leistung empfänger- und zielgruppengerecht im Rahmen der rechtlichen Vorgaben anzubieten. Auf das Ergebnis kommt es dabei an" (Pook 2008, S. 2). Die KGSt erläutert: „Das Verhältnis der Kommunen zu ihren Bürgern ist schwieriger geworden, Legitimität muss täglich neu erkämpft werden. Die Bürger möchten, dass die Kommunalverwaltung sie ernst nimmt [...], dass die Verwaltung im Bürger nicht mehr das ‚betreute' Verwaltungssubjekt sieht, sondern lernt, ihn als vollwertigen Partner zu akzeptieren" (KGSt-Bericht 2/2007, S. 20).

Die bürgernahe Verwaltung soll folgende Voraussetzungen erfüllen:

- *Effizienz:* „Entscheidungen müssen schnell und kostengünstig getroffen werden, bei gleichzeitig niedrigen Ressourcenverbrauch."
- *Bürgernähe:* „Leistungen müssen bedürfnisgerecht, sachgerecht und situationsgerecht erbracht werden."
- *Kooperation:* „Mit den Bürgerinnen und Bürgern werden gleichberechtigt Absprachen getroffen, unter Berücksichtigung aller Interessen Verträge und Vereinbarungen geschlossen sowie in Konfliktsituationen gemeinsame Lösungen gefunden."
- *Kundenorientierung:* „Zwischen der Bevölkerung und der Verwaltung bestehen marktförmige Beziehungen. Die Bürgerinnen und Bürger bestimmen die Nachfrage und haben den Anspruch auf ein ortsnahes, serviceorientiertes Dienstleistungsangebot, auf das auch mit modernen Medien zugegriffen werden kann."
- *Transparenz:* „Alle Verwaltungsentscheidungen müssen für die Bürgerinnen und Bürger nachvollziehbar sein, um sich bei Rückfragen an eine Ansprechpartnerin bzw. einen Ansprechpartner wenden zu können. Es wird ein großes Informationsangebot in Presse, Broschüren und Internetveröffentlichungen bereitgestellt. Die Bürgerinnen und Bürger werden zudem durch Beteiligungsverfahren in Planungs- und Verwaltungsprozesse einbezogen."
- *Flexibilität und Fairness:* „Ermessensspielräume werden ebenso wie neue Erkenntnisse und konstruktive Problemlösungsprozesse genutzt bzw. berücksichtigt und das Verhalten gegenüber den Bürgerinnen und Bürgern ist durch Respekt und Wertschätzung geprägt." (Pulic 2014, S. 236 f.).

Die Kund_innen der Kommunalverwaltung nehmen verschiedene Rollen an:

- *Teil der örtlichen Gemeinschaft:* In dieser Rolle hat die/der Kund_in Informations- und Partizipationswünsche als Mitgestalter des Gemeinwesens. Informationen über kommunalpolitische Entscheidungen sollten leicht zugänglich sein, die Politik und Verwaltung sollten den Kund_innen das Interesse an seiner Meinung vermitteln.
- *Adressat eines belastenden Verwaltungshandelns:* hier wollen Bürger_innen gar nicht Kund_innen sein, sondern die Verwaltung legt den Kund_innen diese Rolle auf (z. B.: Empfang eines „Knöllchens"[2]). In dieser eingeschränkten Kun-

---

2 Ähnlich unpassend ist der Kundenbegriff bei Zwangskontexten sozialer Leistungserbringung wie z. B. in der Bewährungshilfe.

denbeziehung sind Verständlichkeit und Transparenz sowie ordnungsgemäße Informationen zu Widerspruchsmöglichkeiten wichtig.
- *Hilfeempfänger*: hier ist der Kundenbegriff kaum ausreichend um die Gestaltung eines bedarfsgerechten Hilfeprozesses zu beschreiben. Unterstützend wirken verständliche Formulare, korrekte Behandlung sowie transparente Verfahren. Ebenso die nachvollziehbare Gestaltung des Hilfeprozesses auch bezüglich der Einbindung externer Akteure.
- *Nutzer_innen öffentlicher Einrichtungen ohne Entgelt*: wie Parks oder Bürgerhäuser mit offenen Angeboten. Kundenorientierung bedeutet hier die Ermittlung von Nutzerbedürfnissen und Vorschlägen entsprechend der Bedarfe an die politischen Beschlussgremien.
- *Nutzer öffentlicher Einrichtungen gegen Entgelt*: diese öffentlichen Einrichtungen haben keine Monopole (z. B. Schwimmbäder, Theater), so dass die Kundenbeziehung der privater Anbieter am meisten ähnelt. Damit muss die Verwaltung das Angebot entsprechend der Kundenwünsche gestalten, zu einem attraktiven Serviceniveau und akzeptablen Preisen anbieten (vgl. Pook 2008, S. 3 f.).

Aufgrund der Differenziertheit der Bürger_innen als Kund_innen kommunaler Leistungen ist es erforderlich die Beziehung zwischen Bürger_innen und Verwaltung bzw. gemeinnützigen und gewerblichen Akteuren „jeweils leistungs- und zielgruppenspezifisch zu definieren und auszugestalten" (Pook 2008, S. 4).

Kundenorientierung muss ganzheitlich betrachtet und mit verschiedenen Reforminstrumenten vernetzt sein. Demzufolge ist sie im Leitbild zu verankern, anhand strategischer Schwerpunktsetzung zu definieren und mit entsprechenden Produktbeschreibungen im Haushalt abzubilden sowie in interkommunale Vergleiche (Benchmarking) einzubeziehen. Instrumente wie Geschäftsprozessoptimierung (GPO), Qualitätsmanagement oder produktorientierte Planung sind Voraussetzung für kundenorientiertes Handeln (vgl. Pook 2008, S. 6 f.). Als drei wesentliche Instrumente der Kundenorientierung werden im Folgenden die Prozessgestaltung, qualitative und quantitative Verbesserungen (Qualitätsmanagement) sowie das aktive Beschwerdemanagement dargestellt.

Die kommunale Leistungserbringung wird vom Ergebnis (Output) her gedacht und daher der Prozess als Nachfrageprozess verstanden und gestaltet:

Abbildung 6.6 Kommunaler Prozess als Kundennachfrage (© KGSt-Bericht 5/2002, S. 33)

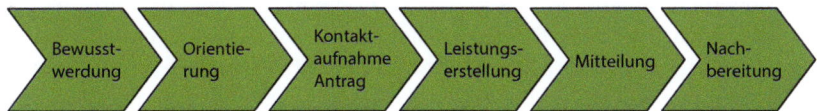

- *Bewusstwerdung:* Die/der Kund_in nimmt wahr, dass ein Verwaltungskontakt erforderlich ist (z. B. Beantragung von Elterngeld) bzw. sie/er wird von der Kommune darauf aufmerksam gemacht, dass sie/er Ansprüche geltend machen kann (z. B. Anspruch auf Pflegegeld). Die Verwaltung hat hier die Funktionen des „Ansagers" bzw. Bekanntmachers".
- *Orientierung:* Kund_innen sammeln Informationen, um sich vor dem Behördenkontakt zu informieren (Zuständigkeiten, Ansprechpartner_innen, Öffnungszeiten, benötigte Unterlagen, Gebühren etc.). Diese sind i. d. R. von den Kommunen ins Netz gestellt. Nützlich sind Zusatzinformationen zu den Ansprüchen (z. B. Beispielrechnungen für Wohngeld). Die Kommunalverwaltung nimmt hier die Funktionen „Vermittlerin" und „Rechnerin" wahr.
- *Kontaktaufnahme:* Beim ersten Kontakt wird das Anliegen präzisiert und mit den kommunalen Leistungen verknüpft. Dabei kommt es zu einem „Rahmenvertrag" in dem festgelegt wird welche Leistungen die Kommune in welcher Zeit erbringt und welche Beiträge die/der Kund_in zu leisten hat (Unterlagen, Aktivitäten). Einfache Anfragen werden direkt im Front-Office erledigt (vgl. Kapitel 4.2), bei komplexen Situationen erfolgt ein Beratungsgespräch, der Vertragsabschluss erfolgt erst danach. Die Verwaltung hat hier die Funktionen „Neuaufnahme", „Qualitätssicherung", „Sicherstellung der korrekten Leistungserstellung" (security official) sowie ggf. „Kassierer" inne.
- *Leistungserstellung:* ggf. mehrere verwaltungsinterne und externe Leistungserbringer sind in einem komplexen, teils automatisierten Prozess an der Leistungserbringung beteiligt. Die/der Kund_in ist dabei Koproduzent_in, d. h. ist selber aktiv beteiligt bzw. stellt Informationen bereit. Bei sozialen Problemlagen steht hier oft die Aktivierung zur Mitwirkung der Adressaten am Beginn des Prozesses. Bei eher durch die Verwaltung erbrachten Leistungen sollte die/der Kund_in den Stand der Bearbeitung im Back-Office nachverfolgen können. Die Kommunalverwaltung hat dabei die Funktionen „Herstellung", „Koordinator" des arbeitsteiligen Prozesses (ggf. über einen Fallmanager) bzw. Sicherstellung der „Nachverfolgung" (tracking und tracing).

- *Mitteilung/Lieferung:* Ein Produkt bzw. eine Leistung werden durch die Kommune in Form eines Verwaltungsaktes an die Kund_innen geliefert. Bei sozialen Dienstleistungen fällt dies häufig mit der Leistungserstellung zusammen (uno-actu-Prinzip, vgl. Sozialwirtschaft: van Hueth et al. 2017). Allerdings gibt es auch hier haptische Produkte wie z. B. Hilfepläne oder Wohngeldbescheide. Der Verwaltung kommen hier die Funktionen des „Auslieferers", ggf. auch „Kassierers" zu.
- *Nachbereitung:* Die Verwaltung fordert Kund_innen aktiv auf, seine (Un-)Zufriedenheit zum gesamten Prozess mitzuteilen. Dies ist bei sozialen Problemlagen häufig standardmäßig in einem Abschlussgespräch eingebunden. Im Allgemeinen vernachlässigen Kommunen häufig die Nachfrage und nehmen sich damit eine wertvolle und kostengünstige Möglichkeit der Leistungsverbesserung (vgl. KGSt-Bericht 5/2002, S. 30–33).

Qualitative und quantitative Verbesserungen sind ein zweites, wesentliches Element der kommunalen Kundenorientierung. Sie sind in einem größeren Kontext eines kommunalen Qualitätsmanagements angesiedelt (vgl. Beckmann 2009, Bruhn 2016). Die KGSt empfiehlt ihren Mitgliedern dieses flächendeckend einzuführen, als DIN EN ISO 9001:2000 ff., EFQM-Modell oder CAF-Modell, wobei letzteres als Modell für den gesamten europäischen öffentlichen Dienst keiner kommerziellen Bindung unterliegt und am kostengünstigsten ist (vgl. KGSt Themenfeld Qualitätsmanagement, Homepage). Ursprünglich hatte die KGSt ein instrumentelles Verständnis des Qualitätsmanagements als „Sammelbegriff für unterschiedliche organisatorische Lösungen und instrumentelle Ansätze zur Verbesserung der Kundenorientierung und zum Umbau der Verwaltung in ein Dienstleistungsunternehmen" (KGSt-Bericht 2/2009, S. 13). Im Sinne des Total Quality Managements spricht sich die KGSt für einen ganzheitlichen und strategischen Ansatz aus: „Konsequente Orientierung an den Vorstellungen, Wünschen und Erfahrungen der Bürger_innen/Kund_innen ist nicht schon damit hergestellt, dass die Produkte mit Qualitätskennzahlen versehen werden. Vielmehr ist das gesamte System einschließlich seiner Prozesse im Rahmen der politischen Vorgaben kundenorientiert zu gestalten" (KGSt-Bericht 2/2009, S. 14).

Als wesentliche qualitative und quantitative Verbesserungen innerhalb des Qualitätmanagements lassen sich differenzieren:

Abbildung 6.7 Qualitative und quantitative Verbesserungen (eigene Darstellung)

Qualitative Verbesserungen	Quantitative Verbesserungen
Bürgerämter	Verkürzte Wartezeiten
Beschwerdemanagement	Bedarfsorientierte Sprechzeiten
Beratungsqualität	Formulare (Vereinfachung, Verständlichkeit)
Kommunale Onlinedienste nach Lebenslagen	Weniger Anlaufstellen

Allerdings wurde evaluiert, dass Verbesserungen eher auf Einsparungen ausgelegt sind, statt auf Qualitätsverbesserungen zu bauen, Haushaltseinsparungen mitunter mit Qualitätseinbußen (z. B. Personalabbau) erkauft werden (vgl. Kuhlmann et al. 2004).

Insbesondere kommunale Onlinedienste gewinnen im Zusammenhang mit E-Government an Bedeutung. Der Bundesfinanzminister verdeutlicht: „IT-basierte öffentliche Dienste, vor allem E-Government-Angebote über das Internet, sind der Schlüssel für Bürokratieabbau und Verwaltungsmodernisierung. Sie haben darüber hinaus erhebliche Potenziale, die Beteiligung der Bürgerinnen und Bürger an der Arbeit von Politik und Verwaltung zu verbessern und die Demokratie zu stärken" (Dr. Wolfgang Schäuble, Bundesminister des Innern 2008, zitiert auf KGSt-Homepage, Themenfeld E-Government). Allerdings ist hinsichtlich der E-Government-Tiefe zu differenzieren:

- *E-Information:* Bürger_innen können sich online über Behörden (Öffnungszeiten, Ansprechpartner etc.), angebotene Leistungen sowie benötigten Unterlage informieren.
- *E-Interaktion:* Bürger_innen können die Verwaltung online kontaktieren (E-Mail oder Foren) und auf Formulare zugreifen (Formularserver).
- *E-Abwicklung:* Bürger_innen können (Teil-)Prozesse online abwickeln (z. B. Formulare per E-Mail versenden) und erhalten den Bescheid auch elektronisch (vgl. McKinsey & Company 2015, S. 8).

So werden kommunale Internetdienste dem Lebenslagen-Prinzip (Life Events) entsprechend nach unterschiedlichen Bedarfslagen wie Geburt, „Neu in der Stadt", Heirat, Bauen etc. sortiert angeboten. Der Zufriedenheitsbefragung 2015 des statistischen Bundesamtes[3] zufolge variiert die Einstellung der Bürger_innen zu behördlichen Dienstleistungen nach Lebenslagen:

---

3 „Im Zeitraum Januar bis März 2015 wurden 5 666 Bürgerinnen und Bürger repräsentativ ausgewählt und zu ihren Erfahrungen mit 7 250 individuellen Lebenslagen vom Meinungs-

Abbildung 6.8 Zufriedenheit nach Lebenslagen (Zufriedenheitsskala von −2 bis +2, © Statistisches Bundesamt 2015, S. 9)

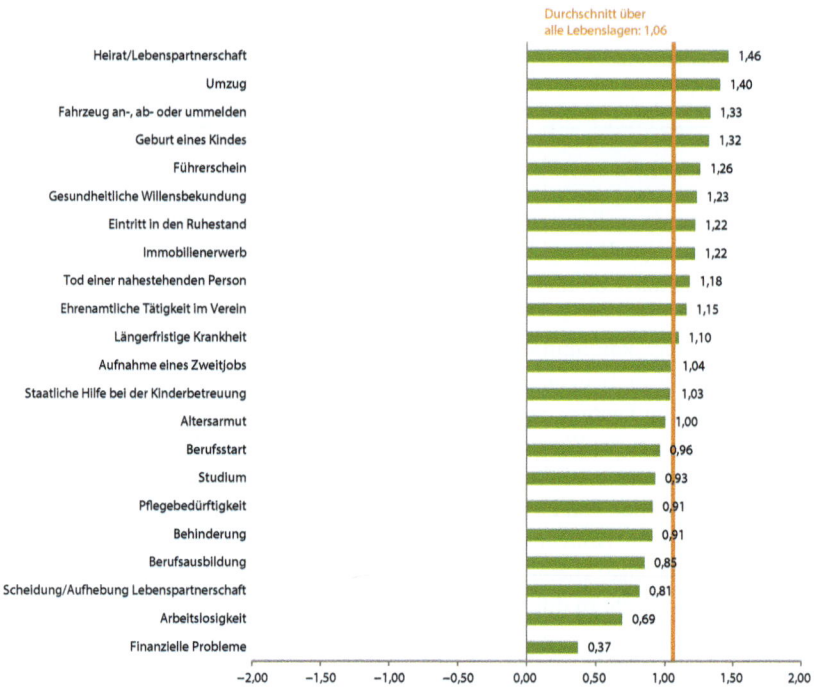

Der Koordinator der Bundesregierung für Bürokratieabbau und bessere Rechtsetzung Staatsminister Dr. Helge Braun, MdB, kommt zu der Einschätzung: „Man erkennt eine Tendenz, dass die Befragten in existenziellen Notlagen, wie zum Beispiel im Falle von Arbeitslosigkeit oder bei finanziellen Problemen, weniger zufrieden mit den Dienstleistungen und Informationsangeboten von Behörden sind. Hier müssen wir uns fragen, was die Ursache dafür ist. Alle Betroffenen sind gefordert, eine genaue Analyse vorzunehmen und alle Möglichkeiten zur Verbesserung zu nutzen." (Pressemitteilung des Statistischen Bundesamts vom 19. 08. 2015 – 298/15, S. 2).

---

forschungsinstitut TNS Infratest befragt. Um die Befragungsdauer zu begrenzen, wurde je Lebenslage maximal die Zufriedenheit mit drei „typischen" Behördenkontakten detailliert befragt. Zudem wurde den Befragten eine „Alles-in-allem"-Frage zur Zufriedenheit zu maximal fünf weiteren Behörden gestellt" (Statistisches Bundesamt 2015, S. 8).

Über alle Lebenslagen hinweg sind den Bürger_innen Unbestechlichkeit und Diskriminierungsfreiheit am wichtigsten. Weniger zufrieden sind die Bürger_innen allerdings mit der Verständlichkeit von Formularen und Anträgen, v. a. in Bezug auf die Verständlichkeit des zugrundeliegenden Rechts (vgl. Statistisches Bundesamt 2015, S. 10).

Einer E-Government-Studie[4] zufolge ist die Information nach dem Lebenslagenprinzip zwar fast überall Standard, aber E-Interaktion oder E-Abwicklung sind nur mäßig gut verbreitet:

Abbildung 6.9 Digitalisierungsgrad kommunaler Online-Dienste nach dem Lebenslagen-Prinzip (© McKinsey & Company 2015, S. 9)

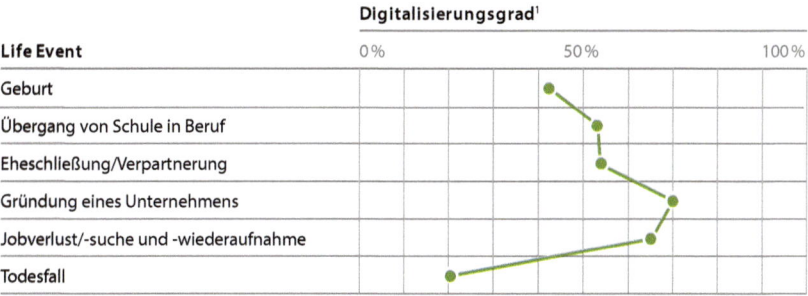

1 Gemessen an der Verfügbarkeit und Qualität der E-Government-Angebote in den einzelnen Teilschritten

Der Digitalisierungsgrad wird gemessen an der Verfügbarkeit und Qualität der E-Government-Angebote in den einzelnen Teilschritten. Negativ fiel auf, dass E-Government noch sehr den kommunalen Strukturen folgt statt sich an den Bedarfen der Kund_innen zu orientieren. Einzelne Ämter digitalisieren ihre Angebote ohne eine gesamte Konzeption.

Beispiel Geburt: Es gibt in den meisten Städten Basisinformationen wie das Sorgerecht festgelegt wird, allerdings fehlen Angaben zu erforderlichen Unterlagen oder Verlinkungen. Die meisten kommunalen Websites informieren darüber, wie man eine Geburtsurkunde beantragt und einen Namen auswählt, teils mit Verlinkung zu Unterlagen. Es gibt i. d. R. ausführliche Informationen

---

4   2012 führte McKinsey eine Bestandsaufnahme bei 200 Klein-, Mittel- und Großstädten zu Umfang und Breite des Internetangebots durch. Die aktuelle Studie beschäftigt sich mit den acht Mittel und Großstädten, die besonders gut abgeschnitten hatten, damit andere Städte aus den Benchmarks lernen können.

zum Elterngeld, nur die Hälfte der Kommunen verlinken entsprechende Formulare. Informationen über die Beantragung von Kindergeld gab es bei drei Vierteln der Kommunen. Positiv ist, dass mehrere Städte bei verschiedenen Prozessen auch nicht kommunale Dienstleistungen aufzeigten (z. B. Links zum Amtsgericht oder der Bundesagentur für Arbeit) (vgl. McKinsey & Company 2015).

Was bei der Nachbereitung beim Nachfrageprozess noch oft versäumt wird, wird durch ein aktives Ideen- und Beschwerdemanagement offensiv angegangen. Äußerungen bezüglich Organisation und Prozessabläufen können negativer (Beschwerden, Kritik, Vorwürfe) oder positiver (Lob, Wünsche, Vorschläge) Natur sein. Damit versucht die Verwaltung die Aufbau- und Ablauforganisation zu verbessern und sich so bedarfs- und kundennäher umzustrukturieren. Der Kundenbegriff kann sich dabei auf externe Kund_innen reduzieren (Bürger_innen, Firmen bzw. gemeinnützige Organisationen, Presse etc.) oder auch interne Kund_innen implizieren (Kommunalpolitik, Personalrat, andere Ämter/Fachbereiche, Mitarbeitende) wie in Heidenheim (vgl. Landkreis Heidenheim 2007). Beschwerdewege und Ansprechpartner sind unterschiedlich:

Abbildung 6.10 Zugangswege und Adressat_innen des Ideen- und Beschwerdemanagements (eigene Darstellung)

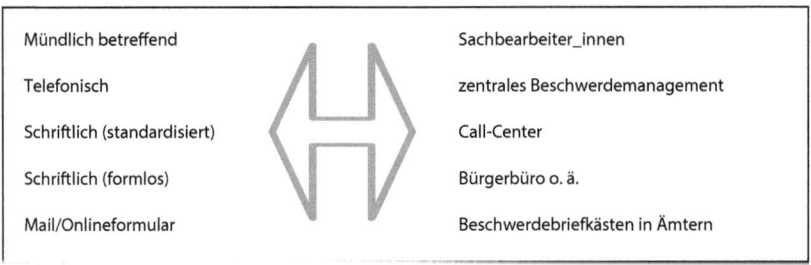

Als erste Kommune in Deutschland entwickelte die Stadtverwaltung Arnsberg ein „aktives Beschwerdemanagement", es wird im Sinne einer „kostenlosen Unternehmensberatung" als Baustein des Qualitätsmanagements betrachtet. Standard ist eine Erklärung darüber, warum eine abschließende Antwort nicht gleich erfolgen kann und wann damit zu rechnen ist. Diese Erklärung erfolgt bei telefonischen Beschwerden innerhalb von 24 Stunden, bei schriftlichen innerhalb von drei Tagen. Die Stadt Arnsberg hat von der Hochschule für Verwaltungswissenschaften Speyer den Verwaltungs-Management-Award und den Projekt-Preis für gute

Kundenorientierung verliehen bekommen und gilt als Benchmark für Aktives Ideen- und Beschwerdemanagement (vgl. KGSt Homepage kommunale Praxis Aktives Ideen- und Beschwerdemanagement). Eine ursprünglich geplante umfassende Evaluation wurde allerdings leider verworfen[5]. Das Beschwerdemanagement ist zentral angegliedert. Die Beschwerden werden in einer Datenbank erfasst und den verschiedenen Fachdiensten und Bereichen zugeordnet. Der Mehrwegezugang umfasst seit August 2014 auch eine App[6]. Homepage für die weitergehende Recherche: http://www.arnsberg.de/buerger/produkte/buergermeisteramt/buergerinformation/beschwerdemanagement.php.

Die Vorteile eines aktiven Ideen- und Beschwerdemanagements sind:

Abbildung 6.11 Nutzen in der Außen- und Innenwirkung durch aktives Beschwerdemanagement (in Anlehnung an: © Vogel 2009, Folien 14 und 15)

Außenwirkung	Innenwirkung
• Dokumentation der Ernsthaftigkeit bürgerorientierten Handelns • Bürger_innen finden sofort und für alles eine/einen Ansprechpartner_in • Beschwerdeführer_in erhält innerhalb kürzester Zeit eine Antwort • Beschwerde wird „personifiziert" • Beschwerdeführer_in fühlt sich ernst genommen • Bürger_in ist bereit auch selbst aktiv zu werden • Chance für die Verwaltung Leistungsfähigkeit, Glaubwürdigkeit und Verlässlichkeit unter Beweis zu stellen	• Mehr Informationen und Anregungen • Kostenersparnis durch telefonische Bearbeitung • Mehr „Druck" zu bürgerorientierten Handeln • Informationsgehalt einer Beschwerde wird erkannt und genutzt • Probleme der Bürger_innen nicht der Verwaltung interessieren • Bürgerorientiertes Verhalten und aktives Zuhören lösen viele Probleme • Kontinuierlicher Verbesserungsprozess findet statt • Bürger_innen werden als Mitgestalter_innen der örtlichen Gemeinschaft gewonnen

Einer Befragung bei Bürger_innen, die Behördenkontakte im vergangenen Jahr hatten, zufolge, ist die Kundenorientierung der Kommunalverwaltungen über die letzten Jahre kaum verändert. Die Schnelligkeit der Bearbeitung, Qualifikation und Freundlichkeit der Mitarbeiter_innen werden überwiegend positiv eingeschätzt (siehe Abb. 6.11).

Allerdings sind die Bürger_innen der Meinung, dass die Kontaktaufnahme über Internet (E-Government) die Zufriedenheit mit der kommunalen Leistungserstellung erhöhen würde (siehe Abb. 6.12).

---

5   Gem. Antwort auf Mailanfrage bei der Stadt Arnsberg, Bürgermeisteramt vom 25.01.2007.
6   Arnsberg: telefonische Informationserhebung vom 13.05.2015 bei Petra Weck, Ansprechpartnerin Aktives Beschwerdemanagement der Stadt Arnsberg.

Abbildung 6.12 Einschätzung der Behördenbesucher_innen zur Kundenfreundlichkeit (© Forsa 2014, S. 29)

	2007	2008	2012	2013	2014*)
Die Angelegenheit wurde sofort bearbeitet:					
ja	68 %	64 %	69 %	69 %	67 %
nein, man musste längere Zeit warten	30 %	34 %	30 %	29 %	31 %
Die Mitarbeiter waren für ihre Tätigkeit qualifiziert und ausgebildet:					
gut	79 %	82 %	84 %	87 %	83 %
weniger gut, schlecht	15 %	14 %	14 %	12 %	14 %
Die Mitarbeiter waren freundlich:					
ja	83 %	84 %	86 %	87 %	84 %
nein	14 %	14 %	12 %	11 %	14 %

*) an 100 Prozent fehlende Angaben = „weiß nicht"

Abbildung 6.13 Einfluss von mehr Möglichkeiten der Kontaktaufnahme auf die Zufriedenheit mit der Verwaltung (© Forsa 2015, S. 20)

Wenn es für die Bürger in Deutschland mehr Möglichkeiten als heute gäbe, mit der öffentlichen Verwaltung über das Internet in Kontakt zu treten, würde dadurch die Zufriedenheit der Bürger mit der öffentlichen Verwaltung

	größer werden	geringer werden	unverändert **) bleiben
insgesamt	56 %	5 %	37 %
14- bis 29-Jährige	65 %	3 %	30 %
30- bis 44-Jährige	56 %	4 %	38 %
45- bis 59-Jährige	53 %	7 %	38 %
60 Jahre und älter	52 %	7 %	39 %
Arbeiter	45 %	12 %	39 %
Angestellte	57 %	5 %	37 %
Selbständige	48 %	7 %	43 %
Beamte	54 %	3 %	42 %
Tarifbeschäftigte	49 %	6 %	44 %

*) Basis: Internetnutzer
**) an 100 Prozent fehlende Angaben = „weiß nicht"

6.3 KSM/Public Governance: Partizipierende

Gemäß des Leitbildes der Bürgerkommune werden die Bürger_innen im KSM und Government als aktiv Mitwirkende angesehen. Das Deutsche Institut für Urbanistik (Difu) hat unter Kommunen eine Umfrage zur Bedeutung von Bürgerbeteiligung für Kommunen und zu den Formen durchgeführt[7]. Das Thema Bürgerbeteiligung nimmt danach sowohl auf Verwaltungs- als auch auf politischer Ebene einen hohen Stellenwert ein. Wichtigste Ziele sind „Akzeptanz von kommunalen Entscheidungen" sowie „Information der" Bürger_innen. Von geringerer Bedeutung sind „Ideengenerierung", „Stärkung der repräsentativen Demokratie" und „Kostenersparnis". Mehrheitlich wird die Erreichung der Ziele als hoch eingeschätzt. Umsetzungsschwierigkeiten liegen vor allem in fehlenden finanziellen und personellen Ressourcen. Des Weiteren im „zu schwachen politischen Willen für die Umsetzung von Ergebnissen", „eingeschränkten Umsetzungsmöglichkeiten von Beteiligungsergebnissen", der „geringen Erreichbarkeit bestimmter Zielgruppen" oder zu „niedriger Motivation der Bürger/innen" (vgl. Difu 2013).

Die KGSt unterteilt die bürgerschaftliche Partizipation nach vier Dimensionen, wobei Transparenz und die Zusammenarbeit in Netzwerken als Voraussetzungen für die Mitwirkung zu betrachten sind, Bürgerengagement und -beteiligung als aktive Formen.

Abbildung 6.14 Dimensionen bürgerschaftlicher Mitwirkung (© KGSt-Bericht 3/2014, S. 16)

- Voraussetzungen:
  - Transparenz: alle politischen und verwaltungstechnischen Prozesse umfassend und frühzeitig den Bürger_innen und der Öffentlichkeit transparent darzulegen, zu digitalisieren und abrufbereit zur Verfügung zu stellen" (Hilgers 2012, S. 640) bedeutet eine Grundlage für Partizipation sowie Zusammenarbeit in Netzwerken.

---

7 213 beteiligte Kommunen (mehr als 20 000 Einwohner_innen). Die Befragung richtete sich an Führungskräfte und Mitarbeiter_innen insbesondere der Stadtplanung bzw. Stadtentwicklung und im Tiefbau.

- Zusammenarbeit in Netzwerken: Mit dem Zusammenwirken von Organisationen und/oder Individuen werden Voraussetzung für gemeinschaftliche Entwicklungen, Leistungsverbesserungen und Problemlösungen geschaffen. Verwaltungen sollten v. a. informelle Netze in die Netzwerkarbeit integrieren, da sich Bürger_innen häufig ohne konstitutionellen Rahmen mit hoher Flexibilität vernetzen. Dies zu erkennen und mit formellen Netzen abzustimmen ist vonnöten. Problematisch sind rechtliche und vertragliche Grenzen der Informationsweitergabe (vgl. http://www.hamburg.de/transparenzgesetz/). Hier besteht ein Spannungsfeld zwischen möglichst sensiblem Umgang und größtmöglicher Öffentlichkeit. Die nachvollziehbare Aufbereitung der Daten für Bürger_innen bedeutet ferner einen hohen Ressourcenaufwand für Kommunen. Erfolgversprechend erscheint hier der Einsatz von Social Media (kommunale Facebook-Seite, Twitter etc.). Die Erfahrungen der Kommunen bei der Bewerbung von E-Partizipationsangeboten und Integration von Social-Media-Plattformen in E-Partizipationsprojekte sollte durch die Publikation der Ergebnisse von Partizipationsverfahren via Social Media ergänzt werden (vgl. Materna/Hochschule Harz 2011, S. 23). Die Stadt Mannheim hat in einer **Handreichung zur Bürgerbeteiligung** wegweisende Fragen für die praktische Umsetzung neben der Herstellung von Transparenz auch zu weiteren Themenbereichen der Partizipation zusammengestellt. Zum Nachrecherchieren: https://www.mannheim.de/sites/default/files/page/2616/p_09_handreichung_burgerbeteiligung.pdf.
- Formen der Partizipation:
  - Bürgerbeteiligung:
    - Formale Bürgerbeteiligung: sind die landesgesetzlich geregelten Beteiligungsverfahren der direkten Demokratie. Sie unterteilen sich in Bürgerbegehren, um über einen bestimmten Themenbereich abzustimmen, und Bürgerentscheide. Ferner gibt es das Ratsbegehren (vgl. einleitendes Kapitel 6).
    - Informelle Bürgerbeteiligung: Die nicht gesetzlich geregelten Beteiligungsverfahren unterteilen sich in punktuelle und dauerhafte Beteiligungsverfahren (vgl. einleitendes Kapitel 6). Hier sind Kommunalpolitik und -verwaltung gefordert in einem transparenten Entscheidungsprozess die Interessen in Bezug auf das Gemeinwohl abzuwägen.
  - Bürgerengagement: Bürgerschaftliches Engagement braucht Öffentlichkeit. Sie gewährleistet zum einen Teilhabe, Transparenz, Verantwortung und Dialog, zum anderen dient sie zum Zweck der Interessenvertretung sowie Anerkennung. Neuere Organisationsformen bürgerschaftlichen Engagements sind Freiwilligenagenturen und Bürgerstiftungen. Freiwilligen-

agenturen vermitteln als lokale Koordinationszentren möglichst passgenau zwischen potenziell Engagierten und gemeinnützigen Organisationen, Vereinen sowie kommunalen Einrichtungen die freiwillig Engagierte suchen. Bürgerstiftungen nehmen seit den 1990-Jahren stetig zu und unterstützen Bürger_innen darin selbst mit Zeit, Geld oder Ideen in einer Stadt oder Region aktiv zu werden (vgl. KGSt-Bericht 3/2014, S. 17–26).

Ein neueres partizipatives Verfahren mit zunehmender Nutzung ist E-Partizipation als Teil von Open Government/Open Data. Sie hat zum Ziel „Politik und Verwaltung für Bürger, Zivilgesellschaft und Wirtschaft zu öffnen und sie an staatlichen Entscheidungsprozessen zu beteiligen" (Gross/Siegfried 2014, S. 42). Dazu zählen die Elemente Transparenz, Partizipation und Kollaboration:

Abbildung 6.15 Elemente des Open Government/Open Data (© http://www.kgst.de/themenfelder/informationsmanagement/trends/open-government.dot)

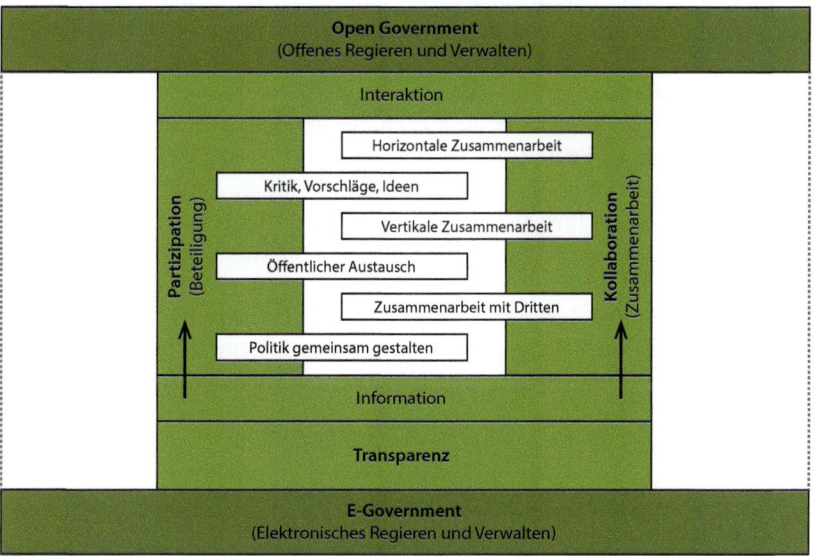

Zu beachten sind bei E-Partizipation:

- Transparenz: Öffnung insbesondere lokaler Datenbestände von Kommunalverwaltung und -politik. Sie sind wesentlich für die Entwicklung der Kommunen wie auch für Unternehmen von Bedeutung. Die Daten sollten so aufberei-

tet werden, dass komplexe Sachverhalte besser vermittelt werden können und die Verständlichkeit des Verwaltungshandelns erhöht wird. Ausgeschlossen sind personenbezogene und sicherheitsrelevante Daten.
- Partizipation: der Zugang zu den Daten stellt die Basis für die bürgerliche Meinungsbildung dar und soll so die Demokratie stärken.
- Kollaboration: die Bereitstellung der Daten soll alternative Vorschläge aus der Zivilgesellschaft ermöglichen, neue Antworten und Lösungen für lokale Probleme befördern (vgl. Gross/Siegfried 2014, S. 42).

Die KGSt, der Deutsche Städte- und Gemeindebund (DStGB) und die Arbeitsgemeinschaft Kommunaler IT-Dienstleister (Vitako) haben ein gemeinsames Positionspapier zu „Open Data in Kommunen" erarbeitet. Voraussetzungen sind angepasste rechtliche Grundlagen und eine veränderte Verwaltungskultur, die Teilhabe und Mitbestimmung wertschätzt und nicht als Konkurrenz zur repräsentativen Demokratie betrachtet (vgl. Gross/Siegfried 2014).

Im Jahr 2011 wurden in einer Studie bundesweit knapp 400 Behörden (davon 75 % kommunal) zu E-Partizipation in der öffentlichen Verwaltung befragt. Sie kommt zu dem Ergebnis, dass E-Partizipationsangebote sich nicht mehr auf einzelne Leuchttürme beziehen, sondern sich als Teil von Open Government verstärkt, vor allem in Kommunen, ausbreiten. Bei der praktischen Bewertung überwiegen die positiven Effekte. Im Vordergrund steht dabei das Marketing-Argument, dass Bürger_innen ein höheres Verständnis für die Verwaltung gewinnen (Modernität, positives Image). Die bürgerschaftliche Akzeptanz wird sich künftig daran messen, inwieweit infolge der Beteiligung praktische Umsetzungen folgen. Kritisiert werden der hohe Personal- und Kostenaufwand sowie die Problematik der Repräsentativität. Zukünftiges Potenzial für E-Partizipation wird vor allem in den Bereichen Stadtplanung und -entwicklung, Beschwerdemanagement sowie Verkehrs- und Umweltplanung gesehen (vgl. Materna/Hochschule Harz 2011).

Erfolgsfaktoren sind:

- *Transparenz und Offenheit:* insbesondere frühzeitige und umfassende Information bedingen Vertrauen der Bevölkerung.
- *Zielgruppenzugang:* Einfachheit und Klarheit der Formulierungen sowie Informationen zu den Zielen helfen die Beteiligung zu erhöhen.
- *Sicherheit und Verlässlichkeit:* Die Vertraulichkeit der Daten im Beteiligungsverfahren ist wesentlich für den Erfolg des Partizipationsprozesses.
- *Repräsentativität:* Partizipation muss sich auf ein ganzheitliches Kommunikations- und Partizipationsangebot stützen. Neben elektronischen Zugang (Verwaltungs-Websites, E-Mails, Newsletter, RSS Feeds, Soziale Netzwerke,

spezielle Webseiten, Chats, Diskussionsforen, mobile Dienste[8]), muss auch der Zugang für Bürger_innen ohne Internetzugang gewährleistet sein (Broschüren/Faltblätter/Rechenschaftsberichte, Diskussionsveranstaltung/runder Tisch, einsehbare Akten/amtliche Bekanntmachungen, Bürgersprechstunde, Infostand/öffentlicher Internetzugang, schriftliche Befragung, TV/Hörfunk, Telefonumfrage/Service Hotline[9]).

- *Wirtschaftlichkeit:* Um den Aufwand zu begrenzen sollten ganzheitliche Konzeptionen kooperativ in einer partnerschaftlichen Zusammenarbeit genutzt werden.
- *Erfahrungen:* befördern positiv die Dynamik. Erfahrungen in kleinen Projekten werden in einen andauernden Verbesserungsprozess eingebracht.
- *Interessen:* regionale Diskussionen können nur mit für die Bürger_innen attraktiven Themen beflügelt werden (vgl. Materna/Hochschule Harz 2011, S. 45–47).

Aus der Studie werden folgende **vier Handlungsempfehlungen** schwerpunktmäßig herausgestellt:

1) Entwicklung professioneller Verfahren: erfolgreiche Beteiligungsangebote erfordern Qualitätsmindeststandards wie gute Vorbereitung, professionelle Umsetzung und Moderation sowie sensible und transparente Nachbereitung.
2) Strategische und operative Kooperationen: Um Aufwand und Nutzen zu optimieren empfehlen sich operative bzw. strategische Kooperationen mit anderen Kommunen oder Unternehmen um Ressourcen zu bündeln und größtmögliches Know-How auszuschöpfen.
3) Aufbau einer E-Partizipationsplattform: über Verwaltungsgrenzen hinaus ermöglicht eine einheitliche Partizipationsplattform wesentliche Grundlagen für Beteiligungsverfahren (Datensicherheit, Know-How).
4) Akzeptanzmanagement: Zur Akzeptanzsteigerung der Verwaltungsmitarbeiter_innen und Bürger_innen bedarf es daher Qualifikations- und Bildungsmaßnahmen sowie Öffentlichkeitsarbeit. Dem Effekt einer digitalen Spaltung zwischen informationstechnisch-affinen und nicht-affinen Bürger_innen kann durch lokale gemeinschaftliche Initiativen entgegen gewirkt werden (vgl. Materna/Hochschule Harz 2011, S. 47–49).

---

8   Die Reihung der Auflistung entspricht der geplanten bzw. bereits vorhandenen Publikationskanäle der Beteiligung der befragten Behörden.
9   Die Reihung der Auflistung entspricht der geplanten bzw. bereits vorhandenen Publikationskanäle der Beteiligung der befragten Behörden.

Beispiel für E-Partizipation – "Liquid Friesland":
Angelehnt an das Konzept von Liquid Democracy geht es um eine Verbindung zwischen direkter und repräsentativer Demokratie. Liquid Friesland versteht sich als zusätzlicher Kanal, um diejenigen Bürger_innen zu erreichen, die sich bislang wenig beteiligt haben. Die Kommunalpolitik (Kreistag) verpflichtet sich zur Beratung jeder gewonnenen Abstimmung von Liquid Friesland, die Entscheidung erfolgt über die Abgeordneten. Themen können von Bürger_innen oder Politik/Verwaltung eingebracht werden und werden dann einem Themenbereich zugeordnet (z.B. „Schule, Sport, Kultur"). Jedes Thema durchläuft vier Phasen: Nachdem eine Idee eingebracht wurde, wird sie als „NEU" hinzugefügt, wenn sich eine entsprechende Anzahl an Unterstützer_innen findet. In der zweiten Phase wird das Thema zur DISKUSSION gestellt, Änderungsvorschläge oder Alternativen können eingebracht werden. Gibt es zu einem Thema mehrere Initiativen oder Änderungsvorschläge braucht es vor der Abstimmung eine Pause (EINGEFROREN). Die/der Initiator_in kann alles noch mal sichten, Prioritäten, Reihungen von Alternativen etc. überlegen bevor es in der letzten Phase zur endgültigen ABSTIMMUNG kommt. Eine erfolgreiche Initiative gab es z.B. zum Thema Aktualisierung der Schulentwicklungsplanung im Landkreis Friesland; u.a. mit Errichtung einer IGS (Quelle und für die weitere Recherche: http://www.friesland.de/liquid).

Literaturempfehlungen

Einen guten Überblick über die historische Entwicklung der Bürgerbeteiligung, Rahmenbedingungen und Beteiligungsformen auf kommunaler Ebene bietet Storl 2009.

Die aktuellen Entwicklungen zur direkter Demokratie finden sich auf der Internetweise: https://www.mehr-demokratie.de/.

Für die kommunale Praxis lohnt sich ein Blick in Ley/Weitz 2003 mit dem Theorieteil Bürgerbeteiligung als Teil lokaler Demokratie, in der Lokalen Agenda 2, bürgerliches Engagement und seine politische Dimension sowie Qualitätskriterien von Beteiligungsprozessen. Im Methodenteil werden 30 Ansätze kooperativer Demokratie erläutert und anhand von Praxisbeispielen veranschaulicht.

Im Bürokratiemodell sind Bürger_innen eher Adressat_innen kommunaler Leistungen denn Mitwirkende. Unter dem Leitbild Bürgernähe gibt der KGSt-Bericht 2/1992 eine Handreichung.

Mit dem NSM zieht die Kundenorientierung in die Kommunalverwaltungen ein (bspw. Pook 2008, Pulic 2014). Die entsprechend veränderten kundenorientierten Prozesse werden in KGSt-Bericht 5/2002 dargelegt. Die qualitati-

ven Verbesserungen durch die Kundenorientierung werden im KGSt-Bericht 2/ 2009 aufgezeigt.
Im KSM und Public Governance wird die Partizipation durch Bürger_innen betont (vgl. KGSt-Bericht 3/2014). E-Partizipation wird durch Gross/Siegfried 2014 sowie Materna/Hochschule Harz 2011 dargelegt.

Weitere Informationen

Bürgerbeteiligung:
- Der Wegweiser Bürgergesellschaft bietet eine Auflistung von Methoden und Verfahren der Bürgerbeteiligung in alphabetischer Reihenfolge mit Praxisbeispielen: https://www.buergergesellschaft.de/mitentscheiden/methoden-verfahren/methoden-verfahren-von-a-bis-z/
- Das Netzwerk Bürgerbeteiligung hat 10 Qualitätskriterien für Bürgerbeteiligung herausgegeben: http://www.netzwerk-buergerbeteiligung.de/fileadmin/Inhalte/PDF-Dokumente/Qualita%CC%88tskriterien/nwbb_qualitaetskriterien_stand_februar2013.pdf
- Plattform bietet Ihnen praxisrelevante Informationen für eigene Vorhaben der Bürgerbeteiligung: Beteiligungskompass: http://www.beteiligungskompass.org/
- Praxisbeispiel aus Kommunen: Leitlinien zum bürgerschaftlichen Engagement der Stadt Köln: http://www.engagiert-in-koeln.de/portal/fileadmin/user_upload/PDF/Broschuere_LeitlinienA5-view.pdf

Videos zum Beteiligungsprozess:
- Leitlinien für Bürgerbeteiligungsprozesse: Interview mit Prof. Helmut Klages (Deutsche Hochschule für Verwaltungswissenschaften) im Rahmen des „Forums für Bürgerbeteiligung und kommunale Demokratie" vom 23. bis 25. September 2011: https://www.buergergesellschaft.de/mitentscheiden/grundlagen-leitlinien/leitlinien-kommunaler-buergerbeteiligung/
- Smart Country Trailer Bertelsmann Stiftung (Intelligente Technik für Teilhabe): https://www.bertelsmann-stiftung.de/de/mediathek/medien/mid/smart-country-trailer/

E-Partizipation/E-Government:
- Aktuelle Entwicklungen und Studien zum E-Government in der öffentlichen Verwaltung findet man auf der Plattform: www.egovernment-computing.de. Hier lässt sich auch ein Newsletter bestellen (news@egovernment-computing.de).

6.4 Literatur Kapitel 6

Beck, Uwe (2013). *Direkte Demokratie und soziale Exklusion*. Themen 22. Mehr Demokratie e. V.
Beckmann, Christof (2009). *Qualitätsmanagement und Soziale Arbeit*. Wiesbaden: Springer VS.
Bogumil, Jörg, Holtkamp, Lars, & Schwarz, Gudrun (2003). *Das Reformmodell Bürgerkommune*. Forschungsprojekt der Hans-Böckler-Stiftung, Berlin: Sigma-verlag.
Bruhn, Manfred (2016). *Qualitätsmanagement für Dienstleistungen. Handbuch für ein erfolgreiches Qualitätsmanagement. Grundlagen – Konzepte – Methoden*. 10. Auflage. Wiesbaden: Springer VS.
Mehr Demokratie e. V. (2016). *Bürgerbegehrensbericht*.
Bundeszentrale für politische Bildung (2003) *Direkte Demokratie und Bürgerbeteiligung*. 2. Auflage. Bonn.
Detjen, Joachim (2000). *Demokratie in der Gemeinde, Bürgerbeteiligung an der Kommunalpolitik in Niedersachsen*. Hannover: Niedersächsische Landeszentrale für politische Bildung.
Deutsches Institut für Urbanistik (Difu) (2013). *Auf dem Weg, nicht am Ziel. Aktuelle Formen der Bürgerbeteiligung – Ergebnisse einer Kommunalbefragung*. Berlin: Difu.
forsa Gesellschaft für Sozialforschung und statistische Analysen mbH/Bundesleitung des dbb beamtenbund und tarifunion (Hrsg.) (2015). *Bürgerbefragung im öffentlichen Dienst – Einschätzungen, Erfahrungen und Erwartungen*. Berlin: dbb Verlag.
forsa Gesellschaft für Sozialforschung und statistische Analysen mbH/Bundesleitung des dbb beamtenbund und tarifunion (Hrsg.) (2014). *Die Wende in der bundesrepublikanischen Bildungsdiskussion*. Berlin: dbb Verlag.
Groß, Marc, & Siegfried, Tina (2014). Kommunen: Neue Möglichkeiten von Open Data nutzen. *Innovative Verwaltung* 10/2014, S. 42–43.
Hilgers, Dennis (2012). Open Government. Theoretische Bezüge und konzeptionelle Grundlagen einer neuen Entwicklung in Staat und öffentlichen Verwaltungen. *Zeitschrift für Betriebswirtschaft: ZfB* 82 (6), S. 631–660.
KGSt-Bericht 10/1974. *Bürgerberatungsstelle*. Köln.
KGSt-Bericht 20/1974. *Bezirksverwaltungsstelle*. Köln.
KGSt-Bericht 4/1979. *Bürger und Verwaltung – erste Grundlagen und Verfahren*. Köln.
KGSt-Bericht 10/1981. *Bürger und Verwaltung II – Training*. Köln.
KGSt-Bericht 6/1995. *Qualitätsmanagement*. Köln.
KGSt-Bericht 2/1992. *Bürgernahe Verwaltung in den neuen Bundesländern: Leitbild*. Köln.
KGSt-Bericht 5/2002. *„Lebenslagen": Verwaltungsorganisation aus Bürger- und Kundensicht*. Köln.
KGSt-Bericht 2/2007. *Das Neue Steuerungsmodell: Bilanz einer Umsetzung*. Köln.
KGSt-Bericht 2/2009. *Qualitätsmanagement Eine Orientierung für die kommunale Praxis*. Köln.
KGSt-Bericht 3/2014. *Leitbild Bürgerkommune*. Köln.

KGSt-Bericht 15/2014. *Kommunalpolitisch steuern mit dem Haushalt – Ziele und Kennzahlen im Haushalt ausweisen.* Köln.

Klages, Helmut, Daramus, Carmen, & Masser, Kai (2004). *Vertrauensverlust in der Demokratie – Lösen Beteiligungsstrategien das Problem?* Speyer: FÖV Discussion Papers 15.

Kuhlmann, Sabine, Bogumil, Jörg, & Wollmann, Hellmut (Hrsg.) (2004). *Leistungsmessung und -vergleich in Politik und Verwaltung. Konzepte und Praxis.* Wiesbaden: VS Verlag für Sozialwissenschaften (Stadtforschung aktuell, 96).

Landkreis Heidenheim (2007). *Aktives Ideen- und Beschwerdemanagement. Ein Leitfaden.* Heidenheim.

Ley, Astrid, & Weitz, Ludwig (Hrsg.) (2003*). Praxis Bürgerbeteiligung, ein Methodenhandbuch, Arbeitshilfen für Selbsthilfe- und Bürgerinitiativen Nr. 30.* Bonn: Verlag Stiftung MITARBEIT-Agenda Transfer.

Materna GmbH Information & Communications und Hochschule Harz (FH). Fachbereich Verwaltungswissenschaften (2011). *E-Partizipation in der Öffentlichen Verwaltung, Gemeinsame empirische Studie.* Abschlussbericht 8. November 2011.

McKinsey & Company (2015). *E-Government in Deutschland – Eine Bürgerperspektive.*

Pook, Manfred (2008). *Kundenorientierung der Verwaltung – aktuelle Bedeutung anhand einiger Fragen der Praxis.* Köln: KGSt.

Pulic, Rainer (Hrsg.) (2014). *Verwaltungsmanagement und Organisation.* 3. unveränderte Auflage. Frankfurt: Verlag für Verwaltungswissenschaft.

Statistisches Bundesamt (2015). *Zufriedenheit der Bürgerinnen und Bürger in Deutschland mit behördlichen Dienstleistungen – Ausgewählte Ergebnisse der Zufriedenheitsbefragung 2015.* Wiesbaden: Statistisches Bundesamt.

Storl, Kati (2009). *Bürgerbeteiligung in kommunalen Zusammenhängen.* KWI Kommunalwissenschaftliches Institut. Potsdam: Universitätsverlag Potsdam.

Vogel, Hans-Josef (2009). *Innovationsgewinne durch Kundenorientierung – Beispiel Stadt Arnsberg: Aktives Beschwerdemanagement und Kundenorientierung.* Bürgermeister der Stadt Arnsberg. Präsentation im Rahmen der Veranstaltung „Kundenservice im Landesbetrieb Straßenbau NRW" Gelsenkirchen, 13.01.2009.

7 Personalführung/Kommunalverwaltung als Arbeitgeber

Zusammenfassung/Lernziele

Den Ausgangspunkt dieses Kapitels stellt die Einordnung des Handlungsfelds Personalführung in das kommunale Personalmanagement dar. Die Bedeutung des Führungsstils sowie Einflussfaktoren auf Personalführung der kommunalen Verwaltung werden skizziert. Das Bürokratiemodell ist durch einen autoritären Führungsstil gekennzeichnet, das entsprechende Menschenbild von Mitarbeitenden wird verdeutlicht (vgl. auch Kapitel 1.1). Veränderte gesellschaftliche Rahmenbedingungen erfordern von der Personalführung einen Steuerungswechsel hin zu einem kooperativen Führungsstil (NSM). Mit der effizienten Steuerung gewinnt das Führen mit Zielen (MbO) an Bedeutung. Im KSM und Public Governance geht es um eine werteorientierte Führung im Leadership. Hierbei geht es auch um eine geänderte Organisationskultur. Mitarbeitende werden als Mitgestaltende stärker in die Verantwortung genommen.

Keywords

Leadership, Management by Objectives, Organisationskultur, Personalführung, werteorientierte Führung, Zielvereinbarung

Personalführung wird verstanden als „Teil eines umfassenden Managementprozesses, der in der Regel durch die Funktionen Planung, Organisation, Personaleinsatz, Führung und Kontrolle beschrieben wird" (Staehle 1999 zitiert in: Ridder/ Schirmer 2011, S. 206 f.).

Personalführung ist als ein Handlungsfeld innerhalb des quantitativen und qualitativen kommunalen Personalmanagements einzuordnen:

Abbildung 7.1 Handlungsfelder kommunalen Personalmanagements (© https://www.kgst.de/personal)

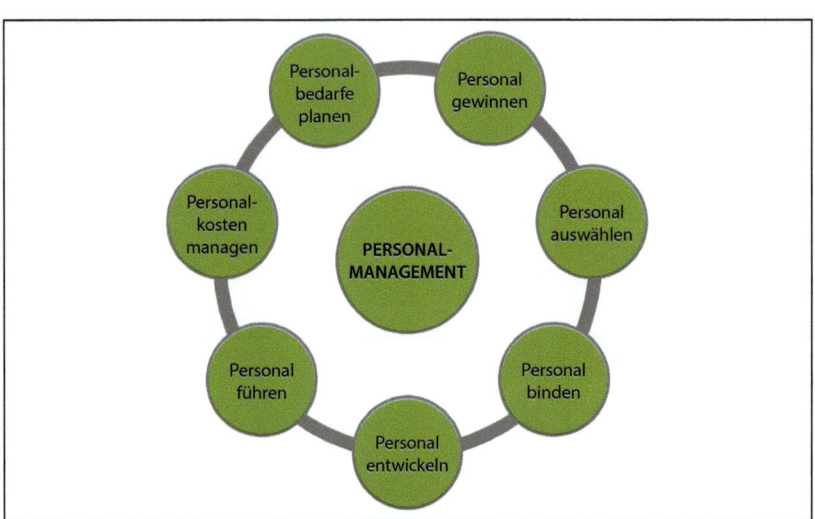

Aufgrund der Vielzahl der Theorien und Konzepte fällt eine allgemein gültige Definition für Personalführung schwer. Auch die DGFP (Deutsche Gesellschaft für Personalführung) kann keine Definition geben[1]. Als „kleinster gemeinsamer Nenner" lässt sich definieren: *„zeitlich überdauerndes und in Bezug auf bestimmte Situationen konsistentes (Führungs-)Verhaltensmuster"* (Berthel/Becker 2007, S. 171).

Führungstheorien lassen sich nach drei klassischen Ansätzen unterscheiden (vgl. Lieber 2011):

- Eigenschaftsansätze (Personalisierung): beschäftigen sich mit der Führungsperson und entwickeln Kriterien für die Führungskräfteauswahl („find the great man").
- Verhaltensansätze (Interaktionismus): suchen den optimalen Führungsstil. Bekannteste Modelle sind die Klassifikation der Führungsstile nach Tannenbaum/Schmidt (1958) und das Verhaltensgitter von Blake/Mouton (1964).
- Situationsansätze (Kontextbezug): gehen davon aus, dass sich das Führungsverhalten entsprechend der Situation anpassen und ändern muss. Hierzu zäh-

---

[1] Gem. Recherche auf der Homepage (http://www.dgfp.de/start) und Mailauskunft vom 25.08.2015.

len das 3-D-Modell von Reddin (1967), die Kontingenztheorie nach Fiedler (1967), das entscheidungsorientierte Modell von Vroom/Yetton (1973) sowie das situative Führungsmodell nach Hersey/Blanchard (1969, 1977).

Führungstheorien werden auch dem Lehrbuch „Aktuelle Führungstheorien und -konzepte" (Lang/Rybnikova 2014) dargestellt.

Unter Führungsstil wird „die generelle Orientierung bzw. Art und Weise des Führungsverhaltens beschrieben, insbesondere nach dem Ausmaß, in dem die Mitarbeiter_innen an Führungsentscheidungen beteiligt werden (direktiver, kooperativer, demokratischer F. (vgl. Führungsstile nach Tannenbaum/Schmidt, Anm. d. Verf.) oder dem Ausmaß der Orientierung des Führungsverhaltens an den Aufgaben (Sachorientierung) oder an den Belangen der unterstellten Mitarbeiter_innen (Personenorientierung) (vgl. situative Ansätze, Anm. d. Verf.) verstanden (Krems 2015). Die KGSt verdeutlicht: „Wann und in welchem Ausmaß ein bestimmtes Führungsverhalten angemessen ist, muss von Führungskräften immer wieder neu austariert werden. Es hängt ab von den jeweiligen Zielen der Organisation, den unterschiedlichen Erwartungen und Bedürfnissen der Beteiligten, von der herrschenden Verwaltungskultur und von der spezifischen Führungssituation" (http://www.kgst.de/themenfelder/personalmanagement/).

Die Art und Weise der Einflussnahme durch die Führungskraft unterliegt folglich unterschiedlichsten Einflussfaktoren durch Personen (Führungskraft/Mitarbeiter_innen bzw. Team) und der Organisation (formal und informell):

Abbildung 7.2 Einflussfaktoren der Personalführung (© Lang o. A., S. 15)

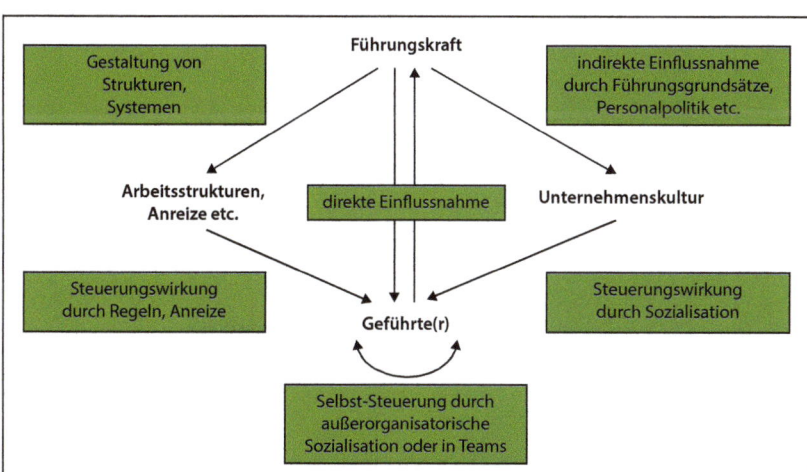

Neben der Beeinflussung lassen sich weitere Aspekte der Personalführung benennen:

- *Einflussnahme:* auf Mitarbeitende wird mit bestimmten Zielesetzungen Einfluss genommen, die aus den übergeordneten Zielsetzungen von Organisationen abgeleitet werden.
- *Förderung:* Orientierung geben über Anleitung und Unterstützung zu Problemlösungen oder Zielerreichung.
- *Motivation:* Schaffung von Rahmenbedingungen unter denen die Mitarbeitenden ihre Stärken verwirklichen können. Dabei ist die Führungskraft selber wesentliche Rahmenbedingung in der Art und Weise wie sie sich zu den Mitarbeitenden und deren Anforderungen stellt.
- *Inspiration:* Führungskräfte sollen als Veränderungsmanager_innen Mitarbeitende in die Lage versetzen, Innovations- und Change-Prozesse erfolgreich zu bewältigen.
- *Vielschichtigkeit:* bedeutet verschiedene Aspekte von Zwang, Macht, Konsequenz, Manipulation, Kommunikation, Empathie etc. (vgl. Gourmelon et al. 2014b, S. 168).

7.1 Bürokratiemodell: autoritärer Führungsstil, Mitarbeitende: Betroffene

Die Art und Weise der Personalführung sowie das Menschenbild der Mitarbeitenden sind in der bürokratischen Verwaltung tief verankert:

- Preußisches Landrecht (1794): Der Staatsdienst war dem Adel nach entsprechender Qualifikation vorbehalten („Der *Adel* ist den Ehrenstellen im Staate, wozu er sich geschickt gemacht hat, vorzüglich berechtigt [...]. Es soll niemandem ein Amt aufgetragen werden, der sich dazu nicht hinlänglich qualifiziert, und Proben seiner Geschicklichkeit abgelegt hat.", § 35, 1. und 70 Allgemeines Landrecht für die Preußischen Staaten).
- 1920-Jahre: Die Art und Weise der Führung wird näher erläutert („Die Untergebenen, Arbeiter und Beamte müssen in allen Dispositionen die straffe und klare *Leitung* erkennen." Fehre 1924; zit. nach Schmitz 1929, S. 164).
- Grundgesetz (seit 1949): Allgemeiner Zugang zum öffentlichen Dienst allein aufgrund von Qualifikation (Jeder Deutsche hat nach seiner *Eignung, Befähigung und fachlicher Leistung* gleichen Zugang zu jedem öffentlichen Amte", Art. 33.2 Grundgesetz von 1949).

Als autoritärer oder autokratischer Führungsstil wird ein Stil beschrieben, bei dem der Vorgesetze vorgibt, was zu tun ist, sein wichtigstes Führungsmittel sind Anweisungen (vgl. Lieber 2011, S. 69). Implizit ist eine strenge Trennung zwischen Entscheidung und Durchführung getreu dem Motto: „oben wird gedacht, unten wird gemacht". Ferner betont autoritäre Führung die Regelwerke, nicht die Persönlichkeit der Führungskraft. Die KGSt ordnet diesen Führungsstil klar der bürokratischen Verwaltung zu: *„In der bürokratischen Verwaltung hatten die Vorgesetzten vor allem rechtliche Regelungen anzuwenden; der Führungsstil war hierarchisch und autoritär"* (KGSt-Bericht 4/1999, S. 7), *die Führungskraft „mehr oder weniger anonym"* (KGSt-Bericht 3/1999, S. 8). Autoritäre Personalführung ist passgenau zu bestimmten Umfeldbedingungen, die in der bürokratischen Verwaltung vorherrschten:

- „Eine Reihe von Arbeitsaufgaben waren eher gleichbleibend und geprägt von Routine; sie waren einfacher als heute und von Vorgesetzten leichter durchschaubar und kontrollierbar.
- Die Technologie war von Routine geprägt.
- Einige Mitarbeiter/innen waren weniger qualifiziert als heute, z.T. leichter kontrollierbar und durch Befehl bzw. Weisung eher steuerbar.
- Pflichtgefühl und eine große Bereitschaft zum Gehorsam prägten die Werte der Beschäftigten.
- Die Verwaltung war eine bürokratische Organisation, die geprägt war von Hierarchie, Weisungen, Regelungen und Kontrolle" (KGSt-Bericht 3/1999, S. 7).

Der Vorgesetzte in der bürokratischen Verwaltung ist durch das System entsprechend der Struktur (Hierarchie) legitimiert. Dem liegt das Menschenbild von Mitarbeitenden als Befehlsempfängern zu Grunde, die sich nicht selbst verwirklichen wollen. Ein Gesamtzusammenhang wird nicht hergestellt, weil ihnen die Zusammenhänge bzw. Hintergründe der Anweisungen nicht erläutert werden (vgl. Lieber 2011, S. 95). Mitarbeitende scheuen Verantwortung und benötigen Anweisungen, Druck und Kontrolle des Vorgesetzten. Klages et al. führten 1989 eine Untersuchung zu Führung und Arbeitsmotivation in Kommunalverwaltungen im Auftrag der Hans-Böckler-Stiftung durch. Im Ergebnis erleben 25 % der Befragten ihre Vorgesetzten als Autokraten, die sich weder um die Aufgabenerledigung noch ihre persönlichen Belange kümmern. 11 % erleben ihre Vorgesetzten zwar als ausgezeichnete Fachkräfte, was einer Selbstsicht als „oberster Sachbearbeiter" entspricht, vermissen aber ein Interesse an ihren Bedürfnissen (vgl. Klages et al. 1989).

Der autoritäre Führungsstil hat verschiedene Vor- und Nachteile:

Abbildung 7.3 Vor- und Nachteile autoritärer Führung (eigene Darstellung)

Vorteile	Nachteile
Schnelligkeit der Entscheidungen	Scheuklappendenken
Vorhersagbarkeit/Berechenbarkeit	Gefahr eines „vorauseilenden Gehorsams"
eindeutige Bezugsperson	wenig Entfaltungsmöglichkeit der Mitarbeiter_innen (Entscheidungsspielraum und Karriere
klare Anweisungen	Motivationsprobleme
Gute Orientierung	Überforderte FK, „Entscheidungsstaus"

Der wesentliche Vorteil autoritärer Führung wird in ihrer Schnelligkeit in Situationen gesehen, in denen unter Zeitdruck Entscheidungen umzusetzen sind. Nachteilig wirkt sich v. a. die fehlende Schätzung der Mitarbeitenden aus, die sich als „Paragraphen-Automaten" wahrnehmen.

Das Menschenbild, wie Mitarbeitende in der bürokratischen Verwaltung gesehen werden, veranschaulicht Busse für die KGSt: „Man stellt sich den typischen Beamten vor, der in der Regel männlich ist. Er sitzt an seinem Schreibtisch in seinem grauen Anzug oder Pullover, einen Aktenstapel rechts, einen Aktenstapel links. Jeden Morgen kommt er zur gleichen Minute, jeden Nachmittag verlässt er seinen ordentlich aufgeräumten Schreibtisch zur gleichen Zeit. Er ist korrekt, pünktlich, angepasst, sein Leben und Denken, zumindest im beruflichen Bereich, wird geprägt durch Richtlinien, Verordnungen, Verfügungen und Paragraphen. Er ist für sein Aufgabengebiet zuständig, aber nicht verantwortlich, da er nichts unterzeichnen darf, sondern nur der nächsthöhere Vorgesetzte. Besonders die Sicherheit und Geordnetheit seiner Arbeit haben ihn diesen Weg wählen lassen. Und die Bürger/innen? Sie kennen alle den Spruch: Es könnte alles so gut funktionieren, wenn nicht die Bürger/innen wären. Diese werden behandelt, als wären sie Störenfriede, als müssten sie verwaltet und gemaßregelt werden" (Busse 1997, S. 1).

7.2 NSM: kooperativer Führungsstil, Mitarbeitende: Beteiligte

Das NSM stellt neue Anforderungen an Führungskräfte aufgrund geänderter Rahmenbedingungen:

- „Die Arbeitsaufgaben sind komplexer, veränderlicher; sie sind von weniger Routine geprägt und von Vorgesetzten schwerer zu durchschauen.
- Die Technologie ist von weniger Routine geprägt.
- Der Anteil der Beschäftigten mit höheren Qualifikationen nimmt zu. Die Mitarbeiter/innen lassen sich weniger durch Befehl und Weisung steuern; die eigene Motivation rückt stärker in den Vordergrund.
- Gesellschaftliche Werte wie „Selbstentfaltung" und „Selbstverwirklichung" im Arbeitsbereich gewinnen an Bedeutung auch in den Verwaltungen; die Bereitschaft zum uneingeschränkten Gehorsam nimmt ab.
- Die Organisationsform der Verwaltungen verändert sich durch die dezentrale Ressourcenverantwortung dahingehend, dass die dezentralen Organisationseinheiten eigenständige Handlungs-, Entscheidungs- und Selbstkontrollfähigkeiten im Rahmen einer strategischen Steuerung der Gesamtverwaltung besitzen" (KGSt-Bericht 3/1999, S. 8).

Im NSM verdeutlicht sich der Steuerungswechsel „vom Recht zum Markt" (vgl. Kapitel 1.2) auch im Führungsverständnis. Anstelle des Überwachens von Vorschriften geht es um die Vereinbarung über Kontrakte in der Form von Zielvereinbarungen. An die Stelle der Legitimation über die Hierarchie geht die Entscheidungsgewalt stärker an die Person der Führungskraft über:

Abbildung 7.4 Unterschiede zwischen bürokratischem und NSM-Führungsverständnis (in Anlehnung an: © Schedler/Proeller 2011, S. 249)

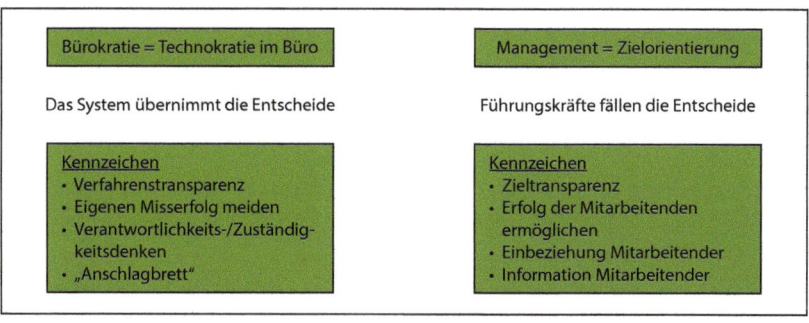

Die KGSt zeigt den Übergang vom autoritären zum kooperativen Führungsstil auf:

Abbildung 7.5 Übergang zwischen autoritären und kooperativen Führungsstil in der Kommunalverwaltung (© KGSt-Bericht 4/1999, S. 8)

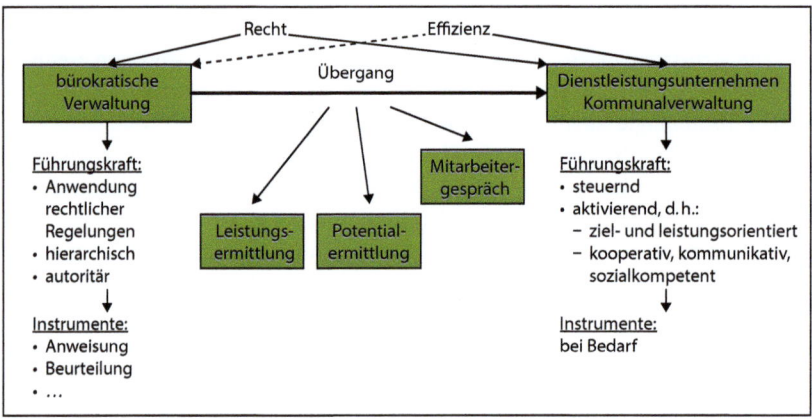

Die Kooperation im Führungsverständnis des NSM geschieht über Zielvereinbarungen, das Kontraktmanagement wird dabei auf das Führungsverständnis übertragen. Das Modell des MbO (Management by Objektives) hat sich im Managementbereich bereits in den 1960er- und 70er-Jahren verbreitet. „Eine eindeutige und unstrittige Definition des Begriffs ‚Ziel' gibt es nicht. Synonyme für diesen Begriff sind u. a. Intension, Plan, Vorsatz oder Absicht" (Böllhoff 2011, S. 199).

Dabei lassen sich vier Zielarten unterscheiden:

- „Leistungsziele: Ergebnisse, Produkte, Fallzahlen, Kundenzufriedenheit usw.
- Ressourcenziele: Organisation, Finanzmittel", Optimierung von Zeiten und Kosten.
- „Projektziele": z. B. die Errichtung eines Stadtteilbüros, die Einführung der einheitlichen Behördenrufnummer 115 (vgl. Kapitel 4.2) oder die Einrichtung eines Pflegestützpunktes.
- „Verhaltensziele: z. B. freundliches Auftreten oder kollegialer Umgang" (Böllhoff 2011, S. 199 f.).

Das Führen mit Zielen erfüllt folgende Funktionen:

- „Entlastung der Führungskraft,
- Begünstigung dezentraler Strukturen,
- Verstärkung des eigenverantwortlichen Handelns der Mitarbeiter,
- Größere Transparenz der Mitarbeiterbeurteilung" (Hopp/Göbel 2013, S. 256).

In einer autoritären Variante werden die Ziele durch die Vorgesetzten vorgegeben, die Erreichung überwacht und kontrolliert. In der kooperativen Variante erfolgt ein Vereinbarungsprozess zwischen Führungskraft und Mitarbeitenden mit prozessbegleitenden Zwischenbesprechungen. Bei der Festlegung und Konkretisierung der Ziele steht die kooperative Abstimmung im Vordergrund (vgl. Schedler/Proeller 2011, S. 251f.). Im NSM sollten Zielvereinbarungen kooperativ erfolgen: „Als Konzept der Mitarbeiterführung verfährt die kooperative Führungskraft mit Zielen so, dass Leistungs-, Innovations- und persönliche Entwicklungsziele meist jährlich zwischen Vorgesetzten und Mitarbeitern vereinbart werden" (Kolb 2010, S. 421). Die KGSt konkretisiert: *„Die ‚neue Rolle' einer Führungskraft wird überwiegend darin bestehen, die Steuerung durch Leistungsabsprachen, sowohl mit der Verwaltungsführung als auch mit den Mitarbeiterinnen und Mitarbeitern im eigenen Bereich zu erreichen"* (KGSt-Bericht 6/1996, S. 12). Dies geschieht idealerweise in einem Gegenstromverfahren, in dem die Ziele der Kommunalverwaltung „top down" über die Führungskraft kommuniziert werden und durch die Vorstellung der Mitarbeitenden „bottom up" konkretisiert bzw. angepasst werden:

Abbildung 7.6 Führen mit Zielvereinbarungen (© Oechsler 2001, S. 295)

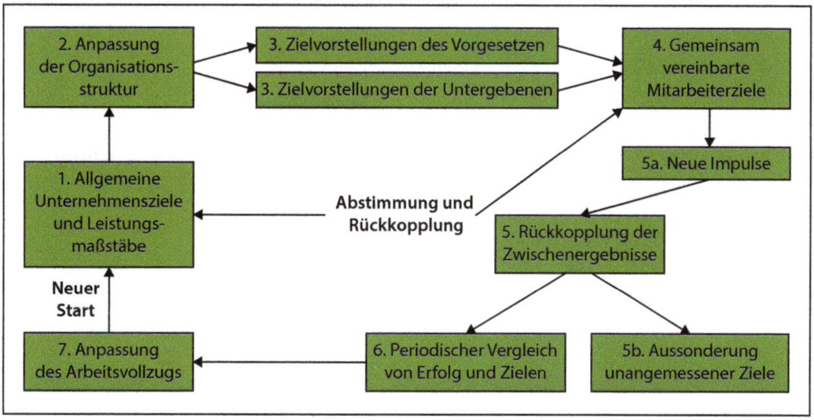

Das Führen mit Zielen hat verschiedene Vorteile:

- „die bewusste Auseinandersetzung der Aktivitäten aller Ebenen an übergeordneten Zielen;
- die motivierende Wirkung anspruchsvoller, erreichbarer, spezifischer Ziele;
- das Nutzen der Kreativität der Mitarbeiter durch Orientierung an Zielen statt an Weisungen;
- die geringe Notwendigkeit von laufender Kontrolle und Koordination der Untergebenen, stattdessen mehr Selbstkontrolle, nur periodische Erfolgskontrolle;
- bessere Befriedigung der Autonomiebedürfnisse der Mitarbeiter" (Böllhoff 2011, S. 203).

Zielvereinbarungen stellen aber entsprechend hohe Anforderungen an die Kooperationsfähigkeit der Führungskräfte in öffentlichen Verwaltungen. Wunderer definiert *kooperative Führung als „zielorientierte Einflussnahme zur Erfüllung gemeinsamer Aufgaben in/mit einer strukturierten Arbeitssituation unter wechselseitiger, tendenziell symmetrischer Einflussausübung und konsensfähiger Gestaltung der Arbeits- und Sozialbeziehungen"* (Wunderer 1995, S. 1372). Kooperativer Führung werden allgemein folgende Merkmale zugeordnet:

- gemeinsame Einflussausübung
- Sachautorität
- multilaterale Informations- und Kommunikationsbeziehungen
- Konfliktregelung durch Aushandeln und Verhandeln
- Gruppenorientierung
- Vertrauen
- Bedürfnisbefriedigung der Mitarbeiter_innen und Vorgesetzten
- Ziel- und Leistungsorientierung
- ständige bedürfnisorientierte Personal- und Organisationsentwicklung (vgl. Wunderer/Grunwald 1980).

Die KGSt verdeutlicht ihr Verständnis kooperativer Führung im Zusammenhang mit Zielvereinbarungen anhand des folgenden Beispiels:

Beispiel „Leitlinien für Führung und Zusammenarbeit in der Kreisverwaltung Soest": „Erwartungen an Führungskräfte: Führung bedeutet die Beeinflussung von Verhalten und Einstellungen der Mitarbeiterinnen und Mitarbeiter zur Erreichung bestimmter Verwaltungsziele. Im Unterschied zu anderen Arten ist die Führung immer persönlich und direkt und stellt somit die zentrale Schnittstelle zwischen Zielen der Mitarbeiterinnen und Mitarbeiter und Zielen der Verwaltung dar. Durch diese wichtige Schnittstellenfunktion wird von den Führungskräften erwartet, dass sie

- mit einem kooperativen Führungsstil im Sinne von Zielvereinbarungen die Mitarbeiterinnen und Mitarbeiter in ihrer Arbeit unterstützen, z. B. durch Mitarbeitergespräche;
- durch positive Motivation der Mitarbeiterinnen und Mitarbeiter zu einem verbesserten Arbeitsklima auf der einen und zu einer optimalen Leistung auf der anderen Seite beitragen;
- einen offenen und kritischen Kommunikationsprozess gewährleisten und allen Verbesserungsvorschlägen unvoreingenommen und offen gegenüberstehen;
- im Rahmen der gegebenen Möglichkeiten Aufgaben delegieren und in eigener Verantwortung bearbeiten lassen und damit das Engagement ihrer Mitarbeiterinnen und Mitarbeiter und
- vor diesem Hintergrund Vorbildfunktionen für die Mitarbeiterinnen und Mitarbeiter wahrnehmen.
- Darüber hinaus sind die Führungskräfte dazu aufgerufen, die Mitarbeiterinnen und Mitarbeiter soweit wie möglich an Entscheidungsprozessen zu beteiligen" (KGSt-Bericht 6/1996, S. 39).

Führungskräfte in Kommunalverwaltungen müssen auch ihre Kompetenzen entsprechend dem NSM weiter entwickeln. Sie bedeuten ebenso eine Voraussetzung für ihre Kooperationsfähigkeit:

Abbildung 7.7 Kompetenzbereiche von Führungskräften im NSM nach Kompetenzbereichen (in Anlehnung an © KGSt-Bericht 6/1996, S. 14)

Fachkompetenz	Methodenkompetenz
• Grundkenntnisse des Neuen Steuerungsmodells, • betriebswirtschaftliche (kaufmännische) Grundkenntnisse, • Fachwissen in Abhängigkeit der jeweiligen Aufgabenstellung, • Grundkenntnisse aus den bisherigen Querschnittsbereichen.	• Zielvereinbarungstechniken, • Managementtechniken (z. B. Projektmanagement), • Handlungsfolgen abschätzen und bewerten, • Qualitätsmanagementfähigkeit.

Sozialkompetenz	Persönliche Kompetenz
• Prozesssteuerungsfähigkeit, • Mitarbeiterinformation und -beteiligung, • Konfliktfähigkeit, • Fähigkeit, motivationsbehindernde Faktoren zu beseitigen, • Fähigkeit, Personalentwicklungs- und Lernprozesse zu gestalten, • Vertrauen schaffen.	• Ganzheitliches und konzeptionelles Denkvermögen, • Kooperations- und Teamfähigkeit, • Verantwortungs- und Leistungsbereitschaft, • Eigenverantwortung und Selbstkontrolle, • persönliche Integrität, • Risikobereitschaft.

Entsprechend ändert sich im NSM auch das Menschenbild der Mitarbeitenden: „Der Mensch der neuen Verwaltung soll visionär, kreativ, flexibel, über den Tellerrand blickend, kommunikativ und mit viel Sozialkompetenz ausgestattet, teamfähig, bürgerfreundlich, wandel- und lernfähig sein" (Busse 1997, S. 7).

Mitarbeiterbeteiligung sollte schrittweise eingeführt werden. Hierbei empfiehlt die KGSt das Vorgehen anhand von folgenden Leitfragen zu orientieren:

- Klärung auf Führungsebene: Welche Mitarbeitenden sollen woran und inwieweit beteiligt werden?
- Gestaltung von Prozessen: Wie können Maßnahmen verbindlich gestaltet werden?
- Ist die Beteiligung dauerhaft oder temporär (z. B. Projekte)?
- Information: Über welche Kanäle sollen Informationen zur Partizipation weitergeleitet werden bzw. wie werden Informationstechnologien eingesetzt (z. B. Zugriffsrechte)?
- Welches sind die Ziele der Beteiligung und in welchem Zeitrahmen soll die Umstellung erfolgen?
- Wie wird die Transparenz des Verfahrens sichergestellt (Form, Verfahrenswege, Rechte, Rückmeldungen…)?

NSM: kooperativer Führungsstil, Mitarbeitende: Beteiligte

- Wie soll der Erfolg der Mitarbeiterbeteiligung evaluiert werden? Wie erfolgt die Rückmeldung der Ergebnisse (Lernschleifen im Rahmen kontinuierlicher Verbesserung)? (vgl. KGSt-Bericht 3/2000)

Bei der Umsetzung kooperativer Führung im NSM wird deutlich, dass die Notwendigkeit zwar erkannt wird, die Umsetzung jedoch noch höchst defizitär ist. Eingesetzt werden insbesondere Mitarbeitergespräche.

Abbildung 7.8 Vergleich der als wichtig erkannten und tatsächlich eingesetzten Instrumente der Mitarbeiterbeteiligung und -entwicklung (© KGSt-Bericht 2/2007, S. 45)

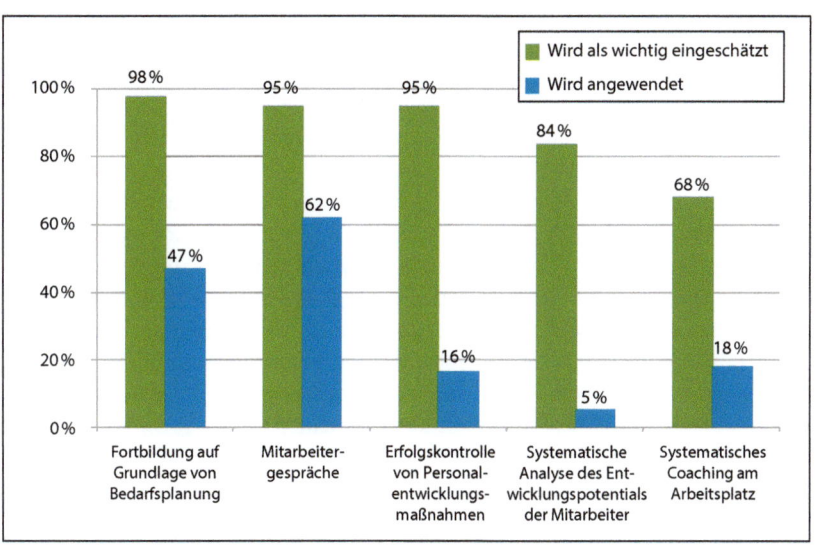

So beklagen Mitarbeitende der Kommunalverwaltung auch mangelnde Einbindung bei Entscheidungen sowie nicht ausreichende Möglichkeiten, ihre beruflichen und persönlichen Fähigkeiten einzubringen. Die erlebte Wirklichkeit widerspricht dabei ihren Anforderungen, denn viele bezeichnen Motive wie selbständiges und abwechslungsreiches Arbeiten als wichtig bei ihrer Berufstätigkeit zum beruflichen Fortkommen. Nach Zielen befragt, die die Verwaltungsreform haben sollte, geben die Beschäftigten die Motivation der Mitarbeiter_innen als höchstes Ziel an (vgl. Klages 1998).

7.3 KSM und Public Governance: Leadership und werteorientierte Führung, Mitarbeitende: Mitgestaltende

Im Public Governance wird staatliches Handeln als „multizentrales Handlungssystem" verstanden, in dem intra- und intersektoral kooperiert und koordiniert wird. Aus diesem Selbstverständnis heraus müssen neben organisatorischen auch personelle Anpassungen erfolgen (vgl. Koch/Dixon 2007, S. 70). Aufgrund der Divisionalisierung der Kommunalverwaltung lassen sich hieraus drei Herausforderungen für die Steuerung ableiten: „Strategisches Verwaltungsmanagement, neue Verknüpfungsarchitektur (Schnittstellenmanagement) von Politik und Verwaltung sowie Public Leadership" (Lorig 2007, S. 87). *Leadership lässt sich auch als Interdependenzmanagement bezeichnen. Mayntz begründet: „Indem in komplexen, ausdifferenzierten, modernen Gesellschaften Steuerung sich vornehmlich als Netzwerksteuerung und prozessförmige Steuerung ereignet, wird die Rolle staatlichen Handelns auf ein Interdependenzmanagement fokussiert"* (Mayntz 1996, S. 156 zitiert in: Koch/Dixon 2007, S. 75). Das eher verengte, managementorientierte Steuerungsverständnis des NSM wird im Public Governance-Konzept zu einem Steuerungsmix erweitert: Zu Recht, Staat und Markt treten als Steuerungsressourcen Information und Kommunikation hinzu (vgl. Walkenhaus 2006, S. 324).

Das KSM verdeutlicht die veränderten Rahmenbedingungen. Im Kontext mit Leadership sind insbesondere die Globalisierung, der demografischer Wandel und das Erleben der weltweiten Finanz- und Wirtschaftskrise von Bedeutung für einen Wertewandel in der Gesellschaft (vgl. KGSt-Bericht 5/2013, S. 19 f.). *Ein verändertes Staatsverständnis, das neben Politik und Verwaltung auch kommunale Stakeholder einbezieht bedarf es auch einen geänderten Führungsverständnisses: „Die Bereitschaft, persönliche Verantwortung zu übernehmen oder über die Grenzen von Organisationseinheiten hinweg im Sinne übergreifender Ziele zu kooperieren und die Interessen der eigenen Organisationseinheit gegebenenfalls auch einmal hintan zu stellen. [ ] Gemeint ist eine Führung, die geprägt ist von einem ethischen, wertschöpfenden und gemeinwohlorientierten Verhalten. Eine solche Form der Führung wird mit dem Begriff ‚Public Leadership' beschrieben."* (KGSt-Bericht 5/2013, S. 50).

Das Management-Verständnis des NSM unterscheidet sich auch in der Personalführung vom NSM- und Public Governance-Verständnis des Leadership:

Abbildung 7.9 Gegenüberstellung von Management und Leadership (vgl. © Fröse 2009, S. 229, © Malik 2006, S. 287)

Management	Leadership
• Kurzfristig • Eng • Oberflächlich • Mechanisch • Verwalten • Geschlossen • Starr • Erhalten • Reagierend • Imitieren • Sind Kopien	• Langfristig • Weit • Tief • Experimentell • Innovieren • Offen • Flexibel • Entwickeln • Aktiv • Kreieren • Sind Originale
• Akzeptieren den Status Quo • Fokussieren sich auf Systeme • Verlassen sich auf Kontrolle • Sind auf kurzfristige Erfolge aus • Fragen nach wie und wann • Sind rational und kontrolliert • Haben die Bilanz im Auge	• Fordern den Status Quo heraus • Fokussieren sich auf Menschen • Setzen auf Vertrauen • Denken langfristig • Fragen nach was und warum • Sind begeistert und begeisternd • Haben die Vision im Herzen

„In der Führungsforschung finden sich für die Unterscheidung Manager und Leader vor allem die Führungsstile transaktional und transformational" (Gourmelon et al. 2014b, S. 184):

Der/dem Manager_in wird der transaktionale Führungsstil zugeordnet: Die Führungskraft führt rational über Austauschprozesse, leistungsorientierte Bezahlung und Kontrolle. Ihr Hauptinteresse gilt der Organisation, insbesondere der Effizienzsteigerung, den Mitarbeitenden nur in Ausnahmefällen wie bei Konflikten.

Der/dem Leader_in wird der transformationale Führungsstil zugeordnet: Die Führungskraft führt emotional durch Inspiration, Begleitung, intellektuelle Stimulierung als Vorbild. Ihr Hauptinteresse gilt der Effektivitätssteigerung sowie den Mitarbeitenden, sie setzt bei ihren Bedürfnissen und Erwartungen an. Führung geschieht über Kommunikation und Beziehungspflege. Die Ausstrahlung der Führungskraft spielt dabei eine wesentliche Rolle: Hier unterscheiden sich charismatische Führungskräfte (selbstorientiert bis selbstverliebt) von transformationalen Führungskräften (orientieren sich an den Mitarbeitenden) und Leader_innen (visionär, eröffnet Alternativen, löst Probleme innovativ) (vgl. Gourmelon et al. 2014b, S. 184 f.).

Malik widerspricht aktuell der Unterscheidung zwischen Leader_innen und Manager_innen als „falsche Theorien" die lediglich die unterschiedlichen Eigenschaften aufführen. Er fordert Kriterien für die Unterscheidung zwischen „Führen" und „Verführen" für gute Leadership-Theorien ein. *Im Eigentlichen gehe es nicht um die Unterscheidung zwischen Management und Leadership, sondern zwischen schlechter und guter Personalführung als „echte Führerschaft" (Management oder Leadership).* Als Kriterien für „echte Leader_innen" nennt er:

- *Aufgabenkonzentration:* Echte Leader_innen sind der Sache verpflichtet und nicht dem persönlichen Erfolg. Ihre Motivation leitet sich aus der bestmöglichen Lösung einer Aufgabe ab, hinter der die persönlichen Bedürfnisse zurück stehen. Diese Verpflichtung kann bis zur Besessenheit oder Verdrängung führen.
- *Zuhören:* Echte Leader_innen haben die Selbstdisziplin geduldig den Informationen von der Basis zuzuhören. Darin begründet sich das Vertrauen ihrer Organisation.
- *Verständlichkeit:* Echte Leader_innen verstehen es komplizierte Sachverhalte einfach auszudrücken, sich der Sprache ihrer Gesprächspartner_innen zu bedienen bzw. bildhaft zu verdeutlichen. Das beste Mittel der Kommunikation ist dabei sich im Sinne einer höchstmöglichen Glaubwürdigkeit so zu verhalten, wie sie es von anderen verlangen.
- *Verzicht auf Alibis und Ausreden:* Echte Leader_innen interessieren sich für Resultate statt zu taktieren oder faule Begründungen zu suchen. Sie sind ehrlich und authentisch.
- *Bedeutungsbezug zur Aufgabe:* Echte Leader_innen messen ihre Bedeutung(slosigkeit) an der Aufgabe nicht an anderen Personen. Dabei akzeptieren sie die Bedeutung der Aufgabe, ohne sich damit zu identifizieren im Gegensatz zu einer „L'etat c'est moi-Haltung". Eine solche Haltung schafft Respekt und Überzeugungskraft. Dies ermöglicht ihnen auch Mut und Zivilcourage aufzubringen, indem sie im Zweifel ihre Kariere um der Sache willen opfern.
- *Keine Erfolge stehlen:* Echte Leader_innen „schmücken sich nicht mit fremden Federn", denken im „wir" statt im „ich", als Erfolg in der Sache nicht der Person.
- *Keine Angst vor starken Leuten:* Sowohl bei Mitarbeitenden wie auch bei Vorgesetzten geht es ihnen um die „besten Kräfte", sie fühlen sich durch diese nicht in ihrer Stellung bedroht. Ihnen sind echte und kontroverse Meinungen lieber als Ja-Sager und Günstlinge.
- *Keine begeisternden Menschen:* Echte Leader_innen müssen keinen Enthusiasmus wecken bzw. keine Ausstrahlungskraft haben (s.o.). Begeisterung ist in kritischen Führungssituationen ein Hindernis. In schwierigen Situationen müssen unpopuläre Entscheidungen getroffen werden, die Oper verlangen.
- *Keine Utopisten:* Echte Leader_innen haben eine Vision bzw. eine Mission und sind dabei realistisch mit Wissen um Risiken und berücksichtigen die Kom-

plexität von Veränderungen in Organisationen als soziale Gebilde. Sie bescheiden sich mit kontinuierlichen Verbesserungen statt utopischen Philosophien.
- *Nicht geboren noch gemacht:* Echte Leader_innen nehmen eine, aus der Situation als wesentlich erkannte, Aufgabe wahr. Nach sorgfältigen Abwägen von Alternativen und setzen von Prioritäten verfolgen sie diese kompromisslos und übernehmen dafür die Verantwortung (Malik 2011, S. 312–318).

Das KSM versteht unter Public Leadership insbesondere eine ethische, werteorientierter Führung. Bei der Begründung wird auch der enge Bezug zwischen Public Governance und dem KSM deutlich: *Bezogen auf die staatliche Ebene hat sich dazu in den letzten Jahren eine Auseinandersetzung um „Good Governance" etabliert. Antworten für die kommunale Ebene stehen noch aus. Wie wichtig eine Auseinandersetzung mit diesen anzustrebenden Werten ist, zeigen nicht zuletzt die Auswirkungen der aktuellen Finanz- und Wirtschaftskrise.* (KGSt Themenfeld Public Leadership: https://www.kgst.de/themenfelder/personalmanagement/public-leadership/index.dot).

Bei der Veränderung von der kooperativen Führung (NSM) zur werteorientierten Führung (KSM) bedarf es einer Ergänzung der managementorientierten Führungsinstrumente (formale Ebene) durch eine angepasste Führungskultur (informelle Ebene).Werteorientierte Führung zeichnet sich durch ein „ethisches, wertschöpfendes und gemeinwohlorientiertes Verhalten" bzw. eine solche Haltung aus. Sie umfasst „die Gestaltung, Entwicklung und Lenkung der Organisation. Dazu gehören das Verhalten innerhalb der Zivilgesellschaft (gegenüber Bürgerinnen und Bürgern, Vereinen, Verbänden, privatwirtschaftlichen Organisationen, Landes- und Bundesbehörden) sowie gegenüber den Mitarbeiterinnen und Mitarbeitern" (KGSt-Bericht 5/2013, S. 50).

Werteorientierte Führung orientiert sich an Verhaltensprinzipien, die die Organisationskultur der Kommunalverwaltung prägen:

- „Offenheit und Transparenz, insbesondere in der Darstellung der Zielsetzungen und Gründe kommunalen Handelns, um Vertrauen zu schaffen und Beteiligung zu ermöglichen;
- Akzeptanz der Rollenverteilung zwischen den Institutionen und Organen; nachvollziehbares und abgestimmtes politisches Handeln;
- Loyalität zu einem demokratisch legitimierten und damit politischen System, um mit Komplexität und Widersprüchen konstruktiv umzugehen;
- Verantwortlichkeit für Qualität und Zielerreichung im Sinne eines Einstehens für das persönliche Handeln vor der Öffentlichkeit;
- Aktive Partizipation zur Sicherung von Teilhabe und Akzeptanz, um Kooperationsbereitschaft zu fördern;

- Flexibilität im Denken und Handeln, um Innovationsfreude und Kreativität zu unterstützen und interdisziplinär zu arbeiten;
- Persönliche Integrität zur Vermeidung von Interessenkonflikten bei der Ausübung eines öffentlichen Amtes; Aufrichtigkeit, wenn private Interessen mit den Pflichten der Aufgabe kollidieren können;
- Objektivität bei Entscheidungen zu Gunsten oder zu Lasten von Personen, um Vielfalt zuzulassen und Individualität zu unterstützen;
- Förderung und Unterstützung der genannten Prinzipien durch Führungsmaßnahmen und vorbildliches Verhalten und Vorleben im Berufsalltag." (KGSt-Bericht 5/2013, S. 50 f.)

Mitarbeitende werden im Public Governance und NSM als Mitgestaltende verstanden. Hierzu werden drei Instrumente des NSM im KSM verstärkt bzw. intensiviert:

- *Leitlinien zur Führung und Zusammenarbeit:* dienen der Orientierung. Führungskräfte kennen die an sie gestellten Erwartungen und sprechen über ihre Erwartungen mit den Mitarbeitenden.
- *Mitarbeitergespräche:* Neben der Vereinbarung von Zielen geht es darum Akzeptanz für Veränderung zu schaffen, die Zusammenarbeit zu verbessern sowie die Motivation der Mitarbeitenden zu stärken.
- *Führungsfeedback:* als strukturierte, subjektive Rückmeldung über das erlebte Führungsverhalten durch die Mitarbeitenden. Kommunalverwaltungen haben hiermit Zusammenarbeit und Führung verbessert (KGSt-Bericht 5/2013, S. 54).

Beispiel für Führungsfeedback als Instrument der Mitgestaltung – der Führungsdialog München: Mit dem Begriff wird ausgedrückt, dass „der Dialog zwischen den Beschäftigten und der Führungskraft (FK) im Mittelpunkt steht." In einem Gespräch zwischen der Führungskraft und den direkt unterstellten Mitarbeitenden, erhält die Führungskraft eine Rückmeldung über ihr Führungsverhalten. Um eine gewisse Verbindlichkeit herzustellen, „sollen Vereinbarungen zur Optimierung der Zusammenarbeit getroffen werden. Nach dem Führungsdialog werden die Ergebnisse des gemeinsamen Gesprächs in einer Zielvereinbarung zwischen der Führungskraft und den Beschäftigten festgehalten. Der Abschluss dieser Zielvereinbarung ist verpflichtend. Diese muss nach sechs Monaten mit der Moderatorin bzw. mit dem Moderator überprüft werden". Nach einer zweijährigen Probephase erfolgte im Jahr 2005 eine Mitarbeiterbefragung:

„60% der Führungskräfte waren der Meinung, der Führungsdialog löse positive Effekte für die Verbesserung der Zusammenarbeit, des Betriebsklimas und der Arbeitsmotivation aus. 50% der Mitarbeitenden sahen das ebenfalls so. 55% Führungskräfte und Mitarbeitenden gehen davon aus, dass sich aufgrund des Führungsdialogs die Arbeitsergebnisse verbessern werden. 80% der Führungskräfte erklärten wertvolle Anregungen zur Verbesserung ihres Führungsverhaltens erhalten zu haben. Knapp 50% der Mitarbeitenden gaben an, dass sich das Führungsverhalten tatsächlich verbessert habe. 76% der Führungskräfte und 58% der Mitarbeitenden werten den Führungsdialog als Erfolg" (KGSt Best-Practice Datenbank 2013). Zuvor standen dem Führungsdialog in der Münchener Stadtverwaltung 30% der Führungskräfte und 54% der Mitarbeitenden kritisch gegenüber. Der Führungsdialog wurde seit 2006 in einem Vierjahresrhythmus verbindlich eingeführt. Die Stadt München verfolgt mit dem Führungsdialog die Ziele: Intensivierung des Dialogs zwischen Führungskraft und Mitarbeitenden, Stärkung der Dialogbereitschaft und -fähigkeit, Rückmeldung zum subjektiv wahrgenommenen Führungsverhalten, Gelegenheit zur Selbst- und Fremdeinschätzung des Führungsverhaltens sowie Verbesserung des Führungsverhalten, Schaffung und Verbesserung gegenseitigen Verständnisses und vertrauensvollem Betriebsklimas.

Literaturempfehlungen

Zur Vertiefung der Führungstheorien empfiehlt sich Lang/Rybnikova 2014. Der autoritäre Führungsstil des Bürokratiemodells wird in den KGSt-Berichten 3/1999 und 4/1999 skizziert und von Busse 1997 verdeutlicht. Die kooperative Führung des NSM wird insbesondere durch das Führen mit Zielen (MbO) gekennzeichnet. Hierzu werden Böllhoff 2011 und Hopp/Göbel 2013 empfohlen. Beim NSM und Public Governance gewinnt Leadership ebenso an Bedeutung (hierzu: Malik 2011) wie eine werteorientierte Organisationskultur (hierzu: KGSt-Bericht 5/2013).

Weitere Informationen

- Aktueller Praxisreport zum Thema Führung in der öffentlichen Verwaltung mit verschiedenen Best Practice Beispielen in den Handlungsfeldern Personalführung, Chancengleichheit und Diversity, Gesundheit sowie Wissen und Kompetenz (Qualifikation) mit weiterführenden Praxishilfen zu den vier Handlungsfeldern: INQA 2017

- https://www.inqa.de/SharedDocs/PDFs/DE/Publikationen/verwaltung-der-zukunft.pdf?__blob=publicationFile
- Muster Stichwortliste für die Vorbereitung eines Zielvereinbarungsgesprächs und ein Muster-Gesprächsbogen für Zielvereinbarungen des Innenministeriums NRW finden sich in Anlage 2

Videos:
- Zu Führung allgemein, Führungstheorien, transformative und transaktionale Führung und Leadership: Leadership – Lektion 1: Führung im Überblick (Fernuni IUBH): https://www.youtube.com/watch?v=pthzsl4CLfg
- Zum Selbstkonzept von Führung: Leadership Lektion 2: Führung als soziale Rolle (Fernuni IUBH)
- New Leadership: Führung braucht Werte (Institut für Controlling): https://www.youtube.com/watch?v=p8IrKRkBA28

7.4 Literatur Kapitel 7

Berthel, Jürgen, & Becker, Fred G. (2007). *Personal-Management. Grundzüge für Konzeptionen betrieblicher Personalarbeit.* Stuttgart: Schäffer-Poeschel.
Böllhoff, Dominik (2011). Steuerung mit Zielen. In: Bernhard Blanke, Frank Nullmeier, Christoph Reichard & Göttrik Wewer (Hrsg.). *Handbuch zur Verwaltungsreform* (S. 199–206). Wiesbaden: VS Verlag für Sozialwissenschaften.
Busse, Beate (Referentin des KGSt) (1997). *Menschenbilder in Reformprozessen von öffentlichen Verwaltungen und kirchlichen Einrichtungen.* Tagung vom 17. bis 19. November 1997. Evangelische Akademie Lokkum.
Fröse, Marlies W. (2009). Leadership Diskurse. Neue Herausforderungen für Führung und Leitung. In: *Leadership in sozialen Organisationen* (S. 225–242).
Gourmelon, Andreas, Mroß, Michael, & Seidel, Sabine (2014a). *Management im öffentlichen Sektor. Organisationen steuern – Strukturen schaffen – Prozesse gestalten.* Heidelberg und Hamburg: Rehm Verl.-Gruppe Hüthig Jehle Rehm.
Innenministerium des Landes Nordrhein-Westfalen (2003). *Mitarbeitergespräch und Zielvereinbarungen.* Düsseldorf.
KGSt Best-Practice Datenbank (2013). *Führungsdialog.* Köln.
KGSt-Bericht 6/1996. *Personalentwicklung im Neuen Steuerungsmodell – Anforderungen an vorrangige Zielgruppen.* Köln.
KGSt-Bericht 3/1999. *Personalführung, Teil 1: Leistungsermittlung – Ermittlung von Leistung in einer ergebnisorientierten Verwaltung.* Köln.
KGSt-Bericht 4/1999. *Personalführung, Teil 2: Potentialermittlung – Erkennen von Eignung und Befähigung.* Köln.
KGSt-Bericht 2/2007. *Das Neue Steuerungsmodell: Bilanz einer Umsetzung.* Köln.
KGSt-Bericht 5/2013. *Das Kommunale Steuerungsmodell (KSM).* Köln.

Klages, Helmut, Daramus, Carmen, & Masser, Kai (1998). *Verwaltungsmodernisierung. „harte" und „weiche" Aspekte*. Speyer: Forschungsinstitut für Öffentliche Verwaltung (Speyerer Forschungsberichte, 181).

Koch, Rainer, & Dixon, John (Hrsg.) (2007). *Public governance and leadership. Political and managerial problems in making public governance changes the driver for re-constituting leadership*. Wiesbaden: Dt. Univ.-Verl. (Gabler Edition Wissenschaft).

Kolb, Meinulf (2010). *Personalmanagement. Grundlagen und Praxis des Human Resources Managements*. Wiesbaden: Gabler (Gabler-Lehrbuch).

Krems, Burkhardt (2015). *Führungsstil*. Beitrag im Online-Verwaltungslexikon olev.de. 20.07.2015

Lang, Rainhart, & Rybnikova, Irma (2014). *Aktuelle Führungstheorien und -konzepte*. Wiesbaden: Springer VS.

Lieber, Bernd (2011). *Personalführung. ... leicht verständlich*. Konstanz: UVK Verl.-Ges (UTB Betriebswirtschaftslehre).

Lorig, Wolfgang H. (2007). Modernes Regieren und Public Leadership. In: Rainer Koch & John Dixon (Hrsg.), *Public Governance und Leadership - Political and Managerial Problems in Making Public Governance Changes the Driver for Re-Constituting Leadership* (S. 67-94). Wiesbaden: Deutscher Universitäts-Verlag/ GWV.

INQA (Initiative Neue Qualität der Arbeit) (2017). *Verwaltung der Zukunft - Praxisreport mit Beispielen für eine moderne Personalpolitik*. Berlin.

Malik, Fredmund (2006). Leadership im Unternehmen - Trends und Perspektiven. In: Heike Bruch, Stefan Krummaker & Bernd Vogel (Hrsg.), *Leadership - Best Practices und Trends* (S. 285-297). Wiesbaden: Gabler.

Malik, Fredmund (2011). Leadership im Unternehmen. Trends und Perspektiven. In: Heike Bruch, Stefan Krummaker & Bernd Vogel (Hrsg.), *Leadership - Best Practices und Trends* (S. 307-319). Wiesbaden: Springer Gabler.

Oechsler, Walter A. (2001). Führen mit Zielvereinbarungen. Organisatorischer und rechtlicher Rahmen von Führungs-, Beurteilungs- und Entgeltsystemen. In: Unternehmensführung im Spannungsfeld zwischen Finanz- und Kulturtechnik: Handlungsspielräume und Gestaltungszwänge. *Gedenkschrift für Prof. Dr. Dieter Schwiering* (S. 293-312).

Ridder, Hans-Gerd, & Schirmer, Frank (2011). Führung. In: Bernhard Blanke, Frank Nullmeier, Christoph Reichard & Göttrik Wewer (Hrsg.), *Handbuch zur Verwaltungsreform*. 4., aktualisierte und ergänzte Auflage (S. 206-217). Wiesbaden: Springer VS.

Schedler, Kuno, & Proeller, Isabella (2011). *New Public Management*. Bern, Stuttgart und Wien: Haupt (UTB Public Management, Betriebswirtschaft).

Schmitz, Christian (1929). *Die Welt der modernen Fabrik*. Jena: Karl Zwing Verlag.

Walkenhaus, Ralf (2006). Staat, aktivierender. In: Rüdiger Voigt & Ralf Walkenhaus (Hrsg.), *Handwörterbuch zur Verwaltungsreform* (S. 319-325). Wiesbaden: VS Verlag für Sozialwissenschaften.

Wunderer, Rolf, & Grunwald, Wolfgang (1980). *Führungslehre, Band I. Grundlagen der Führung*. Berlin: de Gruyter.

Anhang

Anlage 1 Beteiligungsmethoden bei Leitbildern und strategischen, längerfristigen Entwicklungen

Beteiligungs-methode	Beschreibung	Zielgruppe	Stärken	Grenzen	erreichbare Ergebnisse	Tipps
Arbeitsgruppe	In Arbeitsgruppen erarbeiten Bürger/-innen strukturiert und meist in mehreren Treffen Ergebnisse zu vordefinierten Fragen oder Themen.	Für besonders engagierte Bürger/-innen	Ermöglicht intensive, auch längerfristige und kontinuierliche Zusammenarbeit in kleinen Gruppen, um Lösungen im Detail auszuarbeiten und um aufgeworfenen Themen mehr in die Tiefe zu gehen.	Bürger/innen benötigen Zeit und Ausdauer, in der Regel erreicht man jene, die sich bereits engagieren. Bei Detailfragen können Fachleute zur Unterstützung benötigt werden.	Konkrete Vorschläge, Pläne, Maßnahmenlisten, Konzepte	Aufgabe der Arbeitsgruppe klar definieren und in kleine Teilportionen gliedern, damit auch bei größeren Aufgaben erste Ergebnisse und Erfolge schon nach kurzer Zeit vorliegen; dafür sorgen, dass die Ergebnisse auch andere Bürger/-innen erreichen (z. B. im Anschluss ein Café veranstalten, bei dem die Ergebnisse diskutiert werden); intensive Mitarbeit erfordert auch eine besondere Würdigung der Bürger/innen

Beteiligungs-methode	Beschreibung	Zielgruppe	Stärken	Grenzen	erreichbare Ergebnisse	Tipps
Bürger/innen-Rat	Etwa 15 zufällig ausgewählte Bürger/-innen entwickeln in ca. 2 Tagen Lösungs- und Verbesserungsvorschläge zu Themen, die sie interessieren. Sie fassen die Ergebnisse in einem gemeinsam getragenen „Statement" zusammen. Dieses „Statement" wird im Anschluss öffentlich diskutiert. Alle Teilnehmenden sprechen für sich selbst und nicht als Vertreter/-innen anderer. Die Methode ist mit der Planungszelle verwandt	nach Zufallsprinzip ausgewählte Bürger/-innen möglichst vielfältig in Alter, Geschlecht, Bildung, ...)	Die Themen bestimmt die Gruppe selbst. Es wird über das gesprochen, was die Teilnehmenden am meisten bewegt. Um in einer kleinen Gruppe Ideen zu sammeln und Visionen zu entwickeln, Schwerpunkte oder Entwicklungsrichtungen zu definieren, um Projekte zu diskutieren und zu verbessern.	Bringt Ideen, aber keine fertig ausgearbeiteten Maßnahmen.	Ideen, Visionen, Vorschläge aus der gemeinsamen Sicht einer kleinen Gruppe, die Ergebnisse können danach detaillierter ausgearbeitet werden.	Die Ergebnisse sollten anderen Bürger/-innen sowie politischen Entscheidungsträger/-innen persönlich präsentiert werden. Den Prozess mit einer speziellen Moderationsmethode, „Dynamic Facilitation" begleiten. Diese Methode gibt der Eigendynamik der Gruppe breiten Raum. vgl.: www.dynamicfacilitation.com

Beteiligungs-methode	Beschreibung	Zielgruppe	Stärken	Grenzen	erreichbare Ergebnisse	Tipps
Dynamic facilitation Workshop	Bürger/innen bearbeiten ein Thema nicht linear (Problemanalyse – Untersuchung von Lösungsmöglichkeiten – Entscheidung für die beste Lösung), sondern dynamisch, so wie die Gedanken auftauchen. Die Moderatorin oder der Moderator folgt der Dynamik der Gruppe und nicht umgekehrt. Es gibt keine vorgegebenen Programmpunkte im Workshop.	für Gruppen, die ein schwieriges Thema oder „verfahrenes" Problem bearbeiten wollen, meist für besonders engagierte Bürger/-innen, Erfahrung mit Beteiligungsprozessen ist von Vorteil	Um mit den Betroffenen scheinbar „unlösbare" Aufgaben zu lösen; Fördert einen impulsiven, sprunghaften Gesprächsverlauf und damit kreative Lösungen	Teilnehmer/-innen brauchen Zeit und Geduld, um zum „Durchbruch" zu gelangen; die sprunghafte Vorgangsweise kann ungewohnt sein und irritieren.	Ganz neue Lösungen, die aus einem gemeinsamen Verständnis des Themas oder Problems entstanden sind.	Geübte Moderator/-innen beiziehen, das erhöht die Erfolgschancen.

Beteiligungs-methode	Beschreibung	Zielgruppe	Stärken	Grenzen	erreichbare Ergebnisse	Tipps
Runder Tisch	Bürger/-innen sitzen als gleichrangige Partner/-innen am Tisch, um miteinander oder mit Gemeindeverantwortlichen einen Konflikt zu lösen und Konsens zu finden. Personen aller betroffenen Interessen sind am Runden Tisch anwesend. Alle haben dieselben Rechte und Pflichten.	Für Bürger/-innen, die von einem Konflikt betroffen sind und diesen lösen möchten	Um Konflikte zu lösen oder bei Meinungsverschiedenheiten Konsens zu finden, fördert die sachliche Auseinandersetzung aller Betroffener auf gleicher Augenhöhe; Pattsituationen z. B. zwischen den Personen, die für das Projekt einstehen und jenen, die dagegen sind, können überwunden werden.	Die Teilnehmer/-innen müssen zu Verhandlungen bereit sein; nur sinnvoll, wenn ein Machtgleichgewicht zwischen allen Beteiligten hergestellt werden kann; bei tieferen Konflikten kann die Konsensfindung lange dauern.	Die Bedürfnisse und Interessen der Teilnehmenden werden sichtbar, konstruktive Gesprächsbasis wird hergestellt, stabile, gemeinsam getragene und umgesetzte Lösungen bei Konflikten oder Meinungsverschiedenheiten entstehen, Interessenausgleich kann gefunden werden.	Bei Bedarf können professionelle Mediator/-innen beigezogen werden.

In Anlehnung an: Landesregierung Vorarlberg 2012

Anhang

Anlage 2 Stichwortliste für die Vorbereitung eines Zielvereinbarungs-/Mitarbeitergesprächs und Muster-Gesprächsbogen für Zielvereinbarungen

Rückschau	Meine Stichworte
Arbeitsinhalte • Was ist erreicht worden? • Was ist noch nicht erledigt? • Was ist besonders gut, was ist weniger gut gelungen?	
Arbeitsumfeld Was hat die Arbeitsergebnisse gefördert was hat die Arbeit eher behindert, z. B. hinsichtlich • Arbeitsabläufen • Handlungs- und Entscheidungsmöglichkeiten • Ausstattung des Arbeitsplatzes	

Analyse	Meine Stichworte
Arbeitsinhalte – Wie können gleiche Arbeiten noch besser gelöst werden? • Welche Hilfen werden benötigt? • Welche neuen Aufgaben stehen an? • Welche Aufgaben können wegfallen bzw. kann die Intensität der Aufgabenerfüllung reduziert werden?	
Arbeitsumfeld • Wie können die Arbeitsabläufe verbessert werden? • Welche Tätigkeiten können und möchten Sie selbständiger als bisher erledigen?	

Ziele für das kommende Jahr	Meine Ziele

Anlage 3 Muster-Gesprächsbogen für Zielvereinbarungen

Abteilung/Gruppe/Referat
_____

Zielvereinbarungs-/Mitarbeitergespäch am
_____

Name der/des Vorgesetzten
_____

Name der Mitarbeiterin/des Mitarbeiters
_____

1. Zielvereinbarungen des vergangenen Jahres
(oder – beim 1. Mal – die Arbeit im vergangenen Jahr)

2. Analyse der Arbeitsergebnisse

3. Zielvereinbarungen für das kommende Jahr

Ziele:

Maßnahmen:

Ziele	Was wird gemacht?	Wer macht was?	Bis wann?
Ziel 1			
Ziel 2			
Ziel 3			
Ziel 4			

Innenministerium des Landes Nordrhein-Westfalen 2003, S. 21–23

MIX
Papier aus verantwortungsvollen Quellen
Paper from responsible sources
FSC® C105338

If you have any concerns about our products,
you can contact us on
ProductSafety@springernature.com

In case Publisher is established outside the EU,
the EU authorized representative is:
**Springer Nature Customer Service Center GmbH
Europaplatz 3, 69115 Heidelberg, Germany**

Printed by Libri Plureos GmbH
in Hamburg, Germany